本书获得福建省社科联青年项目（项目批准号：2014C139）以及集美大学法学院海商法研究系列丛书项目资助。

海 商 法 研 究 系 列

海域资源市场化配置的法律机制研究

罗施福 ◎著

厦门大学出版社
XIAMEN UNIVERSITY PRESS
国家一级出版社
全国百佳图书出版单位

图书在版编目(CIP)数据

海域资源市场化配置的法律机制研究/罗施福著.—厦门:厦门大学出版社,2019.7
(海商法研究系列)
ISBN 978-7-5615-7162-0

Ⅰ.①海… Ⅱ.①罗… Ⅲ.①海域使用管理法—研究 Ⅳ.①D993.5

中国版本图书馆 CIP 数据核字(2018)第 258202 号

出 版 人	郑文礼
责任编辑	甘世恒

出版发行 厦门大学出版社

社　　址	厦门市软件园二期望海路 39 号
邮政编码	361008
总 编 办	0592-2182177　0592-2181406(传真)
营销中心	0592-2184458　0592-2181365
网　　址	http://www.xmupress.com
邮　　箱	xmup@xmupress.com
印　　刷	厦门集大印刷厂

开本	720 mm×1 000 mm　1/16
印张	14.5
插页	2
字数	253 千字
版次	2019 年 7 月第 1 版
印次	2019 年 7 月第 1 次印刷
定价	50.00 元

本书如有印装质量问题请直接寄承印厂调换

厦门大学出版社
微信二维码

厦门大学出版社
微博二维码

目　　录

第一章

作为法律客体的海域与海域资源

一、作为法律客体的"海域"

(一)国际法意义的海域与国内法意义的海域

在地质学意义上,"海域"作为陆地相对应的一种概念,通常是指海洋的特定区域,是由特定范围内的海面、水体、海床及其底土所构成的立体空间。然而,在法律学意义上,海域却有着非常丰富的内涵。根据学术界对法律部门的界分,可以将海域分为国际法意义的海域与国内法意义的海域。

国际法意义的海域,是指主要由国际法调整与规范的海域;国内法意义的海域,是指主要由一国国内法进行调整与规范的海域。从海域的地理体系角度来看,作为具有"国际海洋宪法"性质的《联合国海洋法公约》(以下简称《海洋法公约》),①可以被认为是界分国际法意义海域与国内法意义海域的国际法依据。《海洋法公约》将海域区分为七种类型:内水、领海、毗连区、专属经济区、大陆架、公海与"区域"(the area)。内水、领海、毗连区、专属经济区与大陆架,为国家管辖海域,而公海与"区域"为国际管辖海域。在这一意义上,国内法层面的海域主要涉及内水、领海、毗连区、专属经济区与大陆架;而国际法层面的海域还涵括了公海与"区域"。②(见图 1-1)

---

① 系指 1982 年联合国第三届海洋法会议所决议的《海洋法公约》(*United Nations Convention on the Law of the Sea*)。赵建文:《海洋法公约对国家管辖权的界定和发展》,载《中国法学》1996 年第 2 期。

② 内水、领海、毗连区、专属经济区等也同时属于国际法的调整范畴。

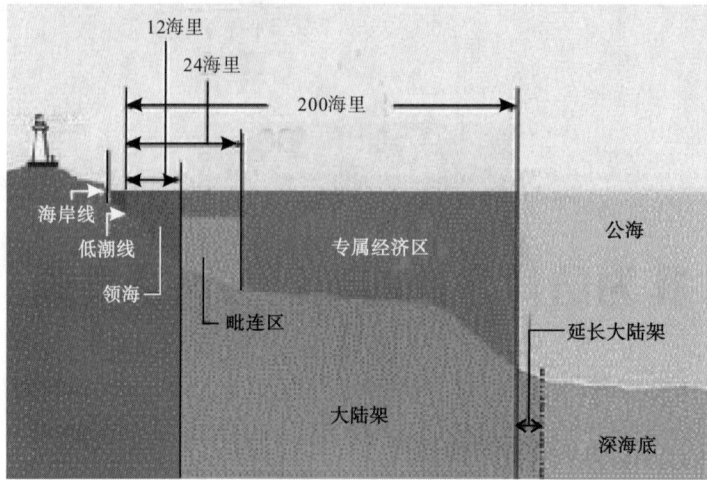

图 1-1 《海洋法公约》海域划分示意图

国家基线向陆地一面的水域,称之为内水(internal waters, national waters or interior waters)。根据国际海洋法理论,内水可以再区分为"广义之内水"与"狭义之内水"。前者即是语义学上的广义内水,包括国家基线向陆一面之一切"水域"(海水与淡水),包括潮间带、海岸与领海直线基线间之海洋、海港、河港、内河、内国湖泊等。后者则仅局限于国家基线向陆一面之"海水"水域。[①] 我国《领海及毗连区法》第 2 条第 3 款规定:"中华人民共和国领海基线向陆地一侧的水域为中华人民共和国的内水。"这里对内水的界定使用"水域"来表述,而非"海域",意味着我国《领海及毗连区法》所规范的内水是指广义内水,而非狭义内水。在法律性质上,"内水与国家陆地领土相同,完全置于国家领土主权之下"。[②]

领海(territorial sea)是指一条与海岸线平行,且延伸到离海岸一定距离

---

① 姜皇池:《国际海洋法》(上),台北学林文化事业有限公司 2004 年版,第 231 页。土耳其、印度尼西亚等国似乎采广义说。如土耳其《领海第 2674 号法案》第 4 条规定内水为"基线向陆地一侧的水域和海湾中的水域"。印度尼西亚《水域法》(第 6 号法令,1996 年 8 月)第 7 条第 2 款规定"内陆水域包括(a)内海;以及(b)陆地水域"。新西兰似乎采狭义观点。新西兰《领海及专属经济区法 1977》第 4 条规定:"新西兰内水包括从新西兰领海的基线向陆一侧的任何海域。"分别参见张海文、李红云:《世界各国海洋立法汇编·亚洲和大洋洲国家卷》,法律出版社 2012 年版,第 469、573、354 页。

② Robert Jennigs & Arthur Watts (Eds), *Oppenheim'S International Law* 572; §171 (9th ed. 1992).

之海水带。领海概念及于其"上空、海床和底土",均受到沿海国主权之支配。① 各国基于不同利益考虑,对领海宽度这一最基本问题提出了各种不同的主张。在联合国《海洋法公约》谈判过程中,就曾有从"3 海里说""大炮射程说""6 海里说""200 海里说"等 12 种主要说法。② 在相互妥协下,联合国第三届海洋法会议终将领海宽度限定为 12 海里。《海洋法公约》第 3 条规定:"每一国家有权确定其领海的宽度,直至从按照本公约确定的基线量起不超过十二海里的界限为止。"我国于 1958 年 9 月公布的《中华人民共和国政府关于领海的声明》,即明确我国领海宽度为 12 海里。1992 年颁布实施的《领海及毗连区法》第 2、3 条明确规定,"中华人民共和国领海为邻接中华人民共和国陆地领土和内水的一带海域","领海的宽度从领海基线量起为十二海里"。(见图 1-2)

毗连区是邻接于领海,并在领海外向海一面延伸至特定距离内之海域。④《海洋法公约》第 33 条规定,毗连区的宽度从测算领海宽度的基线算起,不超过 24 海里。我国《领海及毗连区法》第 4 条有类似的规定,即"中华人民共和国毗连区为领海以外邻接领海的一带海域。毗连区的宽度为十二海里。中华人民共和国毗连区的外部界限为一条其每一点与领海基线的最近点距离等于二十四海里的线"。在毗连区内,沿海国对那些在该区域违反其海关、财政、移民、卫生等法律的行为,有必要的惩治与管制权。关于毗连区的法律地位,传统上将其视为公海的一部分。⑤ 1930 年海洋国际法编纂会议草案《国际领海公约草案》和 1958 年第一次联合国海洋法会议通过的《领海与毗连区公约》都依据这一传统观点而明确规定毗连区是公海的一部分。⑥ 然而,在《海洋法公约》框架下,毗连区是专属经济区的一部分,是介于领海与公海的特殊区域。

专属经济区(contiguous zone)指领海以外并邻接领海的特定区域。领海

---

① 姜皇池:《国际海洋法》(上),台北学林文化事业有限公司 2004 年版,第 275 页;魏静芬、徐克铭:《国际海洋法与海域执法》,神州图书出版有限公司 2001 年版,第 13 页。

② 姜皇池:《国际海洋法》(上),台北学林文化事业有限公司 2004 年版,第 280~284 页;山旭:《海洋法公约谈判始末:200 海里经济区半不利中国》,http://news.ifeng.com/mil/history/detail_2012_12/18/20286288_0.shtml,2012 年 12 月 18 日访问。

③ 图片来源于维基百科"领海"。图上文字有所修改。https://zh.wikipedia.org/wiki/%E9%A2%86%E6%B5%B7,2018 年 3 月 20 日访问。

④ 姜皇池:《国际海洋法》(上),台北学林文化事业有限公司 2004 年版,第 359 页。

⑤ 姜皇池:《国际海洋法》(上),台北学林文化事业有限公司 2004 年版,第 375 页;黄异:《国际海洋法》,台北渤海堂文化公司 1994 年版,第 51 页。

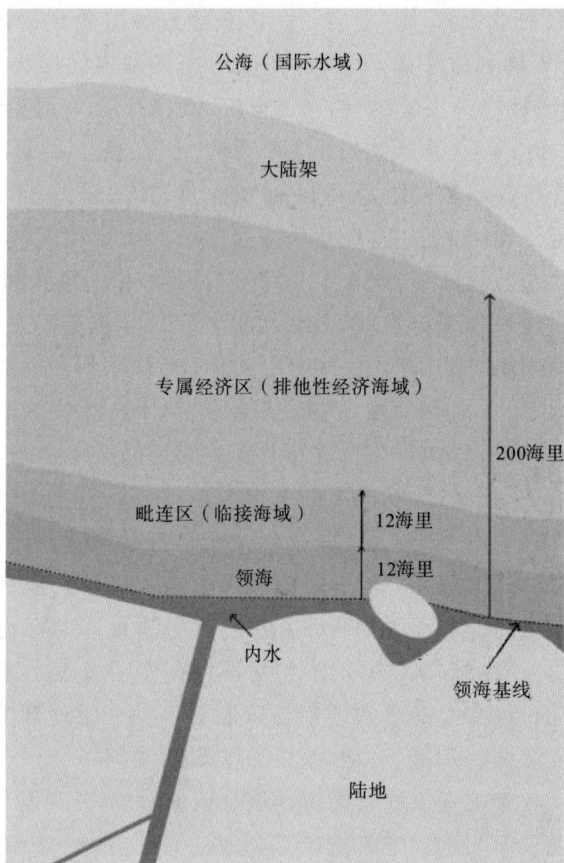

公海（国际水域）

大陆架

专属经济区（排他性经济海域）

200海里

毗连区（临接海域）　　12海里

领海　　12海里

内水

领海基线

陆地

图 1-2　《海洋法公约》海域划分示意图①

外界即是专属经济区的内界,而专属经济区的外界则由各沿海国自行决定,但最大宽度不得超过 200 海里。② 根据《海洋法公约》第 55 条至第 56 条的规定,沿海国对其专属经济区内的权利,包括:(1)以勘探和开发、养护和管理海床上覆水域和海床及其底土的自然资源(不论为生物或非生物资源)为目的的主权权利,以及关于在该区内从事经济性开发和勘探,如利用海水、海流和风力生产能等其他活动的主权权利。(2)对建造和使用人工岛屿、设施和结构,及海洋科学研究、海洋环境的保护和保全等事项享有管辖权。其他国家在沿海国

---

① 《国际领海公约草案》第 5 条与《领海与邻接区公约》第 33 条。尹章华:《国际海洋法》,台北文笙书局 2003 年版,第 5～6 页。

② 黄异:《国际海洋法》,台北渤海堂文化公司 1994 年版,第 56 页。

的专属经济区内享有航行、飞越、铺设海底电缆和管道的自由。关于专属经济区的法律地位,曾有"公海说""领海说""特殊区域说"等观点。[①] 然而在《海洋法公约》第七部分关于公海的规定,则明确排除适用于专属经济区。是以,专属经济区为特殊区域的看法逐渐成为共识。

　　沿海国的大陆架(continental shelf)包括其领海以外依其陆地领土的全部自然延伸,扩展到"大陆边"(continental margin)外缘的海底区域的海床和底土;如果从测算领海宽度的基线量起到"大陆边"外缘的距离不到200海里,则扩展到200海里的距离。显然,《海洋法公约》第76条所确定的大陆架概念,是区别于地质学与地形学的大陆礁层(continental shelf,也称之为大陆架)概念。在海洋地质学上的大陆礁层(大陆架),是指海岸向海延伸到大陆坡为止的一段比较平坦的海底区域;再向外倾斜,坡度急转直下,水深可达3000米左右的区域称之为大陆坡(continental slope);在大陆坡脚覆盖着大量沉积物的地方,称之为大陆基(continental rise)。大陆礁层、大陆坡与大陆基共同构成了地质学上的大陆边(continental margin)。[②] 根据《海洋法公约》,法律规范中的大陆架涵括了地质学上的大陆礁层(大陆架)、大陆坡与大陆基。[③]沿海国对大陆架的权力具有专属性,不需要沿海国有效或象征性占领或任何明文公告。沿海国家对大陆架的海床享有主权权利,大陆架中丰富的石油资源、矿物资源和非生物资源可由主权国勘探和开采。其他国家在沿海国大陆架上覆水域享有相应的航行、飞越、铺设海底电缆管道等自由。尽管在《海洋法公约》中是被作为两项独立的制度,[④]但专属经济区与大陆架在200海里内是一个重叠区域。

　　公海(high sea)是国家管辖权外部界线向海一面之海域,即"不包括在国

　　① 姜皇池:《国际海洋法》(上),台北学林文化事业有限公司2004年版,第403~404页。

　　② 尹章华:《国际海洋法》,台北文笙书局2003年版,第10~11页。

　　③ 《海洋法公约》第76条第3项规定:"大陆边包括沿海国陆块没入水中的延伸部分,由陆架、陆坡和陆基的海床和底土构成,它不包括深洋洋底及其洋脊,也不包括其底土。"

　　④ 专属经济区与大陆架的关系问题,在第三次海洋法会议上曾引起过争论。有观点认为应将两者合并;另一种观点主张在200海里内实行专属经济区制度,而200海里外实行大陆架制度。但多数意见还是主张两者作为独立制度分别存续。尹章华:《国际海洋法》,台北文笙书局2003年版,第10~12页。

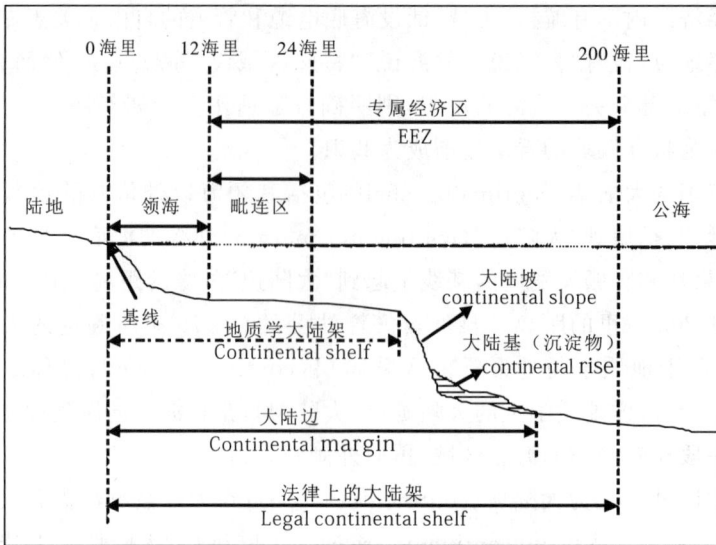

图 1-3　法律上大陆架与地质学大陆的区分图[①]

家的专属经济区、领海或内水或群岛国的群岛水域内的全部海域"。[②] 公海是人类的共同财富,供所有国家共同、平等地使用;任何国家不得有效地声称将公海的任何部分置于其主权之下;任何对公海的主权主张都是无效的。

"区域"(the area,也称之为"国际海底区域")是指各沿海国管辖范围以外的深海洋底及其底土,或指各国专属经济区和大陆架以外的深海洋底及其底土。《海洋法公约》明确规定:"区域"及其资源是人类的共同继承财产;任何国家不应对"区域"的任何部分或其资源主张或行使主权或主权权利,任何国家或自然人或法人也不应将"区域"或其资源的任何部分据为己有;任何这种主权和主权权利的主张或行使,或这种据为己有的行为,均应不予承认。[③]

(二)公法意义的海域与私法意义的海域

根据公法与私法的区分,我们可以将海域再区分为公法意义的海域与私法意义的海域。公法意义的海域,主要是指由公法调整的海域。而私法意义

---

① 该图来源于姜皇池:《国际海洋法》(上),台北学林文化事业有限公司 2004 年版,第 36 页。制图过程中略有改动。原始来源:US. Naval College, Annotated supplement to the commander's handbook on the law of naval operation Ⅰ-69(1997)。

② 《海洋法公约》第 86 条。

③ 《海洋法公约》第 137 条。

的海域,主要是指由私法来调整与规范的海域。

因"国际法为公法"几乎是学术界的共识,①故公法意义的海域涵括内水、领海、毗连区、专属经济区、大陆架以及公海等。我国《渔业法》《矿产资源法》《海上交通安全法》《海洋环境保护法》等法律的性质应为公法;这些法律所适用的海域,即可认为是公法意义上的海域。比如,我国《渔业法》第 2 条规定其适用于我国"内水、滩涂、领海"以及我国"管辖的一切其他海域"(含毗连区、专属经济区等);《矿产资源法》第 2 条规定其适用于"中华人民共和国领域及管辖海域";《海上交通安全法》是以海上交通为调整对象的法律,其第 2 条明确其适用于在"中华人民共和国沿海水域"航行、停泊和作业的一切船舶、设施和人员以及船舶、设施的所有人、经营人;《海洋环境保护法》第 2 条规定其适用于"中华人民共和国内水、领海、毗连区、专属经济区、大陆架以及中华人民共和国管辖的其他海域"。

就私法而言,海域在相当长的一段时期内,都不能成为私权客体,而仅为公法的调整对象。②"海域无私法所有权存在"的观点,③在相当长时期内是法学理论的基本共识。若按照这一观点,海域不可能具有私法属性,不存在"私法意义的海域"这样的说法。然而,在现代技术与法律理念下,海域已经能够满足私法客体的相关特征,具备成为民法物的可能与诉愿。满足私法客体相关的特征,是指海域具有独立的经济价值、物理位置固定并且可以通过科学的

---

① 传统意义上的国际法,即指国际公法。对于国际私法的性质,学说见解有分歧。因国际私法并非直接规范当事人之间的权利义务,而是间接指示应以何国之法律作为讼争案件的准据法,故学者多认为其性质属于程序法,为公法。陈丽娟:《法学概论》,台北五南图书出版公司 1996 年版,第 54 页;刘振鲲:《法学概论》,台北元照出版有限公司 2005 年版,第 63 页;林腾鹞:《法学绪论》,台北元照出版有限公司 2007 年版,第 16 页;蔡佩芬:《法学绪论》,台北元照出版有限公司 2009 年版,第 25～26 页;黄裕凯:《国际私法》,台北五南图书出版公司 2013 年版,第 26～28 页。

② 比如,在德国以及我国台湾地区,海域都是作为公物对待的。所谓公物,系国家或行政主体直接为公共目的而提供使用之有体物,并处于国家或行政主体支配之状态。公物是立于公法与私法二元论的前提下成立的,而将公物法之体系地位置于行政组织法之末端,乃源自于将公物作为公共行政的物来对待;同时,公物的利用关系势必会与行政作用上之行政行为之定性有关。黄异:《海域在公物法上的基本定位》,载台湾行政法学会主编《行政法争议问题研究》(下),台北五南图书出版有限公司 2000 年版,第 1399～1427 页;黄默夫:《基础行政法 25 讲》(修订三版),台北三民书局 2007 年,第 329～331 页;李振山:《行政法导论》,台北三民书局 1997 年版,第 127～129 页。

③ 黄异:《海域在公物法上的基本定位》,载台湾行政法学会主编:《行政法争议问题研究》(下),台北五南图书出版有限公司 2000 年版,第 1402 页。

方法(表明经纬度)加以特定化。[①] 海域所蕴含的重大经济价值,也使得海域具有强烈的私法化内生动力与外在推力。最终,在技术促进、经济动因、理念变更等多重因素下,海域得以实现由公法上的"公物"向私法之"私权客体"的转变。我国于2002年颁布的《海域使用管理法》所确立的"海域使用权",可以认为是"海域"从"公法物"转变为"私权客体"的里程碑性立法。[②] 我国于2007年颁布的《物权法》,可以认为是我国将"海域"确认为"私权客体"的"宪章性"法律文件。[③] 尽管我国台湾地区至今仍将海域视为公物,但在2005年,即有学者提出建议,认为"国家"拥有海域之"所有权",在当前体制下是可以做到的;而人民及政府相关机关依法取得海域"使用权"的观念能否建立,则要靠法制面来确立。[④]

诚然,"海域"成为私权客体,不仅是法律理念的一次重大变革,也是一项重大的制度创新。但是,值得讨论与甄别的问题是,"私法意义上的海域"与"公法意义上的海域",在地理范围上是否一致呢?

我国《渔业法》创设了"渔业权",而"渔业权"是有着显著的私权属性的权利。[⑤] 而《渔业法》又明确其适用范围包括:内水、滩涂、领海以及我国管辖的

---

① 屈茂辉:《用益物权制度研究》,中国方正出版社2005年版,第451页。

② 其实,我国在1986年颁布的《矿产资源法》已经涉及海域资源的所有权问题。该法第2条明确《矿产资源法》适用于我国管辖的海域,而第3条进一步明确"矿产资源属于国家所有"。另外,《海域使用管理法》在法律性质上应属于行政法,但其所确立的"海域使用权"成为后来《物权法》以及海域资源市场流通的重要法律依据。对于"海域使用权"的性质及其立法,也有学者对此秉持不同看法。黄异:《中华人民共和国海域使用管理法的公法属性》,载《中国海商法年刊》2011年第22卷第4期,第104~108页;黄异:《大陆海域使用管理制度评析》,载《法学丛刊》2009年10月第216期,第1~20页。

③ 《物权法》第46条规定:"矿藏、水流、海域属于国家所有。"第122条规定:"依法取得的海域使用权受法律保护。"第123条规定:"依法取得的探矿权、采矿权、取水权和使用水域、滩涂从事养殖、捕捞的权利受法律保护。"

④ 简连贵、邱文彦等人:《海域功能区划与管理工作成果报告》,2008年,第31页。

⑤ 关于渔业权的性质,学术界有较多的争议。但是,自《物权法》第123条明确规定"渔业权"后,我国学界基本认同渔业权为物权的观点。税兵:《论渔业权》,载《现代法学》2005年第2期;崔建远:《〈论争中的渔业权〉主要观点简介》,载《中国渔业报》2006年10月16日第002版;孙宪忠:《谈渔业权制度建设的意义及其内涵》,载《中国渔业报》2007年4月23日第001版;崔建远:《论寻觅渔业权母权的路径》,载《清华法学》2007年第1期,第55~64页;刘文钊、李志文:《论渔业权及其性质》,载《民主与法制》2015年第5期,第154页。

一切其他海域。① 这是否可以推断出私法意义的海域与公法意义上的海域范围是相同的呢？窃以为，这样的推断有值得疑虑的地方。这样的推断或许应该考虑以下两项因素：第一，从国际社会现实来看，沿海相邻各国对内水、领海、毗连区、专属经济区、大陆架等具体范围，是长期存在着重大争议的。比如，我国与日本、菲律宾、越南等国都存在此类争议。第二，在国际法视阈中，沿海国对内水与领海，以及对毗连区、专属经济区和大陆架所享有的权利性质是有所差别的。依照《海洋法公约》，沿海国对内水与领海享有主权，而对毗连区、专属经济区和大陆架则享有"主权权利"。"主权权利"相比于"主权"，在国际法上受到了更多的限制。② 基于海域资源市场化机制建构的目的以及国际社会对主权性质的共识，笔者认为：在当前的国际环境下，建构私权客体的海域范围，宜以内水与领海为限。③ 这也与我国《海域使用管理法》所秉持的态度是一致的。④ 作为直接涉及海域的专门性法律，《海域使用管理法》对海域进行了界定，即第 2 条规定："本法所称海域，是指中华人民共和国内水、领海的水面、水体、海床和底土。本法所称内水，是指中华人民共和国领海基线向陆地一侧至海岸线的海域。"⑤

在关于海域使用与归属方面，我国有关行政文件似乎也是倾向性地限定

_____

　　① 当然，我国《渔业法》关于内水的概念采广义的观点，即"内水"是指中华人民共和国领海基线向陆一侧的海域和江河、湖泊等内陆水域（《渔业法实施细则》第 2 条）。这点区别于《海域使用管理法》。

　　② 根据《国际海洋法公约》，"主权（sovereignty）"与"主权权利（sovereignty rights）"是两种有区别的概念。林钦隆：《海域管理与执法》，台北五南图书出版股份有限公司 2016 年版，第 91～92 页。

　　③ 在我国台湾地区于 2005 年举办的"规划建构海域功能区划制度研讨会"上，有学者建议"海域"的地理范围定义之外界，应为领海外接线。这一观点似乎与笔者的观点相同。简连贵、邱文彦等人：《海域功能区划与管理工作成果报告》，2008 年，第 31 页。同时，这样的范围认定，在一定程度上也是为了体现"海域"与"海洋"的区别。因为"海洋"范围更广，可以包括狭义的内水、领海、毗连区、专属经济区、公海等范围。

　　④ 当然，这一思路，从国家海洋争端之海洋利益维护的角度而言，在国际法策略上或许不是最佳选择。这是因为：即使有争议，我们也可以以法律文件的形式宣告并确认某些特定的海域为我国私法所规范和调整的客体，并为我国处理相关的国际海洋争端提供更多的法律文本支撑。笔者不反对这一观点，笔者的观点实际上也或多或少包含了这一主张，因为各国海洋争端最核心的问题仍然是领海问题。同时，笔者的这一主张并不排除我国以其他法律文件来确认我国管辖的海域。

　　⑤ 值得注意的是，我国《海域使用管理法》对内水的界定与我国《领海及毗连区法》对内水的界定是不相同的。

为内水与领海。比如,国务院办公厅于 2002 年《关于开展勘定省县两级海域行政区域界线工作有关问题的通知》(国办发〔2002〕12 号)明确提到,鉴于"争海、争滩、争岛的矛盾日益突出,海域使用和归属纠纷屡有发生,在个别地方甚至造成人民生命财产的重大损失",国务院决定勘定省、县两级海域行政区域界线;海域勘界的范围"为我国管辖内海和领海,界线的起点从陆域勘界向内海一侧的终点开始,界线的终点止于领海的外部界限"。国家海洋局《海域勘界管理办法》(〔2002〕13 号)第 17 条规定:"海域行政区域界线原则上止于领海外部界限。"

(三)作为"海域"范围界分依据的领海基线

根据《海洋法公约》及我国《领海及毗连区法》《海域使用管理法》等规定,我国的领海基线是确定私权化"海域"范围的关键因素。所谓领海基线,指沿海国家测算领海宽度的起算线。根据《海洋法公约》及国际惯例,一般有三种确定沿海国领海基线的方法:正常基线法、直线基线法与混合基线法。

正常基线沿用传统之海岸线规则,是指沿海国官方承认的大比例尺海图所标明的海岸低潮线。① 正常基线法主要适用于海岸较为平直的区域。直线基线是指在海岸线极为曲折,或者近岸海域中有一系列岛屿情况下,可在海岸或近岸岛屿上选择一些适当点,采用连接各适当点的办法,形成直线基线。② 混合基线则是交替采用正常基线和直线基线来确定本国的领海基线。③ 在实践中,有的国家采用平均低潮线为领海基线,有的国家则采取最低低潮线为领海基线。比如,基里巴斯(Kiribati)1983 年《海洋区域(声明)法》第 2 条规定:"低潮线是指负责海洋事务的部长主持绘制的大比例尺海图所标示的相关区域大潮平均低潮时的低水位线。"④ 日本《领海与毗连区法》(1977 年第 30 号法案)第 2 条规定:"基线应为低潮线、直线基线和横跨海湾口或海湾内的口,或横越河口所划的直线……"⑤ 韩国《领海法》(第 3037 号,1977 年 12 月 31 日)第 2 条规定:"测算领海宽度的正常基线为韩国官方承认的大比例尺海图上标

---

① 《海洋法公约》第 5 条。

② 姜皇池:《国际海洋法》(上),台北学林文化事业有限公司 2004 年版,第 147 页。

③ 《海洋法公约》第 14 条。

④ 张海文、李红云:《世界各国海洋立法汇编·亚洲和大洋洲国家卷》,法律出版社 2012 年版,第 254 页。

⑤ 张海文、李红云:《世界各国海洋立法汇编·亚洲和大洋洲国家卷》,法律出版社 2012 年版,第 229 页。

明的沿岸的低潮线。"①澳大利亚《依〈1973 年海洋与水下土地法〉第七条的 1983 年 2 月 4 日公告［内部接线（基线）公告］》附件第 1 条规定："……低水位指最低天文潮位，并且'低潮'具有相同含义。"②印度尼西亚《水域法》（第 6 号法令，1996 年 8 月 8 日）第 5 条规定："……第（2）款所指的正常基线是沿海岸的最低潮线。"③在沿岸海底坡度较小的区域，以最低低潮线为领海基线能够扩展沿海国的管辖区域，为多数国家所接受。④ 在海牙国际法编纂会议中，大多数国家均主张以最低低潮线为领海基线的合法起算方法。⑤

值得注意的是，根据《领海与毗连区公约》与《海洋法公约》，构成海港体系组成部分的"最外部永久海港工程（the outermost permanent harbour works）"视为海岸的一部分，可作为划定领海基线的一基点；但是"近岸设施"与人工岛屿不应被视为永久海港工程。⑥

比较有争议的是"低潮高地"（low-tide elevations）能否作为领海基线。在国际海洋法语境中，"低潮高地"是指低潮时高于四周水面，而涨潮时则没入水中，且"自然形成之陆地"（a naturally formed area of land）。⑦ 这一限定强调"低潮高地"的两个特点：（1）自然形成，且四面环水；（2）低潮时高于水面。至于低潮高地的地质成分为岩石或者冲积土壤，以及面积是大是小，均对低潮高地的定性不产生任何影响。⑧ 低潮高地是法律术语，在地质学上一般称之为"干礁"（drying bank）或者"岩礁"（rocks）。关于低潮高地能否作为基线基点的问题，早期国际社会基本持否定态度。不过，国际法院在 1951 年"英挪渔业

---

① 张海文、李红云:《世界各国海洋立法汇编·亚洲和大洋洲国家卷》，法律出版社 2012 年版，第 469 页。

② 张海文、李红云:《世界各国海洋立法汇编·亚洲和大洋洲国家卷》，法律出版社 2012 年版，第 21 页。

③ 张海文、李红云:《世界各国海洋立法汇编·亚洲和大洋洲国家卷》，法律出版社 2012 年版，第 178 页。

④ 尹章华:《国际海洋法》，台北文笙书局 2003 年版，第 4～8 页。

⑤ 姜皇池:《国际海洋法》(上)，台北学林文化事业有限公司 2004 年版，第 140 页。

⑥ 详见《领海与毗连区公约》第 8 条以及《海洋法公约》第 11 条。姜皇池:《国际海洋法》(上)，台北学林文化事业有限公司 2004 年版，第 181 页。

⑦ 姜皇池:《国际海洋法》(上)，台北学林文化事业有限公司 2004 年版，第 175 页。

⑧ 这一观点最早始于 1805 年的"安娜号"案件。1805 年西班牙船"安娜号"在墨西哥湾内距离美国大陆 3 海里之外，但距离密西西比河口冲积岛屿约 2 海里处。该船因私掠而被英国抓捕。后因对该案件的管辖而发生纠纷。林廷辉:《海洋法争点解读》，台北高点文化事业有限公司 2015 年版，第 1～7 页。

案"中明确承认沿海国得以"低潮高地"作为领海基线基点。[①] 1982 年的《海洋法公约》第 7 条、第 13 条就"低潮高地"之法律地位进一步作出明确规定,即"低潮高地全部或一部与大陆或岛屿的距离不超过领海的宽度,该高地的低潮线可作为测算领海宽度的基线";"如果低潮高地全部与大陆或岛屿的距离超过领海的宽度,则该高地不能作为领海基线的基点";"若直线基线采用低潮高地时,除在低潮高地上筑有永久高于海平面的灯塔或类似设施,或以这种高地作为划定基线的起讫点已获得国际一般承认者外,直线基线的划定不应以低潮高地为起讫点"。

我国确定领海基线常常存在一定的难度,因为我国的海岸非常曲折,海岸线长度超过 18000 千米,仅仅 500 平方米以上的岛屿就有 6500 多个。选定哪些基点来确定领海基线,是一项重大工程。因为这些基点的选定既要符合国际法,同时还要最大限度维护我国国家的海洋利益。1958 年 9 月 4 日,全国人民代表大会常务委员会第 100 次会议通过《中华人民共和国全国人民代表大会常务委员会关于批准中华人民共和国政府关于领海声明的决议》,宣布我国领海基线采用直线基线法。1992 年我国颁布《中华人民共和国领海及毗连区法》,规定:"……中华人民共和国领海基线采用直线基线法划定,由各相邻基点之间的直线连线组成。中华人民共和国领海的外部界限为一条其每一点与领海基线的最近点距离等于十二海里的线。"1996 年 5 月 15 日,我国政府公布《中华人民共和国政府关于中华人民共和国领海基线的声明》,宣布我国大陆领海的部分基线和西沙群岛的领海基线。2012 年 9 月 10 日,我国公布《中华人民共和国政府关于钓鱼岛及其附属岛屿领海基线的声明》,宣布中华人民共和国钓鱼岛及其附属岛屿的领海基线。

---

① 1935 年,挪威政府颁布"皇家饬令",将沿岸外海划定"专属渔区"。在划定基线的48 个基点中,第 21 个基点仅是在低潮时才会浮出水面的岩礁。因经过多年谈判而无法达成协议,英国于 1948 年将该案提交国际法院审理,此即"英挪渔业案"。姜皇池:《国际海洋法》(上),台北学林文化事业有限公司 2004 年版,第 130 页。

(四)陆海界分

海岸线是海洋与陆地的分界线。[①] 因受到潮汐作用以及风暴潮等影响，海水有涨有落，海面时高时低，这条海洋与陆地的分界线就时刻处于变化之中。因此，实际的海岸线应该是高低潮间无数条海陆分界线的集合，在空间上是一条带，而不是一条地理位置固定的线。在地质学上，这条"周期性地受到海水淹没与露出"而形成的地带，称之为"潮间带"或者"海滩"(beach)。我国用海实践以及法律术语通常称之为"滨海滩涂"或者"海滩"。其中，海水在涨潮过程中海潮位能够达到的最高位置，被称之为"最高高潮线"；而海水在退潮过程中在海岸上退落的最低线界，被称之为"最低低潮线"。(见图1-4)

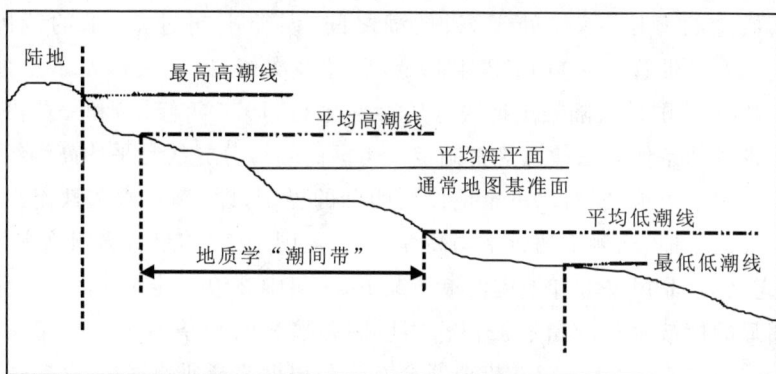

图1-4　海岸基准图[②]

尽管在客观上海岸线是一条不断变化的"潮间带"，然而在法律上，作为划分海域与陆地界分依据的"线"却不能是随意变动的，而须是一条确定的线。这涉及复杂的技术与法律问题。长期以来，应当具体以哪一种方式来作为确

---

　① 沈文周：《海域划界技术方法》，海洋出版社2003年版，第7页。国家海洋局副局长石青峰解读2017年3月31日颁布的《海岸线保护与利用管理办法》时，也明确指出：海岸线是海洋与陆地分界线。参见《国家海洋局副局长石青峰解读〈海岸线保护与利用管理办法〉》，http://www.soa.gov.cn/xw/hyyw_90/201704/t20170406_55468.html，2018年3月5日访问。

　② 有学者认为：地质学上的海滩是指平均高潮线与平均低潮线之间的地带(即潮间带)。沈文周：《海域划界技术方法》，海洋出版社2003年版，第6～7页。也有学者认为海滩是"沿海最高潮线与最低潮线之间……的海岸区"。方如康：《环境学词典》，科学出版社2003年版，第47页。转引自董加伟：《论传统渔民用海权与土地使用权的冲突及协调——兼论滨海滩涂的法律性质归属》，载《中国土地科学》2014年第11期，第40页。

定陆海界分的基线颇有争议。争议的主要焦点是应当以最高高潮线还是以最低低潮线,抑或高、低潮之间的平均线作为海岸线的划分标准。

我国有学者认为,陆地与海域的界分基准应当以平均高潮线/平均大潮高潮线为准。[①] 主要的理由有:

1.在罗马法上,海域被作为公物,如空气、水流一样;海域与陆地界分基准是"冬季最高潮所达到的极限"。[②] 即"冬季最高潮所达到极限"以下部分为海域(包括潮间带),"冬季最高潮所达到极限"以上部分为陆地。

2.世界大多数国家都是以平均高潮线为海陆界分线。(1)在日本,"社会上通常的观点是,根据海水表面涨到最高潮时达到的水边线为基准划分海域和陆地"。[③] 日本《日本海岸法》和《日本海岸法实施令》等规定的海岸区是一种狭窄概念的海岸区,仅处于高、低潮之间、误差不超过 50 米的范围内。(2)《美国海岸带管理法》(1972 年制定,后经多次修订)、《美国水下土地法》(1953 年)、《美国外大陆架土地法》(1953 年施行,1978 年修订)和一些沿海州的海岸带管理条例等法律法规都确定了美国的陆海分界线是平均高潮线。比如,《美国水下土地法》对水下土地作出明确的界定,即"潮水永久性淹没或周期性淹没的土地,陆侧不超过平均高潮线"。美国 1978 年夏威夷州确定"海岸线"的定义为"非风暴潮和地震波浪情况下,一年中波浪所能作用的最上限,通常有明显的植被生长或留有波浪作用后的碎屑物的一条界线"。[④] 美国联邦最高法院曾在 1935 年波尔艾克斯联合有限公司诉洛杉矶市案中,认定海陆分

---

① 王克稳:《论滩涂资源的法律属性及其法律适用》,江苏行政学院学报 2014 年第 2 期,第 134～135 页。董加伟:《论传统渔民用海权与土地使用权的冲突及协调——兼论滨海滩涂的法律性质归属》,载《中国土地科学》2014 年第 11 期,第 42 页。王义刚、夏雪瑾、冯媛媛:《陆海分界和河海分界探讨》,《海洋学研究》2009 年第 S1 期(27 卷增刊),第 49～50 页。我国台湾地区学者曾建议:为使区划范围能够将使用情况最复杂、最需要被保护的潮间带包括进来,海域定义应为最高高潮线以下至领海外接线,并包含其水面、水体、海床和底土。简连贵、邱文彦等人:《海域功能区划与管理工作成果报告》,2008 年,第 31 页。

② [古罗马]查士丁尼:《法学总论》,张企泰译,商务印书馆 1989 年版,第 48 页。转引自陈甦、丁慧:《试论滩涂在法律上的性质》,载《辽宁师范大学学报(社会科学版)》2000 年 9 月第 5 期。

③ [日]北川善太郎:《日本民法体系》,李毅多、仇京春译,科学出版社 1995 年版,第 17 页。转引自陈甦、丁慧:《试论滩涂在法律上的性质》,载《辽宁师范大学学报(社会科学版)》2000 年 9 月第 5 期,第 22 页。

④ 王义刚、夏雪瑾、冯媛媛:《陆海分界和河海分界探讨》,载《海洋学研究》2009 年第 S1 期(27 卷增刊)。

界线适用"平均高潮线"(the mean high-tide line)是必要的。[①] (3)韩国《海岸管理法》(1998 年颁布)总纲(2)款之 B 规定:其适用范围是"从涨潮水位线至领海外侧界限海域"。"涨潮水位线"意味着韩国的海岸线为高潮线。(4)法国《关于海洋国有地产的法律》将高潮线以下的滩涂纳入海域统一管理的范围。[②] (5)新西兰 1908 年《土地排水法》、1908 年《河岸法》、1948 年《土地法》、1949 年《森林法》和 1953 年《城乡规划法》都明确管辖范围向海终止于平均高潮线;而《渔业法(1908)》《港湾法(1950)》《海洋专属区法》《海水养殖法》则明确其适用范围向陆止于平均高潮线。[③]

3.以平均高潮线作为海陆分界线,则可以将海滩(潮间带)纳入海域的管理范畴。这符合海滩的生态特征与资源开发利用特性。因为从生态特征上看,海滩(即潮间带)受周期性海水的覆盖,具有典型的海洋生态系统特征,是海洋不可分割的组成部分;从资源的开发利用看,海滩(即潮间带)的主要功能是海洋渔业及其他海产品的养殖与捕捞,其开发利用属于海洋资源开发利用的范畴,与土地资源的开发利用相去甚远。[④] 将海滩(潮间带)纳入海域范畴,对维护海洋生态系统、保护海域环境意义重大。[⑤]

4.我国辞书对海岸线的界定也是以大潮高潮线为准。比如,《辞海》对海岸线的定义是"海水面与陆地接触的分界线。随潮水的涨落而变动位置。一般指海边在多年的大潮高潮所达到的线"。[⑥]《海洋大辞典》对海岸线的定义是"海岸线是海洋与陆地的分界线。即海水大潮平均高潮位与陆地(包括大陆

---

① See Supreme Court of the United States:Borax Consolidated,Limited,et al.v.City of Los Angeles,No.34.Argued Oct.23,1935.转引自王克稳:《论滩涂资源的法律属性及其法律适用》,载《江苏行政学院学报》2014 年第 2 期,第 134 页。

② 日本、韩国、法国的相关规定,均引自王义刚等人所著论文。王义刚、夏雪瑾、冯媛媛:《陆海分界和河海分界探讨》,载《海洋学研究》2009 年第 S1 期(27 卷增刊),第 48 页。

③ 孙书贤:《关于海陆管理分界线的探讨》,载《海洋开发与管理》2003 年第 5 期,第 16 页。

④ 王克稳:《论滩涂资源的法律属性及其法律适用》,载《江苏行政学院学报》2014 年第 2 期,第 134 页。

⑤ 董加伟:《论传统渔民用海权与土地使用权的冲突及协调——兼论滨海滩涂的法律性质归属》,载《中国土地科学》2014 年第 11 期,第 42 页。

⑥ 夏征农:《辞海》,上海辞书出版社 1989 年版,第 1061 页。

与海岛)接触的分界线"。①

5.由全国人大常委会法制委员会原副主任卞耀武主编的《海域使用管理法释义》一书明确指出,海域与陆地之间以海岸线为分界,而海岸线是平均大潮高潮的痕迹所形成的水陆分界线。② 该书主编的特殊身份以及该"释义"出版恰逢《海域使用管理法》颁布之际,很容易使人觉得这书中的观点在一定程度上代表着全国人大的某种态度或者倾向性意见。③

6.我国地图、海图、测绘等国家标准均把高潮线规定为海岸线。例如:(1)我国原国家技术监督局实施的"国家标准"(GB 12317-90)规定:"海岸线是指平均大潮高潮时水陆分界的痕迹线。"(2)国家标准《1∶500,1∶1000,1∶2000 地形图图式》(GB/T7929-1995)规定:"海岸线指以平均大潮高潮的痕迹所形成的水陆分界线。"国家标准《1∶5000,1∶10000 地形图图式》(GB/T 5791-93)规定:"海岸线是指平均大潮高潮时水陆分界的痕迹线。"国家标准《中国海图图式》(GB 12319-1998)规定:"海岸线是指平均大潮高潮时水陆分界的痕迹线。"国家标准《海洋学术语海洋地质学》(GB/ T18190-2000)规定:"海岸线是陆海分界线,在我国系指多年大潮平均高潮位时陆海分界线 。"(3)测绘行业标准《地籍图图示》(CH 5003-94)规定:"海岸线以平均大潮高潮的痕迹所形成的水陆分界线为准。"④

7.我国关于确定海岸线的行政规范性文件以及涉海行政管理实践中均明确平均大潮高潮线为海岸线。比如:(1)1980—1987 年,国家海洋局会同有关部门组织的全国海岸带和海涂资源综合调查明确规定了调查范围:"以海岸线为准,向内陆延伸一般为 10 km,向海延伸至 10—15 m 水深线以内",并明确指出:海岸线为平均大潮高潮线。⑤ (2)国家海洋局 1992 年颁布的《铺设海底

---

① 海洋大辞典编辑委员会:《海洋大辞典》,辽宁人民出版社 1998 年版,第 217 页。转引自王克稳:《论滩涂资源的法律属性及其法律适用》,载《江苏行政学院学报》2014 年第 2 期,第 134 页。

② 卞耀武主编:《中华人民共和国海域使用管理法释义》,法律出版社 2002 年版,第 8 页。

③ 有人认为:正是肇始于卞耀武所主编的这本书,海洋管理部门和部分学者将"海岸线认定为平均大潮高潮线"是立法标准。钟建华:《滩涂作为土地的法律证成》,宁波大学 2011 年硕士学位论文,第 18 页注释 44。

④ 王义刚、夏雪瑾、冯媛媛:《陆海分界和河海分界探讨》,载《海洋学研究》2009 年第 S1 期(27 卷增刊),第 49 页。

⑤ 王义刚、夏雪瑾、冯媛媛:《陆海分界和河海分界探讨》,载《海洋学研究》2009 年第 S1 期(27 卷增刊),第 49 页。

电缆管道管理规定实施办法》第 27 条明确:"海底电缆管道系指位于大潮高潮线以下的军用和民用的海底通信电缆(含光缆)和电力电缆及输水(含工业废水、城市污水等)、输气、输油和输送其他物质的管状设施。"(3)《关于河北省潮间带由谁主管意见的函》(海管发〔1993〕320 号)规定:"陆地和海洋两个不同的地理概念,客观上两者之间确有个衔接问题……界定海洋应从海岸线算起。"《关于对合浦县(金滩)围垦工程使用海域报批程序的批复》(河管发〔1996〕132 号)规定:"凡是在平均高潮线(即海岸线)以下的海域使用项目,都应到海洋行政主管部门办理有关手续,经政府批准后发给海域使用证。"(4)由朱镕基、李岚清、温家宝等圈阅同意的《国务院办公厅关于开展我国海域行政区域界线勘定工作的请示》(国土资发〔1999〕213 号)明确指出:"海域勘界以陆海分界线即平均大潮高潮线为起点。"(5)国务院有关涉海部门的有关职责划分,也是将大潮高潮线以下部分作为海域进行管理。比如,高潮线以下海域的海上交通安全管理,由海事行政主管部门负责,而陆地则由公安部门负责。①

8.我国许多地方性法规或规范性文件均明确海陆分界线为"平均大潮高潮线"。比如,在 2002 年《海域使用管理法》颁布之前,辽宁、河北、天津、山东、江苏、福建、浙江、广东等颁布 12 部法规或规范性文件,明确海域是指海岸线以下的区域,其中大部分文件又都明确海岸线是指平均高潮线。《河北省海域使用管理条例》规定:"有人工海堤的,以海堤为界,无人工海堤的,以平均高潮线为界。"《福建省海域使用管理条例》第 2 条规定:"本条例所称海域,是指毗邻本省陆地的平均大潮高潮时水陆分界痕迹线向海一侧的内水和领海的水面、水体、海床和底土。"《上海市滩涂管理条例》《山东省浅海滩涂养殖管理规定》《广东省海域使用管理规定》《广东省铺设海底电缆管道管理办法》《浙江省海域使用管理办法》《浙江省滩涂围垦管理条例》《浙江省铺设海底电缆管道管理工作规则》等均有类似规范内容。②

我国也有学者认为:陆地与海域的界分基准应当以平均低潮线或者最低

---

① 孙书贤:《关于海陆管理分界线的探讨》,载《海洋开发与管理》2003 年第 5 期,第 16～19 页。

② 孙书贤:《关于海陆管理分界线的探讨》,载《海洋开发与管理》2003 年第 5 期,第 17～18 页。

低潮线(海图 0 米线、领海基面)为准,该线向海一侧为海域,该线以内为陆地。① 主要的理由有:

1.依据我国《土地管理法实施条例》第 2 条的规定,依法不属于集体所有的林地、草地、荒地、滩涂及其他土地,属于全民所有即国家所有。"在我国民法以及《土地管理法》,已经把滩涂作为土地的一种形态。 所以,在我国,海水高潮线没有划分海域与土地边界的意义。"②

2.关于海滩不属于海域的观点,国内外有关科技文献都有明确的阐述。比如,美国陆军海岸工程研究中心编制《海岸防护手册》对"shore"定义为:"海滩——直接与大海接触,在高低潮位线之间的一片狭长陆地。"英国 1984 年出版的《海岸—海岸地貌概论》(Eric C.F.Bird, *COASTS-An Introduction to Coastal Geomorphology*, 3ʳᵈ ed.,1984)一书中对海滩(shore)定义为:"海滩是低潮位水面线与波浪有效到达的内陆边界之间的区域。"梁实秋主编《最新实用英汉辞典(1984)》对"shore"的中文译名为"①岸;②陆地、土地、国土"。③

3.从海滩的成长发育来看,主要是陆源物资由河流输送如海,再经由潮流和沿岸流转运到沿海淤涨而成。④

4.内水不属于海域。《海洋法公约》及我国《领海及毗连区法》均把内水排除在海域以外,而《海域使用管理法》把内水与领海都归为海域。《海域使用管理法》的规定与国际、国内的法律条文相违背。⑤

就上述两种观点之比较,主张以平均高潮线为陆海分界的观点,似乎更具有说服力。至少,我国海洋行政管理部门及有关职能部门至今仍然是将平均高潮线作为陆海分界,并据此实行海洋行政管理工作的。比如,国家海洋局于

---

① 相关主张可参见以下文献资料:陈甦、丁慧:《试论滩涂在法律上的性质》,载《辽宁师范大学学报(社会科学版)》2000 年 9 月第 5 期,第 22 页。韩曾萃:《关于"河海"、"陆海"分界的科学法律及职能依据》,载《中国水利学会 2006 学术年会论文集》,第 11 页。樊静、解直凤:《沿海滩涂上的物权制度研究》,载《烟台大学学报(哲学社会科学版)》2006 年第 1 期。钟建华:《滩涂作为土地的法律证成》,宁波大学 2011 年硕士学位论文,第 16~18 页。

② 陈甦、丁慧:《试论滩涂在法律上的性质》,载《辽宁师范大学学报(社会科学版)》2000 年 9 月第 5 期,第 22 页。

③ 韩曾萃:《关于"河海"、"陆海"分界的科学法律及职能依据》,载《中国水利学会 2006 学术年会论文集》,第 6~7 页。

④ 韩曾萃:《关于"河海"、"陆海"分界的科学法律及职能依据》,载《中国水利学会 2006 学术年会论文集》,第 7 页。

⑤ 韩曾萃:《河海、陆海分界的科学、法律依据》,载《海洋学研究》2009 年第 S1 期(27 卷增刊),第 86 页。

2002 年 4 月 27 日颁布的《海域勘界技术规程》(国海管字〔2002〕139 号)在"3. 定义"中明确海岸线:"平均大潮高潮时水陆分界的痕迹线。"国家海洋局 2002 年颁布的《海域勘界管理办法》(国海发〔2002〕13 号)第 16 条规定:"海域行政区域界线的起点原则上从陆域界线的终点界桩开始。陆域终点界桩距离陆海分界线较远的,依据《海域勘界技术规程》确定。"国家能源局、国家海洋局于 2010 年 1 月 22 日颁布《海上风电开发建设管理暂行办法》(国能新能〔2010〕29 号)第 2 条规定:"本办法所称海上风电项目是指沿海多年平均大潮高潮线以下海域的风电项目,包括在相应开发海域内无居民海岛上的风电项目。"该办法标题为"海上",而适用范围明确为"平均大潮高潮线以下海域";这也间接证明"平均高潮线以下"区域为海域。2016 年 12 月 29 日,国家能源局、国家海洋局颁布的《海上风电开发建设管理办法》(国能新能〔2016〕394 号)。该办法第 2 条的规定与"暂行办法"的规定完全相同。国家海洋局官网于 2015 年 12 月在"交流互动"栏目《关于邓生咨询问题的回复》中明确指出:"根据现行国家标准规定,平均大潮高潮线向海一侧,包括滩涂部分均属于海域范围。"[①]

　　然而,在笔者看来,将"最低低潮线认定为陆海分界线",应该是我们最应该考虑的选择。主要的理由如下:

　　1.以平均高潮线作为海陆分界线,并非世界各国的通常做法。有学者明确承认:很多国家并没有通过"法律或者其他形式来明确大潮高潮线为陆地和海洋管理的分界线"。[②]

　　2.关于《美国水下土地法》(Submerged Lands Act)以平均高潮线为海陆分界线的说法,颇值怀疑。该法在 1301 条的"定义"中对海岸线(coast line)的限定明确是以平均低潮位(the line of ordinary low water)为准。[③] 韩国以平均高潮线来划分海岸,但是并没有将海岸带等同于土地(陆地),也没有等同于

　　① 国家海洋局:《关于邓生咨询问题的回复》,http://www.soa.gov.cn/zmhd/hfhz/201512/t20151229_49465.html,2018 年 3 月 6 日访问。

　　② 孙书贤:《关于海陆管理分界线的探讨》,载《海洋开发与管理》2003 年第 5 期,第 16 页。

　　③ 原文为 The term "coast line" means the line of ordinary low water along that portion of the coast which is in direct contact with the open sea and the line marking the seaward limit of inland waters. See Submerged Lands Act, 43 USC §§ 1301-1315 (2002). https://www.boem.gov/uploadedFiles/BOEM/Oil_and_Gas_Energy_Program/Leasing/Outer_Continental_Shelf/Lands_Act_History/submerged.pdf. 2018 年 3 月 15 日访问。

海域,而是强调它的特殊性,作为单独区域制定法律予以规范。[①]

3.海岸的行政管理与"陆海界分线"的确定不能完全画等号。实际上,《美国海岸带管理法》《韩国海岸管理法》《日本海岸法》等,更多的是涉及政府相关行政部门的行政管辖职能划分。对行政管辖职能的划分依据(平均高潮线),并不一定就是陆海界分的"科学"依据,不当然证成此种划分方法具有法理上的正当性。

4.我国确定海岸线的众多行政规范性文件以及涉海行政管理实践,不能成为我国海陆界分应以"平均高潮线"为准的合法性依据。实际上,值得注意的是:我国确定海岸线的众多行政规范文件主要是海洋行政主管部门作出的或者由海洋行政主管部门主导下作出的。这种自我职权设定而形成的所谓规范性文件与管理实践,很难说就具有法理上的正当性。其实,国务院在《关于开展勘定省、县两级行政区域界线工作有关问题的通知》(国发〔1996〕32号)并没有直接明确海陆界分线为"平均高潮线",而是"以最新版的1∶5万国家基本比例尺地形图上所绘的海岸线为标准"。

5.以"平均高潮线"作为海陆界分依据,无法合理解释《宪法》和《物权法》相关规定的语法逻辑。我国《宪法》(2018)第9条规定:"矿藏、水流、森林、山岭、草原、荒地、滩涂等自然资源,都属于国家所有,即全民所有;由法律规定属于集体所有的森林和山岭、草原、荒地、滩涂除外。"《物权法》第46条规定:"矿藏、水流、海域属于国家所有。"第48条规定:"森林、山岭、草原、荒地、滩涂等自然资源,属于国家所有,但法律规定属于集体所有的除外。"根据这三条规定,海域与滩涂是分开的;海域属于国家所有,而滩涂可能属于国家所有,也可能属于集体所有。学界几乎没有争议的是:平均高潮线至平均低潮线之间的潮间带,是滩涂。若将平均高潮线作为海陆界分依据,那么就会出现这样的法律归属状况:河滩、湖滩等滩涂可能属于集体所有,但海滩只能是国家所有。[②]诚然,这种状况的"出现"确实不一定违宪或者违反《物权法》。[③] 但是,这种状况使得"海滩"与其他滩涂出现截然不同的所有权归属状态,将可能严重损害

---

① 转引自马得懿:《基于自治与管制平衡的法律机制——以辽宁沿海滩涂的保护与利用为例》,载《太平洋学报》2010年第10期,第27页。

② 有学者认为这种情况涉嫌违宪。韩曾萃:《河海、陆海分界的科学、法律依据》,载《海洋学研究》2009年第S1期(27卷增刊),第86页;钟建华:《滩涂作为土地的法律证成》,宁波大学2011年硕士学位论文,第16页。

③ 董加伟:《论传统渔民用海权与土地使用权的冲突及协调——兼论滨海滩涂的法律性质归属》,载《中国土地科学》2014年第11期,第42页。

我国集体经济组织成员（渔民、村民）利益。依照如此认定，我国的海滩归国家所有，渔民/村民使用海滩，则需要依照《海域使用管理法》等相关规定缴纳海域使用金。这将严重侵害了广大沿海渔民/村民的财产权益。[①] 这种认定是典型的"借法律规定不明确而与民争利""损害渔民利益"表现。实际上，根据《物权法》，要认定滩涂为集体所有，需要"法律"规定。但是，笔者至今也没有找到我国有相关的立法明确哪些滩涂为集体所有的条文。若按照上述逻辑，似乎可以将全部类型的滩涂都确认为国家所有。作为一个负责任的国家，这种"借法律规定不明确而与民争利"的现象是不应该出现的。以最低低潮线划定海陆界分线，或许也会出现"与民争利"的情况，但是相比于平均高潮线的划定方案，已经尽可能地减少这种情况的出现。[②] 同时，这也可以使得"海滩"与其他滩涂处于相同或者相似的权利归属状态，避免《宪法》《物权法》相关法条上的语义逻辑困局。

6.我国也有相关的立法或者规范性文件，确认"潮间带/滩涂"为土地，而非海域。比如，《中华人民共和国土地管理法实施细则》第 2 条明确把滩涂作为土地的形态加以规定。[③]《渔业法》第 2 条规定：我国"内水、滩涂、领海、专属经济区"以及我国"管辖的一切其他海域从事养殖和捕捞水生动物、水生植物等渔业生产活动，都必须遵守本法"。从这一规定来看，似乎滩涂与内水、领海并列的一个概念。《渔业法》第 14 条规定："国家征用集体所有的滩涂，依照《国家建设征用土地条例》相关规定办理。"从这两条规定来看，《渔业法》间接地认定滩涂是土地的一种形式。1988 年原国家土地管理局、国家海洋局在其发布的《关于加强滩涂资源管理工作的通知》中强调，滩涂依照土地进行管理；确认滩涂使用权的登记发证由县级以上地方人民政府土地管理部门要按规定进行；对违法占用国有滩涂的单位和个人，一定要依据《土地管理法》和地方实

---

① 陈甦：《中国的海域使用权制度及其对物权法的新发展》，载孙宪忠编：《制定科学的民法典中德民法典立法研讨会文集 2002》，法律出版社 2003 年版，第 446 页。胡云云、缪若妮、王萌：《沿海滩涂资源的法律性质》，载《福建农林大学学报（哲学社会科学版）》2014 年第 5 期，第 95 页。

② 因为根据我国各省市的滩涂管理条例，海滩不仅延伸至最低低潮位，还可能延伸至一定的浅水海域范围。例如《广东省浅海滩涂水产养殖保护管理规定》第 3 条规定："本规定所称滩涂，是指可用于海水养殖的潮间带以及与潮间带相连的海水养殖区或其他荒滩；但港区范围除外。"明确规定滩涂延伸至与潮间带相连的海水养殖区。许多沿海渔民/村民也基本都是按照这种限定来开发与利用沿海滩涂的。

③ 《中华人民共和国土地管理法实施细则》第 2 条规定："下列土地属于全民所有即国家所有：……（四）依法不属于集体所有的林地、草地、荒地、滩涂及其他土地；……"

施办法的规定予以处理。1989 年,原国家土地管理局在《关于对滩涂管理问题的复函》中明确规定,滩涂是土地资源的组成部分,应由人民政府土地管理部门统一管理。2002 年国务院法制办公室在《对〈关于请明确"海岸线"、"滩涂"等概念法律含义的函〉的复函》(国法函〔2002〕142 号)中认为,依照现行法律规定,"滩涂"属于土地。2004 年国土资源部在《关于确认海涂、滩涂土地权属问题的复函》的文件中提到,依法收回农民使用的国有滩涂时,应当依照《土地管理法》第 58 条的规定,对土地使用权予以适当补偿。因此,这个文件也是间接承认河流滩涂是土地的一种形式。2007 年国土资源部在《全国第二次土地调查土地利用现状分类》中,将土地划分为 12 大类,其中,第 11 大类"水域及水利设施用地"中就包括沿海滩涂。① 2017 年由国土资源部组织修订、国家质检总局、国家标准化管理委员会批准发布的国家标准《土地利用现状分类》(GB/T 21010-2017)也将沿海滩涂做相同类型划分。

7.从现实层面而言,我国沿海农村将滩涂进行养殖开发历史悠久。在这些渔民或村民朴素认识中,海滩不仅是自己的土地,也是自己赖以生存的基础。我们在法律制度的建构或者法律解释过程中,必须对这种历史事实予以充分的考量与尊重。

8.以最低低潮线为海陆界分依据,与《海洋法公约》规定保持一致,有利于维护国家海洋权益。在《海洋法公约》下,领海范围内的"低潮高地"是可以作为划定领海基线的基点的。如果依照"平均高潮线"来划定海陆,意味着"低潮高地",而不论该高地的地质成分是礁岩,抑或是土质、淤泥,都属于海域。既然是"海域",那么,"低潮高地"不论在何种位置,都难以成为划定领海基线的基点。如果以"最低低潮线"来划分海陆,那么,"低潮高地"是"土地",是一国的领土,当然具备成为确定领海基线基点的正当性。当前,国际社会对我国在南沙群岛、西沙群岛等海域的领土主权与海洋权益维护的做法与主张,有些不同的声音。以最低低潮线来划定海陆的做法,可以在一定程度上扩大领海与领土范围,使我国在国际海洋权益的维护上具有更多的法理依据。

综上,在我国当前的国际环境、社会背景以及我国渔民/村民的用海历史下,以最低低潮线作为划定海陆的界分线,应该是最具法理依据的选择。当然,海岸线也并非一成不变。"海岸线会由于人为或自然原因发生变化,其变化有四种形态:一是海域人为的转化为陆地,如填海造田;二是海域因自然原

---

① 详见国土资源部的《全国第二次土地调查土地利用现状分类》附件。王刚:《沿海滩涂保护法律问题研究》,中国海洋大学 2013 年博士学位论文,第 35 页。

因转化为陆地;如自然淤积;三是陆地因自然原因转化为海域,如挖掘港池;四是陆地因自然原因转化为海域,如海平面上升。"所以,在实践操作中,最低低潮线的确定应足够谨慎。在具体做法上,不仅要考虑以规范文件确定具体的地理坐标,还应该考虑设定某些桩界。设立桩界最大的优点就是:确定性强,能够保证陆海界分线在一定的时间内的相对稳定性。该界分线的存在不会因为潮汐变化等而受到影响。鉴于我国当前的海域管理实践均是将潮间带纳入海域的管理范围,而且潮间带也确实与海域有着极其密切的关联,故后文将把"潮间带/海滩"纳入讨论范围。

其实,在理论上,我们还有两种选择。第一种选择是以平均高潮线向陆地延伸特定的空间,并设立桩界。第二种选择是以平均低潮线或者最低低潮线向海延伸特定的空间,并设定桩界。① 第一种选择的优点是充分考虑海岸带与海域之间的密切关联。这种选择在将海域视为"公物"的国家,在一定程度上,是有利于公共利益的。第二种选择的优点在于可以间接扩增领海的范围,与我国许多各省市有关滩涂的限定相同,也与我国渔民/村民用海的历史相符。但是,这两种选择都可能面临着与《海洋法公约》等国际法相悖的风险。

(五)河海界分

在我国长约 18000 千米的海岸带上,有众多径流入海的河流,如长江、黄河、珠江、辽河、海河、淮河、闽江和钱塘江等。在这些河流与海洋的交汇处,形成了众多的河海口区域。河海口区域,是河与海的交汇区域,属于海岸带的一部分,是陆—海—气相互作用最频繁的区域,来自陆地上的淡水与海水在这里混合,形成了典型的过渡性生态系统,也正是由于其所具有的独特生态功能,河口区域历来是人类经济社会发展的黄金地段,是人类活动的集中区域。随着经济的发展与科技的进步,河海口区域内资源开发利用的矛盾也越来越突出。所以,作为整个大陆海岸线的一个重要组成部分,河口海岸线的确定不仅是我国河口行政管理的重要依据,也是厘清河海界分的关键。那么,在法律制度框架中,我们应如何区分河海?河口海岸线如何确定呢?

---

① 有学者主张:低潮线向海延伸 6 米,将该界线向陆一侧的区域定性为"湿地",区别于海域,并进行特殊保护。唐双娥、裴丽:《滩涂物权制度的困境及出路》,载《湖南大学学报(社会科学版)》2016 年第 6 期。王刚博士也持相似观点。王刚:《沿海滩涂保护法律问题研究》,中国海洋大学 2013 年博士学位论文,第 37～38 页。这样的观点实际上是按"陆地—湿地(滩涂或特殊区域)—海域"这样三分法。遵照这一思路,最低低潮线向海延伸特定的空间的界分线就成了海域的界分线。

在实践中,因对河海界分的依据与认识不同而引起的争议并不鲜见。20世纪80年代中期,我国相继颁布《海洋环境保护法》(1982)与《海洋倾废管理条例》(1985)。在长江口选划海洋倾倒区,确定海洋倾废管理地理范围时,国家海洋局与交通主管部门就相关的行政管理职责范围而引发"长江口是海域还是内河水域之争"。20世纪90年代初,因《国家海域使用管理暂行规定》(1993)的颁布,海洋行政主管部门与水利主管部门就长江口的法律适用而引发争议。① 2002年4月,海洋行政主管部门在珠海磨刀门石栏洲西南水域进行执法检查,发现两艘采沙船正挖沙作业。两船均办理《河道采沙许可证》,但未办理海域使用证。采沙船因海洋行政主管部门的行政执法而将其诉至法院。② 2003年《关于界定珠江口是河口还是海域的请示》,"2005年杭州湾九龙山西沙湾围填海项目"等事件,再次引发"河海划界"的讨论。

在理论上,不同学科对河海分界线的划分方法可能不相同。比如,有学者认为,应当利用河口岸线的几何形态、地质地貌沉积以及水文要素的分布与演变规律等来确定河海界线。③ 也有学者建议主要江河的河海界线应以河口口门和口外海滨段的内端为界 ,即河口的近口段和河口段应属河,河口的口外海滨段属海;在一些小的入海河流可以以明显的标志物(如挡潮闸、桥等)作为河海分界线。④ 从科学技术角度来看,河海界分可以根据河海的自然水文要素属性来进行确定,是相对符合大家对海陆的基本认知的。这些自然水文要素包括水域性质、河口界面、潮汐潮位、盐水入侵、悬沙浓度、河槽断面、沙岛推进、盐生植物分布、浮游生物的分布等。然而,即便如此,不同学者仍然会基于不同的学科谱系而作出截然不同的划分。⑤

实际上,我国一些省市也已经尝试通过各种地方性法规或者规范性文件来确定河海界分。比如,1992年,《广东、广西两省区内河避碰若干规定》,以

①　朱伯康、刘增宏、孙朝辉:《河海分界与河海区域的综合管理》,载《海洋学研究》2009年第S1期(27卷增刊),第80页。

②　蔡岩红:《珠海围"海"造地使海域法尴尬:是河口还是海域?》,http://news.sohu.com/24/61/news205426124.shtml,2018年3月15日访问。

③　于建、吴桑云、李平:《我国入海河流河口地区海陆分界线划分方法研究》,载《海岸工程》2003年22卷第2期,第57~58页。

④　王义刚、夏雪瑾、冯媛媛:《陆海分界和河海分界探讨》,载《海洋学研究》2009年第S1期(27卷增刊),第53页。

⑤　比如,在探讨长江口江海划界时,陈沈良等学者就提到了3种分界方案。朱伯康、刘增宏、孙朝辉:《河海分界与河海区域的综合管理》,载《海洋学研究》2009年第S1期(27卷增刊),第79页。

明确的具体地理坐标来划定两省区珠江口、榕江、韩江、鉴江、茅岭江、南流江和大风江等河口的海河分界线。2013 年 2 月,浙江省在《关于钱塘江等主要入海江河河口管理界线的通知》中明确钱塘江入海河口界线"以平湖金丝娘桥与慈溪庵东的连线为界线",而甬江、椒江、瓯江、飞云江、鳌江等入海河口界线以原浙江省科委、省测绘局《关于公布内部使用的浙江省海涂、内海、领海面积及大陆海岸线长度数据的通告》(浙测发〔1989〕62 号)和省地名委员会《浙江省海域地名录》(1988 年 1 月编印)规定的河口线为准。有学者认为,浙江省确定的这一界分线,符合钱塘江入海口的平均大潮高潮线、潮位与潮流分布和潮流与径流势比,以及地貌沉积等自然生态属性与历史习惯。[①]

客观地说,河海界分难以有绝对标准,甚至可以说"河海本无界"。所以,我们需要明确的是,这里讨论的"河海界分线"是作为人文社会科学的一种存在,是基于社会行为而产生的概念,是法律概念。作为法律概念,它就必须是确定的,是可以确认的。如果按照前述学者的建议或者采各省市的一些做法,河海界分确实能够比较符合河海的水文自然属性,然而,这也意味着不同的入海口将会出现迥异的河海界分方案。值得注意的是,各省市界分河海非常重要的动因就是为海洋行政主管部门与水利等部门的管辖权"界限划线"。鉴于我国 2018 年 3 月政府机构改革及自然资源行政主管部门的创设,我们有理由相信,我国有关自然资源管理权限将被有效地梳理与整合,因河海划分意见不同而产生的管辖权争议将逐渐减少。

在笔者看来,河海界分线的确定,应当与陆海界分线保持一致性;同时,也要有相应的法理依据。《海洋法公约》与《领海及毗连区公约》关于河口领海基线的确定方案,或许能够为我们确定河海界分线提供重要参考。根据《领海及毗连区公约(1958)》第 13 条以及《海洋法公约(1982)》第 9 条规定,倘若河流直接流入海洋,则领海基线应当是一条在两岸低潮线上两点之间横越河口之直线。这两份公约在海湾领海基线的确定要采相同的处理原则,即以海湾封口线(closing line)为基线。[②]《中国水利百科全书》指出,"河口海岸线一般以期入海口处两岸突出的角、嘴的连线为准",而河口的"下界口门位置根据河口两侧海岸线或岛屿前缘的连线确定"。对于《中国水利百科全书》的这一说法,

---

① 许建平、杨义菊、朱伯康:《我国重要入海河口河海界线划分探讨》,载《海洋学研究》2009 年第 S1 期(27 卷增刊),第 44～45 页。

② 姜皇池:《国际海洋法》(上),台北学林文化事业有限公司 2004 年版,第 190 页。

学术界似乎并无多少异议。① 此外,根据我国《宪法》第 9 条以及《物权法》第
46 条,水域与海域等自然资源均归国家所有。② 这也就意味着以河口两岸低
潮线的连线作为河海界分线,不会导致所有权归属状态的变化。这也就是说,
如此确认河海界分线不会损害到国家所有权。本书建议的这种河海界分线的
确定,最主要的目的在于制度建构与法律适用。如此划分还有一个优点,即简
单明了,具有较强的可操作性,能够在特定的时期内保持界分线的稳定性。在
实践操作上,还可以考虑在两岸低潮线上两点上设立桩界。

二、作为法律客体的"海域资源"

(一)海域资源的类型与海洋经济

海域资源是与陆地资源相对应的概念,属于自然资源的一种。海域是海
域资源的承载体,在特定的范围、特定的空间与结构上,承载着各式各样的资
源形态,蕴藏着不同种类对人类有着重要开发利用或者生态价值的物质、能量
和空间资源。比如,海面可以通过开发利用而形成旅游资源、港口资源,水体
中有海水以及各式各样的水生物,海床和底土隐藏着沙、泥、铁矿等各种资源。
借《俄罗斯联邦环境保护法》对自然资源的解释,我们可以将海域资源认定为:
在人类经济和其他社会活动中,被作为或者可能被用作能源、生存资料和消费
品及具有使用价值,在特定海域体现与承载,并具有鲜明海域属性的自然环境
要素、自然客体和自然人文客体。③

基于不同的视角,海域资源可以分为不同的类型。按照资源是否涉及生
命形态,可以将海域资源分为生物资源和非生物资源。那些生存于特定海域
的一切动植物,如鱼、虾、贝、海藻,都属于生物资源。那些无任何生命形态的
矿物质、化学元素、能量都属于非生物资源。

按照资源是否具有可再生、可重复利用的特点,可以将海域资源分为再生
资源与不可再生资源。在海域中的多数动植物、海水、波浪、潮汐、海流、温差

---

① 韩曾萃:《关于"河海"、"陆海"分界的科学法律及职能依据》,载《中国水利学会
2006 学术年会论文集》,第 11 页。

② 《宪法》第 9 条规定:"矿藏、水流、森林、山岭、草原、荒地、滩涂等自然资源,都属于
国家所有,即全民所有。"《物权法》第 46 条规定:"矿藏、水流、海域属于国家所有。"

③ 黄萍:《自然资源使用权制度研究》,上海社会科学院出版社 2013 年版,第 29 页。

等,都属于可再生资源。这些资源的共同特点就是具有较强的再生能力,在被开发利用之后,能够在相对较短的时间内恢复到被利用前的资源状态。海域中的石油、天然气以及铁矿、锰矿等矿产资源,属于不可再生资源,因为这类资源通常都是需要经过漫长的地质运动与气候变迁才能逐渐形成,这些资源被开发利用之后在短期内难以恢复到其被开发利用之前的资源状态。

按照资源的属性、特征及分布状况,可以将海域资源分为生物资源、矿产与能源资源、海水及海洋化工资源、海洋空间资源。

(1)生物资源是指那些生存于海水或者海底或者海域特定土质中的各类海洋生命物质及其相关资源形态。生物资源还可以再区分为海洋渔业资源、海洋养殖资源、海洋生物药用资源、海洋生物遗传资源以及海洋生物新材料资源。海洋渔业资源是指海域中具有开发利用价值的鱼、甲壳类、贝、藻和海兽类等经济类海洋野生动植物的总和。海洋养殖资源是人类利用浅海、滩涂、港湾、围塘等特定海域,通过人工干预进行饲养和繁殖而形成的海产经济动植物。养殖的对象包括海洋植物,也包括海洋动物。前者如海带、裙带菜、羊栖菜、紫菜、江蓠、石花菜、角叉菜、浒苔等;后者如牡蛎、文蛤、蛤仔、泥蚶、毛蚶、西施舌、中国蛤蜊、四角蛤蜊、竹蛏、大竹蛏、缢蛏、斑节对虾、凡纳滨对虾、梭子蟹、锯缘青蟹、石斑鱼、石首鱼、黄鳍鲷、黑鲷、笛鲷等。海洋生物药用资源是指可以用于药物研究、药物开发和药物应用的那些海洋生物材料物质或者海洋生物化合物。比如,海参泡酒,被认为具有耐寒、抗病、抗癌和预防衰老等药用价值;石决明,被认为具有平肝清热,明目去翳的医用功效;[1]海马和海龙被认为具有补肾壮阳、镇静安神、止咳平喘功效;海螵蛸是乌贼的内壳,可治疗胃病、消化不良、面部神经疼痛等症。海洋生物遗传资源是指具有实用或潜在实用价值的任何含有遗传功能的材料,包括海洋动植物微生物的 DNA、基因、基因组、细胞、组织、器官等遗传材料及相关信息。[2] 海洋生物新材料资源是指由海洋生物体产生,具有支持细胞结构和有机体形态的一类具有特殊功能的生物大分子。这类材料分子结构多数有规律的重复,化学组成主要为多糖、蛋白质、脂类。目前已经广泛开展研究的海洋生物新材料包括甲壳质及其衍生物、海藻多糖、海洋生物多糖、蛋白质、脂类和珊瑚人工骨等。[3] 海洋生物资源

---

① 百度百科:石决明,https://baike. baidu. com/item/％E7％9F％B3％E5％86％B3％E6％98％8E/666940? fr=aladdin,2018 年 3 月 12 日访问。

② 《生物多样性公约》第 2 条。

③ 黄良民主编:《中国海洋资源与可持续发展》,科学出版社 2007 年版,第 64 页。

具有生长繁衍且可自律再生的特性,适当的保育与合理的开发利用可以维护海洋生物多样性及整个海洋生态系统。

(2)矿产与能源资源,包括海洋矿产资源与海洋能资源。海洋矿产资源是指经过地质成矿作用而形成的,赋存于海滨、浅海、深海、大洋盆地和洋中脊底部,呈固态、液态或气态的,并具有开发利用价值的矿物或有用元素的集合体。目前人类已经开发利用的海洋矿产资源,包括沙金、砂铂、金刚石、砂锡、砂铁矿、钛铁石、锆石、金红石、独居石、磷灰石、海绿石、重晶石、海洋油气、硫矿、煤、天然气水合物、海底锰结核及海底多金属热液矿(以锌、铜为主)等。比如,金红石含有发射火箭用的固体燃料钛;独居石是制造火箭、飞机外壳的重要原材料;锆铁矿、锆英石是核潜艇和核反应堆的重要原材料。海洋能资源是指海洋中依附于海水,通过各种物理原理或者化学过程接受、储存和散发能量的可再生能源,主要包括潮汐能、波浪能、潮流能、温差能和盐差能。这些能源具有能量密度低、存量大、可再生、无污染等特点。[①]

(3)海水及海洋化工资源,包括海水资源、海水化学资源、海盐资源等。海水可以直接用于工业冷却、灌溉、洗涤、冲刷、工程环境维护和其他方面,也可以通过海水淡化转化为淡水,解决沿海或海岛或渔船等区域的生活用水。海水中含有化学元素达 80 余种,如 Na^+、Mg^+、Ca^+、K^+ 等。根据海水元素的含量及其受生物活动影响的情况还可以将海水中的化学资源分为常量元素资源、营养元素(生源要素)资源、微量元素资源、溶解气体资源、有机物质资源五大类别。常量元素如 Ca、Br、Na、K 等;营养元素如 O、C、N、P、Si 等;微量元素如 Cr、Cu、Pa、Se、Hg、Ac 等;溶解气体如 O_2、CO_2、N_2、Ar 等;有机物质,如脂肪酸、烃、氨基酸、甾醇、维生素、腐殖质等。[②] 海盐资源是指钠盐、镁盐、钠盐、钙盐等。

(4)海域空间资源,是指基于海域特定的空间而形成的资源。在通常意义上,海洋空间范围包括海域水面、水体、海床、底土和其上的大气空间。在广义上,还可以包括陆地中受海洋活动作用影响明显的区域,如海岸带和海岛。海岸带与海岛既有陆地属性,也具有海洋属性,但往往是海洋属性表现得更为明显。基于使用海域空间的目的与方式不同,可以将海域空间资源再区分为旅游资源与非旅游资源。海域旅游资源是指在一定社会经济条件下,能够以游

---

① 黄良民主编:《中国海洋资源与可持续发展》,科学出版社 2007 年版,第 8 页。

② 黄良民主编:《中国海洋资源与可持续发展》,科学出版社 2007 年版,第 155～157 页。

览观光、休闲疗养、体育娱乐等方式来满足人们精神和物质需求的资源形态。这包括以海蚀崖、海蚀柱、海蚀穴、海蚀平台等为表现形式的海域地貌旅游资源,以细平沙滩与海水浴为代表的海岛旅游资源,以红树林、珊瑚礁等为载体的海域生物旅游资源,以古人海域活动的遗址、遗迹、遗物、遗风等为特色的海域人文景观旅游资源等。除了旅游资源外,其他利用海域特定空间的活动与形式,都可以归为非旅游空间资源。比如,海上交通运输、海底隧道管道、商港渔港、海上平台、人工岛屿、海上机场、海上桥梁、跨海索道、海底电缆、海底、人工鱼礁等建设项目,都会直接涉及海域特定空间的开发与利用问题。

我国是海洋大国,位于太平洋西岸,拥有沿海海域面积达到 473 万平方千米,跨越热带、亚热带和暖温带,南起曾母暗沙,北至辽东湾,纵跨 37 个纬度;西自北仑河口,东至鸭绿江口,横穿 16 个经度;沿海海岸线长达 18000 千米,面积 500 平方米以上的海岛 6500 多个,相关海域资源极其丰富。[①] 比如,就海域生物资源而言,我国已经发现和记录的褐藻、红藻和绿藻等大型藻类约 1200 多种,刺胞动物约 1000 种,环节动物 900 多种,软体动物约 3000 种,甲壳动物约 3000 种,刺皮动物 580 种,鱼类 3000 多种。[②] 我国近海已记录的海洋药物及已进行现代药理学、化学研究的潜在药物资源已达 684 味,其中植物药 205 味,动物药 468 味,矿物药 11 味;涉及海洋药用动植物 1667 种(植物 272 种,动物 1395 种),另有矿物 18 种。[③] 再如,我国是世界上海域矿产种类较多的国家之一。据不完全统计,我国海域矿种达 65 种之多,各类砂矿床 191 个,其中大型 35 个、中型 51 个、小型 105 个,总储量约为 31 亿吨。据专家估算,我国海洋石油资源量约为 350 亿~400 亿吨,天然气资源量约为 15.79万亿立方米。油气主要分布在南海、东海、渤海和黄海。[④]

毫无疑问,丰富多样的海域资源是潜力巨大的宝库,为人类提供越来越丰富的物质材料,已经逐渐成为人类社会经济发展的重要支撑,是人类生存与发展的重要战略空间。随着陆域资源的日益短缺,海域资源已经成为人类经济可持续发展的新引擎。正是基于对海域资源的重要性出发,有人曾断言,21

---

① 黄良民主编:《中国海洋资源与可持续发展》,科学出版社 2007 年版,第 1 页。

② 黄良民主编:《中国海洋资源与可持续发展》,科学出版社 2007 年版,第 6 页。

③ 王长云、邵长伦、傅秀梅、兰东、兰克信、李国强、武云飞、钱树本、管华诗:《中国海洋药物资源及其药用研究调查》,载《中国海洋大学学报(自然科学版)》2009 年第 4 期,第 669 页。

④ 崔木花、董普、左海凤:《我国海洋矿产资源的现状浅析》,载《海洋开发与管理》2005 年第 5 期,第 17~18 页。

世纪是海洋世纪,人类的未来是海洋。

据不完全统计,从 1980 年至 2006 年间,世界海洋经济的生产总值大约增长了 5 倍。[①] 就我国而言,涉海域资源的海洋产业也逐步增长。据核算,我国 2015 年海洋生产总值 64669 亿元,比上年增长 7.0%;2016 年为 70507 亿元,比上年增长 6.8%;2017 年为 77611 亿元,比上年增长 6.9%。这三年,我国海洋生产总值在国内生产总值的占比,基本维持在 9.6% 左右。

就各个产业而言,我国海洋渔业 2015 年实现增加值 4352 亿元,比上年增长 2.8%;2016 年实现增加值 4641 亿元,比上年增长 3.8%;2017 年实现增加值 4676 亿元,比上年下降 3.3%。我国 2015 年海洋原油产量 5416 万吨,比上年增长 17.4%,海洋天然气产量 136 亿立方米,比上年增长 3.9%。尽管受国际原油价格持续走低影响,但 2015 年仍实现增加值 939 亿元。2016 年海洋油气业实现增加值 869 亿元。海洋矿业 2015 年实现增加值 67 亿元,比上年增长 15.6%;2016 年实现增加值 69 亿元,比上年增长 7.7%;2017 年实现增加值 66 亿元。海洋盐业 2015 年实现增加值 69 亿元,比上年增长 3.1%;2016 年实现增加值 39 亿元,比上年增长 0.4%;2017 年实现增加值 40 亿元。海洋化工业 2015 年实现增加值 985 亿元,比上年增长 14.8%;2016 年实现增加值 1017 亿元,比上年增长 8.5%;2017 年实现增加值 1044 亿元,比上年下降 0.8%。海洋生物医药业 2015 年实现增加值 302 亿元,比上年增长 16.3%;2016 年实现增加值 336 亿元,比上年增长 13.2%;2017 年实现增加值 385 亿元,比上年增长 11.1%。海洋电力业 2015 年实现增加值 116 亿元,比上年增长 9.1%;2016 实现增加值 126 亿元,比上年增长 10.7%;2017 年实现增加值 138 亿元,比上年增长 8.4%。海水利用业 2015 年实现增加值 14 亿元,比上年增长 7.8%;2016 年实现增加值 15 亿元,比上年增长 6.8%;2017 年实现增加值 14 亿元,比上年增长 3.6%。尽管海洋船舶工业面临淘汰落后产能以及产品结构升级优化的严峻形势,但 2015 年仍实现增加值 1441 亿元,比上年增长 3.4%;2016 年实现增加值 1312 亿元;2017 年实现增加值 1455 亿元。[②]

[①] 王占坤、林香红、周怡圃:《主要海洋国家海洋经济发展情况和趋势》,载《海洋经济》2013 年第 4 期,第 88 页。

[②] 以上相关数据参见国家海洋信息中心:《2015 年中国海洋经济统计公报》《2016 年中国海洋经济统计公报》《2017 年中国海洋经济统计公报》。来源于中国海洋经济信息网,链接网址为 http://www.cme.gov.cn/node/138.jspx,2018 年 3 月 16 日访问。

（二）海域资源的属性与私权客体

作为一种非常典型的自然资源形态，海域资源必然具有自然资源的共通性特征；但是作为自然资源中的一种特别资源形态，海域资源也具有鲜明的海洋特色。

作为一种自然资源，海域资源最首要的特征就是自然性。所谓自然性，是指海域资源遵循自然规律而形成，不依赖于人类的主观意识而客观存在。离开了最基本的自然规律，海域资源便不再是自然资源。当然，作为大自然赐予人类的宝贵财富，海域资源在遵循着自然规律的同时，也因为人类活动而又或多或少地包含着人类世世代代的劳动沉积。换言之，海域资源的形成与发展，都深刻地嵌入着人类的影响。随着科技的进步，人类对海域资源的影响程度将越来越大，甚至在某种程度上改变了自然规律对某些特定海域资源的设定。

与自然性相关的是，海域资源具有整体性。海域资源尽管在很多形态中都能够以各个具体的个体来认识，但是各个个体之间都是相互作用、彼此关联的。海域资源的那些具体的要素或条件在相互联系相互作用过程中，形成了一个有机的生态系统。对任何一个要素或者条件的开发利用，都有可能对其他的海域资源要素或者条件产生这样或者那样的影响。这也就意味着，海域资源的开发利用必须有生态觉悟与自觉性。

在分布结构方面，海域资源还具有不平衡性、复合性和立体性等特征。从地理区域来看，海域资源在存在形态的数量与质量方面有着显著的区域差异。某些可再生资源的分布具有明显的地域分异规律；不可再生的矿产资源分布具有地质规律。比如，某些海域的矿产资源极其丰富，但是有些海域的矿产资源就很鲜见。就我国已经探明的海域矿产而言，就明显存在着南多北少的特征。[①] 复合性与立体性主要是针对同一特定海域的资源存在形态而言。这也就是说，同一特定海域的资源不是单一固化的形态，而是多种形态资源的共生共存——既有生物资源、海水化学资源、海洋能，也有港口交通资源、油气及矿产资源等。所以说，海域资源是多种资源形态的复合载体，而且每一种资源都可能被开发成一个独立的产业形态。随着人类科技的进步以及需求的多元化，人类对海域的开发利用已经不再是简单的平面化，而是趋于立体与复合性开发。当然，正因为这种立体性与复合性的开发模式，使得不同资源形态的开

---

① 崔木花、董普、左海凤：《我国海洋矿产资源的现状浅析》，载《海洋开发与管理》2005 年第 5 期，第 18 页。

发模式与利用方式在特定时空内出现不可避免的矛盾和冲突。这也就是说，在开发利用方面，海域资源具有一定程度的排他性。

蓬勃发展的海洋经济，深刻地揭示与印证了这样的道理——海域资源具有重要的经济与社会价值，能够满足人们物质或者精神方面的需求；而能够满足人类物质或者精神上的需求，恰是某一客体能够从自然客体转变为法律客体最重要的属性。如果不能满足人类的物质或者精神方面的需求，这样的资源只能是一种客观的"资源材料"，而不能成为人类行为的作用基点，不具有"社会属性"或者"法律属性"。海域资源能够满足人们的某种需求，主要表现在：海域资源能够为人类提供丰富多样的生产与生活资料，如鱼虾贝等生物资源、铁锰锌等矿产资源、天然气可燃冰等能源资源，是人类生存与发展的重要物资基础与保障；海域资源能够为人类的科技发展与进步提供重要的研究材料，是人类社会进步与科技发展不可忽视的重要内容；海域资源的开发利用能提供众多的就业机会，能够促进维护社会关系的和谐与稳定，能够通过修养、娱乐、体育等形式来满足人们的精神方面的需求；海域资源能够通过海洋生态系统调节气候，净化与美化环境，维持生物多样性。[①]

当然，在满足人类需要的方面，海域资源必须体现其社会性特征。海域资源满足人类的需求方面，不是纯粹的自然科学概念，而是涉及文化、伦理、道德等人类话语谱系。换言之，海域资源在满足人类需求的属性方面，会因人类的生活环境、历史传统、宗教信仰、风俗习惯、科技水平等不同而表现出重大的差异。比如，海蚯蚓，体圆柱形，壁薄柔软，且具有清热解毒等医药功效，在厦门等地方被作为重要的地方特色美食；然而在辽宁、山东等地方几乎无人食用。再如，以鲷鱼、鲆鱼、鲽鱼、鲈鱼为原材料制作而成的生鱼片，是日本料理中最有代表性最具特色的食品，但是在许多人眼中，这类生鱼片却是多种鱼源性寄生虫的可能载体，与美食无涉。还有红鳍东方鲀(takifugu rubripes)，常见于我国的东海与黄渤海，其肝和卵巢有剧毒，误食会致死。长期以来，红鳍东方鲀被人们视为禁食对象。但是，随着技术的发展以及人们对该种生物的认知的扩展，红鳍东方鲀也逐渐成为人们餐桌上的一道别样美食。[②] 同时，红鳍东方鲀的肝脏及卵巢所含毒素，被证明对治疗神经系统疾病、止血、止痛、痒疹、

---

① 李亚楠、苗丽娟：《海域资源性资产价值评估初探》，载《海洋环境科学》2009 年第 6 期，第 769 页。

② 常理：《时隔 26 年解禁，首批拥有合法身份河鲀将走入市场》，http://www.xinhuanet.com/fortune/2016-10/30/c_1119813026.htm,2017 年 11 月 13 日访问。

疥疮、百日咳、胃痉挛等方面具有重要的医药效能。①

尽管海域资源极其丰富多样，但在人类社会不断增长的需求面前，海域资源在特定的时空内将是有限的。这就是海域资源的稀缺性特征。这种稀缺性可能源于自然规律的限定，还有可能是来源于法律的限定。比如，特定的海域空间不可能孕育着无限的鱼虾贝等海域生物资源，而鱼虾贝等海域生物资源也不可能在一两天之内就育成符合人类需求的资源形态。再如，海域矿产资源或许在短时间内几乎是无限的，但是，当法律（国际法或国内法）对这种矿产资源的开发利用进行限制时，这种矿产资源就会因法律的这种限制而在相当长的时期内成为一种稀缺资源。不过，从长远来看，海域资源的稀缺性具有相对性。这是因为人类对自然规律的认识与掌握是一种社会化活动，是一个渐进的过程。随着人类对自然规律的掌握程度越高，人类的主观能动性越强，人们对海域资源的开发利用的观念就会不断地提升与变革，对海域资源开发利用的范围、规模、模式、种类会不断地扩大与增加，对海域资源开发利用的质量与品性都会不断地提高与提升。需要注意的是，人类主观能动性不断增强的过程，对于海域资源的开发利用而言，可能呈负面的推动效益。比如，人们海域资源的利用效率在提高，开发广度在延展，但是，污染与破坏也可能相伴相生，甚至在加剧加速。

海域资源还具有公共物品属性。美国经济学家萨缪尔森（P. A. Samuelson）在其《公共支出的纯理论》一文指出，纯粹的公共物品是指这样的物品或者劳务，即每个人的消费这种物品或劳务不会导致别人对该种物品或者劳务的减少。② 所以，作为公共物品，最主要的属性就是消费的非竞争性与非排他性，即在给定的生产水平下，向一个额外消费者提供商品或服务的边际成本为零；任何人的消费，不必然排除他人对该物品的消费。显然，海域资源在特定情况下是符合公共物品的属性的。海域资源蕴含着迷人的风景，清新的空气、水生物的多样性……它能够为绝大多数人共同消费或享用；一些人对这一海域资源的使用与消费不会影响另一些人对它的使用与消费。比如，某些人在特定海域进行垂钓的同时，并不会必然排斥他人在相同或相近的区域

---

① Takifugu rubripes，http://fishdb.sinica.edu.tw/chi/species.php? id＝383045（台湾鱼类资料库网），2017 年 11 月 13 日访问。

② Paul A. Samuelson. The Pure Theory of Public Expenditure. The Review of Economic and Statistics，Volum 36，Issue 4，The MIT Press（Nov.1954），p.387.转引自黄萍：《自然资源使用权制度研究》，上海社会科学院出版社 2013 年版，第 38 页。

进行垂钓;某些人对特定海域地貌的精神赏悦,并不排斥他人同时对该特定海域地貌的精神赏悦;一些人对海域资源进行旅游开发,通常不会直接影响到另一些人对海域水生物资源或者矿产资源的开发与利用。这也就是说,海域资源在使用与消费上具有非竞争性与非排他性。这是典型的公共产品或者公共物品的属性。正是因为这种公共物品属性,使得海域在相当长时期都被作为行政法之公物来对待。

海域资源的上述特性,决定了海域资源的市场化机制不能完全遵从陆生资源的机制与模式。海域资源市场化的模式必须体现海域资源的特殊性,尊重海域资源的基本规律与生成逻辑。

第二章

海域资源的市场化机理

一、产权、市场与海域资源的市场化

(一)海域资源的稀缺性与制度选择

E.F.舒马赫曾言:你尽可以说某一事物不道德、丑恶、毁灭灵魂、使人堕落,或者说它危及世界和平与子孙后代的幸福,但只要没有证明它是"不经济的",你就没有真正对它存在、发展和昌盛的权利提出质问。① 或许,舒马赫的这一论断有其偏颇,但这一论断为我们提供了一个视角,即在讨论海域资源的市场化机制中,我们不能回避其经济学上的动因。

作为经济学动因的逻辑前提,稀缺性是无法绕开的话题。

稀缺是人类共有的社会现象。② 如前文所述,作为一种自然产物与社会生活承载体,海域资源具有稀缺性。稀缺性主要源于自然规律的限定,也来源于法律的限定。但是,不论是哪一种限定,海域资源稀缺的最核心根据在于:海域资源的有限供给与人类对海域资源的无限需求之间的紧张关系。海域资源的有限供给,是因为海域资源的占有、使用、收益与处分往往受到人类科技水平、利用开发程度、人类需求的多寡与强烈程度等因素的制约。换言之,科技手段的有限性、利用与开发的扩大、人类的需求增加、海域资源的匮缺等都将严重限制海域资源的供给。比如,科技的进步,在拓展海域资源开发利用的广度与深度的同时,也在一定程度上削弱与破坏着海域资源。

---

① ［美］E.F.舒马赫:《小的是美好的》,李华夏译,商务印书馆1984年版,第23页。

② ［美］A.爱伦·斯密德:《财产、权力和公共选择——对法和经济学的进一步思考》,黄祖辉、蒋文华、郭红东、宝贡敏译,上海三联书店、上海人民出版社2006年版,第6页。

　　显然,人们对海域资源的需求是无限的。这种无限需求根源于海域资源能够满足人们需要的属性以及人们对海域资源的无限欲望。如前文所述,海域资源不仅能够满足人们的物质需要,也能够满足人们的精神需要。比如,海域所孕育的梭子蟹、锯缘青蟹、石斑鱼、石首鱼、黄鳍鲷、黑鲷、笛鲷等海洋生物,都是人们餐桌上的重要美食。海上垂钓、海洋观光等也逐渐成为人们生活的重要方式与组成部分。可以预见的是,随着技术的发展,海域资源将为人类提供越来越多的物质材料;而物质文明越发达,人们对海域资源在精神上的需求将愈加突显。

　　海域资源在满足人们物质与精神需求方面,还有一个重要属性,即它通常不会因人的结构、年龄、群体等不同而有太多的差异。换言之,海域资源这种能满足人们物质与精神需要的属性可以在所有的人类群体中展现。比如,一个不识字的人可能无法阅知海域资源所蕴含的文化与生态价值,但同样可以在海域资源的占有、使用中获得收益,同样可以利用海域资源进行旅游而享受愉悦,感受海洋的豁达与汹涌。海域资源的这一属性使得它被普遍需求着。不仅如此,因人总有追求自身利益最大化的倾向与自觉,故在海域资源具有满足物质与精神需要的属性时,人们总是倾向于对海域资源充满着无限的需求欲望,以其实现自身需要的最大满足。古典经济学的"经济人"假设,也比较贴切地揭示了人类欲望的无限性特征。

　　海域资源供给的有限性与人类对此需求欲望的无限性产生的紧张关系,将导致人与人之间竞争关系的发生。这种竞争可能是有序的,也可能无序的;可能是良性的,也可能是恶性的。无序的、恶性的竞争将导致毁灭;而有序、良性的竞争,将促进海域资源这一稀缺资源得到最优配置,并进而增进社会的整体绩效。然而,因稀缺而产生的竞争,并不一定是有序且良性的;在缺乏有效约束机制前,它更可能是无序的、恶性的。所以,我们需要约束机制来禁止各种破坏性行为,防范机会主义,缓和人与人之间因稀缺而产生的紧张关系。"历史表明,凡是在人类建立了政治或社会组织单位的地方,他们都曾力图防止出现不可控制的混乱现象,也曾试图确立某种适于生存的秩序形式。"①

　　人类的制度文明告诉我们,面对海域资源的稀缺而产生的竞争,可以有很多的约束机制选择,如习俗、道德、意识形态、法律制度等。诚然,不同的约束机制都有其特定的优点。习俗、道德、意识形态等约束机制的优点主要体现在

---

　　① [美]E.博登海默:《法理学:法律哲学与法律方法》,邓正来译,中国政法大学出版社 2004 年修订版,第 228 页。

它们往往能够获得行为主体的自觉遵循。但是,它们也往往因为缺少可预见性而遭受众多的非议。在这些约束机制中,法律制度以其可预见性、普遍性、强制性、约束性等特性而获得人们的广泛认可,并在世界范围内被普遍践行。至少,迄今为止,人类的实践证明:法律制度是规范人类行为最有效的约束机制。在经济学看来,法律制度能有效减低交易费用,能影响所有者之间配置风险,能提供智能型组织和个人收入流之间的联系,能确立公共品和服务的生产与分配框架。① 正因为此,要解决因海域资源的稀缺与人类需求欲望无限之间的紧张关系而引致的相关问题,法律制度显然属于优选。

(二)产权设定与海域资源

经济活动总是在一定的经济制度框架内进行的,经济制度是影响经济活动及其结果的一个重要因素,产权就是一种最基本的经济制度。② 经济学的学者认为,产权是"使自己或他人受益或者受损的权利";"产权是一种通过社会强制而实现的对某种经济物品的多用途进行选择的权利;产权是因为存在着稀缺物品和其他特定用途而引起的人们之间的关系;产权详细表明了人与人之间的相互关系,所有的人都必须遵守的于物相对应的行为准则,或者承担不遵守这种准则的处罚成本"。③ 作为一种社会工具,产权的"重要性就在于事实上它们能够帮助一个人形成他与其他人做交易时的合理预期"。④ 产权意味着"一个人决定处置一定的资源的期望会被有效实施或实现"。⑤

产权界定是具有消解不确定性和激励功能的。

产权界定所具有的消解不确定性的功能是源于人们对不确定性进行有效消解的渴求。经济学的研究表明,在资源紧张的竞争格局中,人们会有很多选择。尽管人们的选择旨在于追求经济活动方式的最优化和自身经济利益的最

---

① 朱启才:《权力、制度与经济增长》,经济科学出版社 2004 年版,第 67 页。

② 刘灿等:《我国自然资源产权制度构建研究》,西南财经大学出版社 2009 年版,第 33 页。

③ [美]R.H.科斯、A.A.阿尔钦:《财产权利与制度变迁》,刘守英译,上海三联书店、上海人民出版社 1994 年版,第 204 页。

④ [美]R.H.科斯、A.A.阿尔钦:《财产权利与制度变迁》,刘守英译,上海三联书店、上海人民出版社 1994 年版,第 97 页。

⑤ 转引自[美]道格拉斯·W.艾伦:《再论产权、交易成本与科斯》,载斯蒂文·G.米德玛编:《科斯经济学:法与经济学和新制度经济学》,罗君丽、李井奎、茹玉骢译,上海三联书店 2007 年版,第 103 页。

大化，但面向未来，人们的任何选择总是充满着不确定性。这种不确定性意味着风险，也即不确定性意味着失败的可能性。面对这种不确定性所形成的风险，人们可以有两种选择，即选择不选择和选择选择。尽管选择不选择意味着风险的规避，但也意味着这样的选择放弃机会、放弃资源和利益，甚至放弃生存。所以，尽管人们对未来的不确定性有着许多的恐惧，但往往仍需要有所行动而选择面对未来的不确定性。此时，人们需要寻求减少这种不确定性的方法和途径，而设置产权规则就是人们减少不确定性的有效途径之一。产权规则的建立，将明确人们各种行为的可能性与行为边界，这也意味着不确定性将在一定程度上被有效消解。科斯理论认为，在未经产权界定的情况下，交易无法进行，相关的行为效益最差，最终导致"市场失灵"。[①] 所以，从这个意义而言，产权界定既是一种有效消解不确定性的工具，也是建立和完善资源配置关系的前提。

产权界定的激励功能是源于产权的内容。产权隐含着权能与利益。权能规定了产权主体能够做什么和不能做什么的行为原则，而且可以解释它为什么这样做而不那样做的原因。不仅如此，产权还界定了产权主体能够从产权的运作中可能获得的利益。[②] 一旦人的行为预期能够与其努力程度相对应，并且这种预期能够被有效实现，那么，这种行为就有了利益的刺激或者说激励。而这种刺激或激励能够充分而有效地调动人的积极性与创造性。这就是产权的激励功能。当然，任何的产权其实质都是权利与义务的统一。因此，产权在意味着权能与利益的同时，也意味着约束。也就是说，产权不代表着无所拘束，否则，没有约束的产权行使行为将导致产权拥挤与产权纠纷，进而造成资源利用和资源配置的低效率。

尽管产权的激励功能比较明确，但这并不意味着所有的产权配置模式的激励效果都是一致的。这也就是说，对不同产品（或资源）进行不同的产权配置模式，将产生程度不同的激励效果。作为人类历史上最为成功的制度规则之一，产权规则的经济目标在于最合理地利用资源，并实现效益的最大化。在这种经济目标下，人们根据产品性质的不同而设计了两种比较经典的产权配

---

① 张昱：《著作权的经济学分析》，载《内蒙古师范大学学报（哲学社会科学版）》2004年第 6 期，第 56 页。

② 刘秀生：《新制度经济学》，中国商业出版社 2003 年版，第 121～122 页。

置方案：对私人产品配置以私人产权，对公共产品配置以公共产权。① 私人产品，是指这种资源在使用和消费上具有个人排他性。也就是说，该类产品在特定的时空条件下只能为某一特定的主体所使用，在消费上具有对抗性。所谓公共产品，是指这类产品在使用和消费上不具有个人排他性。这也即意味着产品可以在某一时空条件下为不同的主体同时使用，在消费上不具有对抗性。② 然而，"公地悲剧"与"围栏陷阱"模型的研究证实，对具有公共属性的资源配置以公共产权，对私人属性的资源配置以私人产权，并非总是最佳的产权配置模式。③ 所以，人们在对两种性质的稀缺资源进行产权配置时，总是需要根据特殊情况进行适当的调整。波斯纳认为："对财产权的法律保护创造了有效率地使用资源的激励。"进一步说，人们在总体上偏向于这样的信念——私人产权比公共产权更富有效率。④

毫无疑问的是，对海域资源实施市场化，并进行制度架构，从经济学角度来看，是契合产权理论的。这也就是说，经济学的产权理论能够为海域资源市场化提供了强有力的正当性阐释。这种"契合"或者说"正当性"主要表现四个方面：

第一，海域资源的产权架构能够有效消解人们在海域资源占有、使用与开

———————————

① "公共产品"这一术语常常具有误导性，因为它听起来就像是一种由政府生产的产品。其实不然。见〔美〕威廉·M.兰德斯、理查德·A.波斯纳：《知识产权法的经济结构》，金海军译，北京大学出版社 2005 年版，第 17 页。

② 〔美〕罗伯特·考特、托马斯·尤伦：《法和经济学》，上海三联书店 1994 年版，第 146～152 页；徐亚之：《数字时代著作权合理使用的经济学分析》，载《法治论丛》2007 年第 1 期。

③ "公地悲剧"是由美国学者哈丁于 1968 年在《科学》杂志上发表的文章《公地的悲剧》中提出来的概念。哈丁在这篇文章中提出这样的理论研究模型：在一个向众人开放的公共牧场中，每个牧羊人的直接利益取决于他所放牧的牲畜数量。也即畜牧数量越多，牧羊人的直接利益就越大。如果缺乏约束条件，尽管每个牧羊人明知过度的放牧将导致公地退化，但个人博弈的最优策略仍然是增加牲畜数量。久而久之，公共牧场就可能彻底退化或废弃，即"公地悲剧"。"公地悲剧"的发生需要满足两个假设，即人性是自私的，且公共牧场缺乏严格而有效的监管。所以，严格而言，"公地悲剧"并非不可避免。详见 Hardin G. The Tragedy of the Commons. Science，1968，162(3859)：1243-1248.转引自杨理：《中国草原治理的困境：从"公地的悲剧"到"围栏的陷阱"》，《中国软科学》2010 年第 1 期，第 10～16 页。"围栏"喻指公共产品的私有化。"围栏陷阱"揭示私有化的效益并不总是最佳的。

④ 冯晓青：《财产权经济学理论与知识产权制度的正当性》，载《法律科学（西北政法学院学报）》2003 年第 2 期，第 87 页。

发过程中可能面临的不确定性。如果人们在进行海域资源开发与利用之时，不能明确自己的行为将面对怎样的后果，那么，人们可能因对这种不确定性的恐惧而选择不进行海域资源的开发与利用，从而导致社会整体福利的减损。

第二，海域资源的产权架构及其市场化机制，明确了人们对海域资源能够做什么和不能做什么的行为边界，并恰当地解释了人们为什么这样做而不那样做的根据。同时，海域资源的市场化机制意味着人们从海域资源获得经济利益的可能性。一种"能够这样做而不那样做"的行为自由，以及这种行为而获得利益能够被有效保证的预期，能够有效激励人们对海域资源的创作与投资。

第三，私有产权的区分是市场的根基。市场化的逻辑是市场能够保证"私人产权比公共产权更富有效率"。

第四，市场化机制同样能够善意友好地映照与协调海域资源的公共物品属性。作为人类赖以生存的物质基础之一，海域资源具有公共物品的属性。海域资源的公共产品属性或者公共物品属性昭示着对这一产品或者资源的产权配置，具有强烈的公共产权倾向。这也是一些国家对海域资源实行国有或者公共产权，以政府来调配和控制的根源。但"公地悲剧"证实，对海域资源配置以公共产权是存在较大风险的。因此，海域资源的产权配置必须综合考虑海域资源市场化的逻辑前提以及海域资源公共产品属性或公共物品属性。这也就是说，我们应当强调海域资源市场化的法律机制建构中，必须重视海域资源的分配、控制与使用过程中政府与市场所应扮演的决定性角色。

(三)市场理论与海域资源

作为人类的制度文明与社会活动的结晶，海域资源的市场化机制具有多样性。也就是说，在市场化机制的名义之下，海域资源的市场化机制可以这样，也可以那样；可以是鼓励高度市场流转与运营的，也可以是有限制的市场化，更可以是原始性的市场化机制，甚至可以是有着市场化机制的名义或者形式，却没有任何的市场化实质。那么，我们究竟应如何进行理性的制度设计呢？"现代社会与以前社会在核心观念上的差异，其中之一是：社会组织是人为的产物。这种观念意味着人们可以选择，并尝试去建构社会组织工具以达到目的。"①经济学的市场理论能够为我们构建海域资源的市场化机制确定框

---

① Neil Fligstein：《市场的构造：21世纪资本主义社会的经济社会学》，郑力轩译，台北群学出版有限公司2007年版，第31页。

架模型与选择导向。

1.市场的特征

市场,不是一个地点,一样东西或者一个集合。市场是一个过程,也是一个社会资源配置的系统。在市场中,每一个人都代表着自己的利益,并在这种利益的欲望与诉求下进行"理性"行为。[①] 在市场这一系统中,每个人的行为主要是为了满足自己的需求,但是也在同时满足他人。每个人在行为时都在为他人服务,同时每个人又都在接受他人的服务。每个个体都既是手段又是目的:他自身的最终目的以及使他人获得满足感的手段。所以,在市场中,每个人并不必然是绝对的"利己主义者",也不必然是绝对的"利他主义"。

市场能够将个人活动引向能够最好地服务他人的模式与渠道,这是由于市场对个人利益的尊重以及个人利益最大化的内在驱动。只有最好地服务于他人,个人才能在市场中获得他人的充分合作与回报。市场不存在强迫与强制,不存在着一个组织体向每个人发号施令,并强迫他们无条件地服从。每个人都是自由的。每个人出于自己利益最大化的愿望而"自觉"地进行融入市场,并在市场中"理性"地行为。在市场这一系统中,市场本身具有最高的权威,它赋予个人行为的自觉性以及合作的意义,并使得人与人之间的合作性具有秩序性。市场在总体上是排斥政府的强制性干预。在市场的理想化模式中,政府的角色应该是保护个人的生命、健康、财产安全不受到各种非正常势力的暴力攻击或者恶意的欺诈,创造良好的市场运作环境。

市场过程的目的在于调整不同社会成员的个体行为,以使之能够相互合作。市场价格能够有效地传导市场的需求信息,即市场可以告诉生产者生产什么、怎么生产以及生产多少。市场的这种传导与引导能力,主要通过市场供给与市场需求的动态性均衡来实现的。在特定的时空,市场会有过剩或者短缺,但是这种过剩或者短缺通常的一种短暂的现象。市场机能能够通过价格机制来调整市场供给与需求,并最终达到均衡状态。[②] 所以,市场既是个体行为的聚焦点,也是个体行为向外发散的中心。[③]

---

①　在不同人的眼中,这种"理性"是有差异的。这也就是说,有些人觉得是"理性"的行为,但是在其他人眼中不一定就是一种"理性"的行为。所以,对所谓"理性"的评介,关键在于这种标准的主观性把握。

②　杨政学:《经济分析:学理与实证》,台北扬智文化事业股份有限公司 2005 年版,第88 页。

③　[奥]路德维希·冯·米塞斯:《人类行为的经济学分析》(上),聂薇、裴艳丽译,广东省出版集团、广东经济出版社 2010 年版,第 228 页。

市场是鼓励竞争的。实际上，竞争无处不在。竞争是生物世界的基本生存法则。动物之间为了获得食物而展开的敌对关系，就是一种竞争。但这种竞争主要是生物竞争，具有强烈的"敌对性"。市场竞争区别于"生物竞争"，是一种"社会竞争"。在市场竞争中，人与人之间的关系不一定就是一种敌对关系。市场竞争更强调的是通过这种竞争而在社会结构中获得最佳的生存状态。

2.市场供给、需求与海域资源

市场类似于天气，总是变幻莫测，风暴迭起，错综复杂而又富有魅力。① 这种变幻莫测的背后，总是隐藏着两股深刻的决定力量，即供给与需求。经济学中的供给是指生产者在某一特定时期内，在每一价格水平上愿意并且能够提供的商品或劳务数量。② 在供给函数中，供给的具体数量需要考虑价格水平、生产意愿、生产能力三个变量。需求是在某一特定时期内，对应于某一既定的价格水平，消费者愿意而且能够购买的商品或者劳务的数量。③ 与供给相同的是，需求函数必须考虑价格水平、消费意愿与消费能力。

在市场中，供给与需求往往相互依赖、相互制约。价格越高，供给的意愿增强，供给数量可能增多，但消费者的消费意愿将降低，消费意愿将下降，需求量将减少。反之，供给数量减少，需求量增加。④ 为了避免这种供给与需求的冲突，经济学强调供给与需求的均衡。即在适当的价格中，供给数量正好与需求数量吻合。这种均衡对于市场而言，是最优的结构。从现实角度而言，供给与需求的均衡很难实现，但在充分竞争的市场中，供给与需求的均衡是必然出现的趋势。⑤

海域资源的市场化机制的建构，需要考虑海域资源的供给与需求规律。这是因为在其他因素保持不变的情况下，制度的设计将对海域资源的供给与

---

① ［美］保罗·萨缪尔森、威廉·诺德豪斯:《经济学》(第17版)，萧琛等译，人民邮电出版社2004年版，第36页。

② 唐玲玲:《电影经济学》，中国电影出版社2009年版，第36页。

③ 唐玲玲:《电影经济学》，中国电影出版社2009年版，第33页。

④ 供给与需求的辩证关系是极其复杂的。比如，时间、气候、相关商品的价格、生产者的生产偏好与消费者的消费偏好、可替代商品的数量等都可能影响供给与需求。由于价格因素是影响供给与需求最重要的因素之一，故这里仅讨论价格因素。同时，由于供给能力与消费能力是两个客观变量。供给能力是受到科技发展水平的制约，消费能力是受到社会经济发展水平的制约，故这里不作分析。

⑤ 唐玲玲:《电影经济学》，中国电影出版社2009年版，第38页。

需求产生关键性的影响。比如,如果我们的制度对海域资源的供给实行严格的控制,并限制其二次流转,那么,海域资源的垄断性增强,海域资源的价格将提高,海域资源的所有者或者占有使用者对海域资源的开发以及利用的意愿将获得有效激励;但是,高价格的海域资源供给将影响人们的消费与使用意愿,进而影响人们对海域资源的需求数量。比如,对海域的旅游开发,如果价格过高,人们就可能选择不去消费海域的旅游资源,而转向于其他资源的消费。同样的道理,如果我们的制度为海域资源提供充分的竞争,海域资源的消费价格就会降低,人们海域资源的需求数量则会增大;但是因为海域资源的消费价格低、收益少,海域资源的所有者或者使用者对海域资源的供给意愿就会降低,进而使得海域资源的供给数量随之降低。所以,供给与需求规律揭示了我们在制度设计中应遵循的一个基本原则,即保持供给均衡的海域资源市场化机制,是我们应当寻求的最优制度设计方案。

3.成本、收益与海域资源[①]

市场主体是考虑成本与收益的。如果成本过高、收益太小,市场主体将放弃这种选择,而寻求成本最小、收益最高的选择。根据科斯第一定理,若交易成本为零,则无论权利如何界定,都可以通过市场达到最佳配置,而与法律规定无关。[②] 因而,如果在海域资源的市场结构中,是零交易成本,那么,是否选择市场化机制以及如何市场化机制,都无关紧要。因为只要交易自由,总会产生高效率的收益。然而,零成本的高收益仅仅是一种理想。在现实的世界中,"交易成本大于零"是普遍现象。这也就意味着,追求收益将不得不考虑成本因素。"一旦考虑到市场运行的成本……合法权利的初始界定就会对经济制度的运行效率产生影响",[③]"成本记录的是竞争的吸引力"。[④] 波斯纳定理认为,法律制度在运行中会给当事人带来收益与成本,故可用最大化、均衡和效

---

① 毫无疑问的是,供给与需求必须考虑成本与收益因素。但由于供给需求规律与成本收益规律所解释的维度不同,故本文这里将成本收益问题单独讨论。

② 科斯定理是其他经济学者(特别是施蒂格勒)对科斯《社会成本问题》中核心观点的总结,而科斯本人并未将这些观点整理成所谓的"定理"。从这个意义而言,科斯定理是存在一定的争议。冯玉军:《法经济学范式》,清华大学出版社 2009 年版,第 216 页注释①。

③ [美]R.H.科斯、A.A.阿尔钦:《财产权利与制度变迁》,刘守英译,上海三联书店、上海人民出版社 1994 年版,第 20 页。

④ 此语是美国经济学者弗兰克·奈特在其博士论文《风险、不确定性和利润》中提出。转引自[美]保罗·萨缪尔森、威廉·诺德豪斯:《经济学》(第 17 版),萧琛等译,人民邮电出版社 2004 年版,第 99 页。

率等来评价制度及制度行为。① 因此,海域资源市场化机制的设计必须考虑这一制度中所隐含的成本因素以及收益的可能性。

海域资源的成本构成,主要是指围绕着海域资源的获取、占有与使用而产生的成本。② 海域资源的获取成本主要是海域资源的所有者或者使用者承担的、为获取海域资源的开发与利用权益而发生的成本,比如海域资源的所有者为了使得海域资源达到可利用的状态而支付的相应维护与维持成本;海域资源的使用者为了获得海域资源使用权而向政府或者有关权利主体而支付的代价,因为交易而由相关交易主体支付的有关税费等。海域资源的占有与使用成本是由海域资源的所有者或者使用者承担的、因海域资源的占有与使用而发生的成本,比如海域资源的开发成本、市场协调成本、海域资源推销与推广成本;再如,海域资源的市场监督成本等。与此相对应的是,收益构成可以分为海域资源所有者的收益、海域资源占有开发者的收益与海域资源的使用者或者消费者的收益。

海域资源的市场化机制所隐含的上述成本与收益因素,对于该制度设计而言,具有以下重要的启示:

(1)良好的制度应通过权利、义务、责任、信息、程序等方面的有效安排,有效地减少交易成本,提高经济效率,给人们带来实际利益。③ 海域资源的权利归属与利益分享机制的基本目标是减低海域资源的交易成本、提高经济效率,增进社会总体福利。

(2)鉴于市场的特征以及市场的运行逻辑,海域资源的市场化机制设计必须考虑海域资源成本与收益之间的综合均衡。否则,抛弃了成本与收益的均衡问题,就可能使海域资源的市场化法律机制悖反于市场的本质。

(3)如果将利益的赋予或保障视为对海域资源开发成本或者维护支出的补偿,那么,成本规模的大小就意味着价值补偿的尺度大小。一般而言,海域资源的开发与保育成本往往比较高昂,因此,在海域资源市场化机制的建构中,一般应将海域资源开发者与保育者的利益保护置于优先地位。④

---

① 冯玉军:《法经济学范式》,清华大学出版社 2009 年版,第 217 页。

② 从广义来看,海域资源的市场化机制所隐含的成本,可以包括立法成本、执法成本与司法成本等。

③ 冯玉军:《法经济学范式》,清华大学出版社 2009 年版,第 231 页。

④ 当然,如果考虑其他因素,比如,海域资源的公共属性与生态保护的重要性等,这种利益优先性的排序并不一定是合理的。

4.外部性与海域资源

经济学理论认为,市场是实现资源优化配置的有效机制之一。但是市场的这种优化配置的可能性必须建立在这样的前提上,即:(1)市场是充分的;(2)所有的消费者和生产者都处于竞争状态;(3)存在着市场均衡。当这些前提不存在时,市场对资源的配置将是无效率的,即市场失灵。[①]

市场失灵的表现形式有很多,其中,外部性是市场失灵的一种重要表现。日本经济学家植草益认为,外部性是"某个经济主体生产和消费物品及服务的行为不以市场为媒介而对其他经济主体产生的附加效应现象"。[②] 萨缪尔森认为,外部性是非效率的第二种类型,是企业或者个人向市场之外的其他人所强加的成本或者利益。[③]

在市场中,生产或者消费常常会造成某些外在的影响;当这些外在影响未被包括在市场价格中时,即产生外部性。比如,工厂排放废气给周围居民造成的健康损害。外部性并不一定是有害的,也可能是有益的。当企业或者个人向市场之外的其他人强加的是成本时,则称之为正外部性,或者叫作外部经济性;当企业或者个人向市场之外的其他人强加的是成本,或者是有害时,则称之为负外部性,或者叫作外部不经济性。

外部性是普遍存在的。在海域资源的开发与利用过程中,同样也发生外部性问题。比如,海域资源的开发与利用往往给其他社会成员带来影响。某些人对海域资源的排他性开发利用,将可能会直接排斥其他人对海域资源的使用与消费。某些人对海域资源的开发建设,也可能给其他社会成员带来更优质的海域资源;某些人对海域资源的泛滥开发与过度利用,同样也可能造成环境污染,进而损害了其他社会成员的利益,增加其他社会成员对海域资源的维护与修复成本。

对于外部性可能导致的非效率问题,微观经济学理论提供了两种解决对策。

第一种是最常见的,也是最经常应用的,即政府干预。政府干预就是指政府通过直接或者财政、税费等方式来纠正负外部性,促进正外部性的实现。比如,对于海域资源的环境污染问题,政府可以通过反污染计划来进行干预与控

---

① 冯玉军:《法经济学范式》,清华大学出版社 2009 年版,第 207 页。

② [日]植草益:《微观规制经济学》,朱绍文译,中国发展出版社 1992 年版,第 35 页。

③ [美]保罗·萨缪尔森、威廉·诺德豪斯:《经济学(第 17 版)》,萧琛等译,人民邮电出版社 2004 年版,第 28 页。

制。在具体措施上,政府干预还可以分成三种模式。首先是采取"命令—控制"管制模式。萨缪尔森认为,虽然在理论上这种管制模式能够保证所谓的经济效率,但在现实中是非常难以实现的。我国实行多年的计划经济模式就具有这一管制模式的特质。但实践证明,计划经济这种管制模式有着致命缺陷。其次是采取收费税费的所谓的"市场办法"。但税费模式最大的问题是如何保证税费收取的公平合理。第三是采取许可证模式。即对海域资源的开发、利用等主体的准入问题实行许可。政府设定一定的门槛,仅准许那些符合准入条件的市场主体进入海域资源的开发与利用市场,而将那些不符合准入条件的市场主体直接排除在海域资源开发利用的范围外。实行许可模式最大的优点是政府有针对性地选择那些符合设定目标的市场主体,而排除其他的主体,使得那些资信良好的市场主体能够顺利进入到海域资源的开发利用者范畴内。但是,许可证模式也有许多问题,如:准入门槛如何更科学更公平合理?如何避免寻租与腐败?如何保障准入市场主体秉持一贯的作风与特质?如何避免有害的垄断与不正当竞争的发生?

第二种对策是私人模式,即通过产权管理,促成私人之间通过协商达成更有成效的解决办法。私人模式也有两种细化思路。其一是罗纳德·科斯研究发现的所谓"谈判"与"科斯定理"。科斯研究发现:有关当事人之间相互协商和谈判,在某些场合也可能导致有效率的结果。其前提条件是产权划分清晰且谈判成本低。这也就是说,私人谈判可以减少外部性问题。其二是依靠司法途径及通过责任的分配,将产品或者资源的非市场化成本内部化。[①] 微观经济学认为,由于诉讼时间长、诉讼成本较高等因素的影响,通过司法诉讼的途径解决外部性问题不是最优方案。

外部性的理论对建构海域资源市场化机制具有重大的启示意义。这主要表现在:

第一,海域资源的市场化机制要注意抑制海域资源开发与消费过程中的负外部性,以实现正外部性为目标。海域资源产权不清,通常是造成海域资源开发与消费出现负外部性的主要原因。目前,我国在海域资源市场化中就是面临着这些问题,比如,产权界定不清晰、流转渠道不畅通、权能权限不明确等。要抑制海域资源开发与消费过程中的负外部性,我们就要明晰海域资源的产权,厘清权能权限,促进海域资源的产权流转,建立健全海域资源的市场

[①] 黄锡生:《自然资源物权法律制度研究》,重庆大学出版社 2012 年版,第 78～79 页。

流通体系,培育成熟、有序的海域资源流转市场,完善与之关联的法律法规。

第二,赋予海域资源的使用者或者开发者于适当的产权,适度保证这种权利的垄断性,为海域资源的开发与利用提供收益补偿。从某种意义上说,在市场化机制上应该更多地采取经济激励策略。即对节约海域资源、促进海域资源可持续开发利用的行为,在制度上进行奖励;对那些破坏、削弱海域资源的行为,实施惩戒与警示制度,纠正其负外部性。

第三,基于公共利益,对海域资源的开发利用,在制度上可以建构行政审查/许可与市场准入机制,通过适度的行政审查与行政许可,设定市场准入的基本框架与结构,对开发利用者的行为进行积极引导与指引,促进海域资源开发、利用与消费的有益外部性。

二、主权、政策与海域资源的市场化

(一)主权与海域资源

一般认为,主权[①]是一国在国际法上所固有的独立自主地处理其对内对外事务的权力,是一国最重要也是最基本的属性。它表述着国家在国际法上的根本地位以及国与国之间的相互关系。[②] 作为国家的基础性权力,主权主要表现为对内主权与对外主权两个方面。对内主权是指国家按照自己的意志规定自己的生存条件、组织政府、决定立法等项权力。对外主权是国家独立自主地对外进行交往的权力。[③] 在法律形式上,对内主权通常都是通过宪法法律以及政策等形式来承载;而对外主权通常都是以国与国之间的相互承认来体现。

---

① 与"主权"一词相关联的,有君主主权、议会主权、国家主权、人民主权、个人主权、理性主权等术语。[美]小查尔斯·爱德华·梅里亚姆:《卢梭以来的主权学说史》,毕洪海译,法律出版社 2006 年版,第 58~106 页;杨泽伟:《主权论——国际法上的主权问题及其发展趋势研究》,北京大学出版社 2006 年版,第 11 页。本文仅指国家主权。

② 杨泽伟:《主权论——国际法上的主权问题及其发展趋势研究》,北京大学出版社 2006 年版,第 6~7 页。其实,主权这一术语的界定,在理论上存在争议。有学者认为,主权是国际法上最具争议的概念之一,也有学者认为主权是个不能表达确切法律含义的术语。[英]约翰·霍夫曼:《主权》,陆彬译,吉林人民出版社,2005 年版,第 1 页;杨泽伟:《主权论——国际法上的主权问题及其发展趋势研究》,北京大学出版社 2006 年版,第 1 页。不论理论的争议如何,主权的上述界定还是受到多数学者的支持。本文亦支持这一观点。

③ 周鲠生:《国际法(上册)》,商务印书馆 1981 年版,第 75 页。

主权具有绝对性与相对性两个层面的内容。主权的绝对性,也称为绝对主权,是指主权具有绝对性、最高性与权威性。法国政治思想家让·布丹曾言:"国家必须具有……绝对的、至高无上的权力……这种权力即'主权'。"①纯粹法学派创始人凯尔森亦曾言:"被表征为'主权的'东西,不论它是一个秩序、一个共同体、一个机关,还是一个权力,必须被视为最高的,在它之上不存在更高的、对主权实体的职能加以限制、即对主权者加以拘束的权威。主权在其原来的意义上意味着'最高的权威'。"②在绝对主权的视阈中,主权是国家最主要、最基本的权利,是国家所固有的,并非由国际法所赋予的。国际法中的国家主权原则只是对这一权利予以确认和保护。主权的绝对性,意味着国家行使最高统治权,国内的一切中央和地方的行政、立法和司法机关都必须服从国家的管辖;国家对其领土内的一切人和物以及领土外的本国人享有属地优越权和属人优越权;③国家按照国际法原则,在国际关系中享有独立权,即独立自主地、不受任何外力干涉地处理国内外一切事务,如国家有权按照自己的意志,根据本国的情况,自由选择自己的社会制度、国家形式、组织自己的政府、制定国家的法律、决定国家的对内对外政策等。任何外来意志对主权的干预,都会被认为不具有法理与伦理的正当性。

主权相对性,常常也称为相对主权,主要是指主权的相互制约性、主权内容的动态变化性与主权权力行使的有限性。④ 主权的相互制约性主要是指一个地球原则使得国与国之间相互依存、相互联系、相互影响、相互制约,任何一个国家都不能脱离其他国家而单独存在。主权内容的动态变化性主要是指主权内容并非固定永恒,而是随着历史的发展而不断地发展变化。主权权力行使的有限性则强调主权权力的行使将受到时间、地点、条件、环境、文化等方面的限制。瑞士法学家马克斯·胡伯(Max Huber)曾言:"领土主权宣示方式可依不同的时间、地点而异。原则上要持续,但主权不可能在每个时刻和在每个地方都行使。"⑤主权相对性观点的形成是人们对主权本质属性认知不断深化

---

① 唐士其:《西方政治思想史》,北京大学出版社 2002 年版,第 190 页。

② [美]汉斯·凯尔森:《国际法原理》,王铁崖译,华夏出版社 1989 年版,第 91 页。

③ 杨泽伟:《主权论——国际法上的主权问题及其发展趋势研究》,北京大学出版社 2006 年版,第 7 页。

④ 杨泽伟:《主权论——国际法上的主权问题及其发展趋势研究》,北京大学出版社 2006 年版,第 33~35 页。

⑤ 陈致中:《国际法案例》,法律出版社 1998 年版,第 120 页。转引自杨泽伟:《主权论——国际法上的主权问题及其发展趋势研究》,北京大学出版社 2006 年版,第 35 页。

的结果,也是人们依据社会发展趋势所做出的一个重要判断。从哲学角度而言,主权的相对性是建立在哲学意义上的相对性范畴的理论基础之上;[①]从社会发展而言,经济全球化是当前社会发展最为重要的趋势之一。

对于海域资源而言,主权的绝对性与相对性理论揭示着这样的制度设计思路:海域资源市场化机制的生成与发展将深刻地受到主权因素的影响与制约。主权的绝对性预示着海域资源市场化机制是否存在,以及将以怎样的生态生成与生存都是主权的自主控制范畴;离开主权因素,海域资源市场化的相关机制设计与建构将失去其最深刻的现实根据。从这个意义而言,对海域资源进行适度行政审查与行政许可,即是这种主权绝对性的一种正当衍生。主权的相对性揭示着海域资源的法律机制建构必须尊重国际法规范。海域范围的众多国际争议以及海域资源的变化性态势,都意味着海域资源的法律机制不可能离开国际法场域。此外,主权的相对性更是意味着这样的一种可能性,即海域资源的市场化机制具有超越对内主权,进而实现制度全球化的可能性。换言之,尊重全球化趋向,是我们进行海域资源市场化机制的建构与发展完善时所应具有的认识、视野和态度。

(二)公共政策与海域资源

公共政策是社会公共部门为解决社会公共问题,规范和指导有关机构、团体或个人的行动方向与行为方式所制定或者采取的一系列准则、规范与态度。简而言之,公共政策包括公共部门作为与不作为两个层面。因为公共部门在某一领域的不作为,有时候会比作为,能够对社会产生更大、更多的影响性。[②]所以,从某种意义上来说,公共政策问题是国家立法活动、司法活动、行政活动和政党活动的核心问题之一。[③]

由公共政策的本质所决定,公共政策通常具有政治性与公共性。政治性是指公共政策作为政治系统运行的重要环节,必然要服从和服务于政治系统的意志、利益、任务和目标。政府作为掌握社会公共权力的组织机构,它制定、执行公共政策的权力是由政治系统合法授予的,因此,政府的任何政策也必须

---

① 杨泽伟:《主权论——国际法上的主权问题及其发展趋势研究》,北京大学出版社2006年版,第36页。

② Thomas R.Dye:《公共政策新论》,罗清俊、陈志玮译,台北韦伯文化事业出版社1999年版,第3页。

③ MBA百科:《公共政策》,http://wiki.mbalib.com/zh-tw/％E5％85％AC％E5％85％B1％E6％94％BF％E7％AD％96,2017年11月28日访问。

维护和巩固现行的政治统治。公共性是因为公共政策系针对公共管理而形成的措施与手段,需要立足于社会绝大多数人的利益。作为对社会利益的权威性分配模式,公共政策集中反映了社会的公共利益趋向。这也就决定了公共政策必须反映大多数人的利益,否则,该公共政策便失去其合法性根据。换言之,公共利益是公共政策的价值取向和逻辑起点,也是公共政策的本质与归属。在规范意义上,公共政策的探讨有利于我们从国家、社会和公民之间的利益制衡的角度,对国家、地方和团体层面的政策制定、执行与评估进行研究,为高质量的法律制度建构提供咨询与模式。

公共政策还兼具稳定性与变动性的特点。追求并维持相对的稳定性,是任何一个政治系统的基本目标。作为任何一个政治系统运行的重要核心以及管理公共事务的手段与方法,公共政策必须保持相对的稳定性。但是,公共政策是稳定是相对的,它又必须保持适度的变动性。保持适度的变动性,是保证公共政策能够适应社会发展的必然要求。因为社会的不断发展,必然导致公共政策所力求协调与平衡的利益结构会处于不断的变动中,而这种不断的变动就很可能导致不断出现利益的失衡与冲突,这时候就必须通过调整公正政策导向来寻求与实现新的利益平衡。

在现代社会,各国都非常重视公共政策的维度与价值蕴含,这与公共政策所涵摄的巨大功能有莫大关联。通常认为,公共政策具有制约、导向、调控与分配功能。公共政策通常都承载在公共机关对某些社会现象或者某些行为方式的看法以及调控的基本目标。这也就是说,公共政策能够体现公共管理部门对某些社会现象或者行为方式的可为与不可为的界线划定。不可为的,便是公共管理机关所不希望发生的。若不可为而为,则通常会导致公共管理机关对有关社会现象或者行为方式的制裁。其实,公共政策的这种制约功能也间接体现在其导向功能上。可为与不可为及其对应的界线,实际上就会导致人们的行为模式与行为方向。当然,公共政策的导向功能并不仅仅是行为的导向,还可以涵括观念、理念,乃至信仰的导向。而后者似乎更重要,也更为根本。观念、理念,乃至信仰的改变,通常能够对人们的行为产生根本性、颠覆性的影响。公共政策的调控与分配功能则是指公共政策能够在公共利益以及各种私利益的复杂关系中发挥调节、控制与分配的作用。

然而必须明确的是,公共政策的功能体系,正如一数学函数坐标,存在着正向与负向、向左与向右等多种指向;若多项不同领域的公共政策进行累积与迭加,就可能出现既正向又有负向,既向左又向右的复杂态势。从有利于社会整理公共利益角度出发,公共政策的制定与实施都要力求是正向的、正确的、科学的,因为正确的政策及有效的执行将为国民经济和社会的发展带来良好的效果,政策失误或执行不力将导致众多的恶果与破坏。当多重目标的公共政策累积与迭加时,我们应力求公共政策的整体体系在正向效应方面大于负向效应,或者说,尽量发挥与强化公共政策体系的正向效应,同时避免和消除负向效应。

其实,在正向效应方面,公共政策的选择还面临着选择怎样的数值与定位的问题。假如公共政策的正向效能存在着+1、+2、+3······+10等多种选择的时候,我们就面临着将正向效能选取在+1或者+2,又或者其他数值的问题,尽管这种选择的最终结果不一定是我们所期待或者追求的。

在公共政策的功能效应规律方面,我们同样必须有清楚的认知。从特定的时间与空间来看,公共政策有正向作用规律与负向作用规律问题。正向作用规律是指公共政策效力在发挥正向作用时,必然经历的由低效期到增效期再到递减期的规律。这正如人在智力、体力、经验等方面所呈现的生命周期规律。低效期正如人生命的幼儿期,是指具有正向作用的公共政策在实施的最初阶段都有一个作用不明显的时段。这是因为一项新的公共政策在付诸实施的初期会受到各种客观因素的制约,从而使政策的正向作用不能很快地全部释放出来。增效期是指随着阻碍政策作用的各种因素逐渐减弱,正向作用逐渐发挥出来,并且呈现出直接作用和间接作用两个层次。直接作用是指一项政策通过对其作用对象的行为进行直接干预所导致的某种结果,该结果仅限于政策作用对象自身行为的变化。负向作用规律是指公共政策发挥负向作用时,也同样要经历的由低效期到增效期再到递减期的规律。与正向作用相同,在公共政策实施最初阶段,公共政策体系的排斥、执行者的具体措施、人们的思想观念等都会影响公共政策作用的发挥,政策的负向作用开始产生出来。[①]在选择或者设计某项特定的公共政策时,我们必须遵循公共政策效力在特定时间与空间上发挥作用的规律。当在低效期时,我们必须有足够的耐心;在增效期时,必须时刻注意可能伴随着的负向效应;在递减期时,就必须及时修正,乃至替换旧的公共政策,设计、开发新的公共政策,防范公共政策向负向效能转化,维持公共政策的正向效能。

在公共政策实践中,我们往往难以找到最佳的政策方案。因为我们必须承认"大多数时候,知识都是否定性的。它告诉我们何事不能做、何处不能去、

---

① MBA百科:《公共政策》,http://wiki.mbalib.com/zh-tw/%E5%85%AC%E5%85%B1%E6%94%BF%E7%AD%96,2017年11月28日访问。

哪里不对,但知识不必然告诉我们如何纠正这些过错"。① 然而,我们不能因为这种选择最佳的困难而放弃寻找最佳。我们可以在知识谱系中进行对比与评介,并作出选择。其实,这就是一种在我们的知识谱系中如何选择、如何取舍的选择题。在选择与取舍的时候,我们定然不能闭着眼睛"盲人摸象",也不能睁眼说瞎话。在笔者看来,在具体设计、选择或评价某一公共政策时,我们还必须尊重优先满足公共利益以及主导群体的利益这一原则。社会公共利益作为任何一个社会都必然存在的利益结构,是任何公共政策都必须优先予以尊重、保障的。但是,在兼顾公共利益的同时,我们应当优先满足社会主导群体的利益。社会主导群体就是社会中占主导地位或者统治地位的阶层。在纷繁复杂的社会中存在着形形色色的利益,哪些利益应予以优先考虑,是由社会的主导阶层或者统治阶层决定的,因此,我们在运用政策调整利益关系时,应优先满足社会主导群体的利益。当然,公共利益在很多时候,与社会主导群体的利益都是一致的。毫无疑问的是,我们在兼顾社会公共利益以及社会主导群体利益的同时,不能放弃或损害其他的个人利益。所以,当某些人或群体因为公共利益保障或者社会主导群体的利益保障而有所牺牲的时候,我们就必须予以相应的补偿,以保持公共政策的公平与合理。

毫无疑问,海域资源的法律机制建构是一种社会性活动与社会现象,也是一种产业发展的问题。所以,海域资源的任何法律建制都必须深切地考虑其可能蕴含的公共政策,以及该公共政策的取值与趋向问题。

作为主权之下的正当逻辑,海域资源必须尊重一国的公共政策。从根本上说,法律制度是以在先的公共政策研究和决定为前提的。也就是说,公共政策是现代社会法律制度的基础和依据。政府正是通过一系列的公共政策,实现对社会、经济各领域的发展导向以及各项事务的管理,塑造良好的社会、经济和政治秩序。②

作为法律制度的一种形态,海域资源市场化机制可以集中反映一国在自然资源领域的公共政策,也必须体现一国在自然资源领域的公共政策。

在公共政策的维度中,海域资源市场化机制的建构必须回答或者映射如下的问题或者价值取向:

---

① Thomas R.Dye:《公共政策新论》,罗清俊、陈志玮译,台北韦伯文化事业出版社1999年版,第14页。

② 肖志远:《知识产权权利属性研究——一个政策维度的分析》,北京大学出版社2010年版,第190页。

第一,海域资源是否具有可产权性,以及如何进行产权化。一般来说,海域资源的产权化,必须符合各国现行立法对产权的界定以及设定的具体条件。比如,在我国,海域资源的产权化,是采取公权模式还是私权模式? 在私权模式中,采物权模式吗? 如果是物权模式,是自物权还是他物权? 如果不是物权模式,还有什么更好的产权模式吗? 是怎样的产权模式? 通常,各国往往会将基于其公共政策而将其价值取向、政治观念、意识形态等因素潜藏于海域资源产权化的条件判断中。这也就是说,在海域资源市场化机制中,如何产权化以及产权化的具体条件,是在公共政策维度下需要充分研究的内容。

第二,海域资源市场化机制的主要目标指向何方? 如果海域资源市场化机制不希冀在人类的法律制度体系中显得那么异类,那么,鼓励海域资源的再创造与共享,进而实现社会公众利益的最大化这一公共目标,就定然需要深深地嵌入该机制的肌体中。

(三)产业政策与海域资源

"真实世界并不曾展示任何一种纯粹形式的组织。"[①]确实,从历史发展来看,任何一种类型或者模式的市场化法律机制,从其孕育到诞生,以至后来的发展,不仅深受其公共政策的影响,也深切地映照着各国产业的政策选择。没有产业,市场将失去其赖以生存的依据;没有市场,产业也将萎缩与消亡。

海域资源的市场化,其实就是海洋产业的一种阶段与过程。作为与陆地产业相对应的概念,海洋产业是人类在开发利用海域资源的过程中逐步发展起来的产业形态。海洋产业的发展状况不仅是海洋经济发展水平的主要标志,而且是海域资源市场化广度、深度与高度的一个重要标准。所以,海域资源的市场化必须要有产业政策的考量。任何国家对某类特定资源制定或者实施特定的法律制度,必定对这一制度寄托着某些理想或者梦想。而这种理想或者梦想通常由特定的产业政策来承载与展现。

所谓产业政策,就是国家或政府在特定的目的/目标为导向,以特定的产业为规范对象,通过对特定产业的保护、扶植、调整和完善,积极或消极参与某个特定产业或者若干特定企业的生产、营业、交易活动,以及直接或间接干预

---

① Neil Fligstein:《市场的构造:21 世纪资本主义社会的经济社会学》,郑力轩译,台北群学出版有限公司 2007 年版,第 63 页。

商品、服务、金融等的市场形成和市场机制的政策的总称。① 产业政策的本质是一种行政干预行为，是一种非市场性质的经济手段，是政府管理调控经济运行状态的基本工具。政府对产业的政策干预与调控，主要通过制定国民经济计划（包括指令性计划和指导性计划）、产业结构调整、产业扶持计划、财政投融资、货币手段、项目审批等手段来实施。在产业政策的品性上，产业政策可以分为自由主义产业政策与调控型产业政策。自由主义产业政策相信自由企业与市场机能，鼓励自由选择与财富积累。亚当·斯密关于"一只看不见的手"会引导社会资源做出最有利的分配观点，被视为是自由主义产业政策的理论依据。② 调控型产业政策更重视政府在市场中的能动作用，认为政府的调控是市场健康有序的保障。产业政策一般具有时代性、民族性、政治性等特征。产业政策的时代性主要是指产业政策的内容、目标与手段必须符合时代的发展潮流，适应时代的发展需要。任何违背时代发展潮流与发展趋势的产业政策都将可能引致失败的产业。产业政策的民族性突出地表现在：产业政策必须符合民族利益，需要与一国的具体国情及发展阶段相适应。当然，强调产业政策的民族性并不是说产业政策排斥国际化。在当前的时代背景下，国际化几乎是不可逆的发展趋势。所以，产业政策应当在这种趋势中重视民族利益。产业政策是一种政治性的制度安排。它的制定与实施总是以国家主权为基础，由各国政府为主导，并致力于政府的经济管理职能的有效发挥与运用。通常认为，契合时代发展趋势、符合民族利益与国情的产业政策具有"弥补市场失灵的缺陷，有效配置资源；保护幼小民族产业的成长；发挥后发优势，增强适应能力"等方面的功能。③

与法律制度相比，产业政策的属性决定了其自身的不足，比如，产业政策的政治性意味着产业政策具有较强的任意性和变动性；产业政策的形式多样，内容抽象，缺乏可操作性；产业政策涉及许多部门和领域，会出现产业政策"冲突"，进而导致产业政策的实施难以落到实处。因此，许多国家的经验表明：克服产业政策自身缺陷的策略之一就是将产业政策融于法律制度，以法律形式来表现产业政策的内容。事实证明：深刻嵌入产业政策的法律机制，能够确实

① ［日］下河边淳、管家茂：《现代日本经济事典（中译本）》，中国社会科学出版社1982年版，第192页。转引自刘吉发：《产业政策学》，经济管理出版社2004年版，第1～2页。

② 吴永猛等编著：《经济政策》，台北建华印书有限公司1997年版，第72～75页。

③ 刘吉发：《产业政策学》，经济管理出版社2004年版，第5～7页。

能够在一定程度上实现政府的产业理想,促进产业的规范化发展。

就海域资源的市场化而言,对应的产业政策,即海洋产业政策。一国要想增强其海洋产业的国际竞争力,要想把海域资源转变为现实的经济优势,就必须制定和实施合理、有效的海洋产业政策,指导海洋资源的合理开发和利用,促进海洋产业结构的优化与升级,从而推动海洋产业的全面、持续、协调和可持续发展。[①]

海洋产业政策的运用方式可以多样化,比如,制定海洋国民经济规划、实施海洋产业结构调整、实行财政扶持等。但是,就海域资源市场化的法律机制而言,海洋产业政策的杠杆运用主要由以下内容来体现:海洋产业的市场准入、海域资源的市场流转方式、海域资源的竞争结构等。从当前的海洋经济发展态势来看,我们的海洋产业政策应当是积极鼓励海域资源的开发与投资,以赋权形式给予投资者或者开发者相应的投资回报;降低海域资源行政审查的标准,提高审查效率,鼓励海域资源的市场化流转,促进海域资源开发、利用与维护的良性竞争。

三、绿色、可持续与海域资源的市场化

(一)绿色理论与海域资源

人类社会的每一次发展与转型,从渔猎采集到农耕,从农耕到工业文明,从工业文明到生态文明……都面临着人口与自然资源环境的激烈矛盾和冲突。按照传统的经济成长范式,经济成长需要依赖生产要素的投入,包括自然资源及生态服务。然而,传统的经济成长标准与范式忽略了各种经济活动中所使用的自然资源及其衍生的外部成本,所以在很多时候,经济成长的指数是相当"健康"的,但是这种短期内的"健康指数"是在损害自然资源数量与质量的情况下实现的。当人们逐步意识到这种"损害"的破坏性时,绿色经济与绿色发展理念应运而生。

绿色经济与绿色发展是一个考虑经济、社会与环境的紧密关联的信仰与行动模式。它通过生产过程、生产与消费形态的转型来降低单位产出的废弃物、污染排放、能源消耗量,促进经济社会活化和多元化,创造有尊严的工作机

[①]　于谨凯、张婕:《我国海洋产业政策体系研究》,载《南阳师范学院学报(社会科学版)》2007年第4期,第29页。

会、促进永续贸易、降低贫穷,改善公平与所得分配。绿色经济与绿色发展是以效率、和谐、持续为目标的经济增长和社会发展方式。[①] 它的愿景是妥善组合自然资源与人造资本,发挥比较利益,促进经济永续成长,逐年提高有尊严的绿色就业占比;人民福祉整合经济、健康、环境、生态服务及能源安全,确保现世代明天的福祉比今天好,未来世代的福祉比现代更好;确保世代内与世代间的能资源正义,改善所得分配的公平性;确保未来的经济社会具有更强的韧性与调适能力,避免或者降低未来自然灾害的损失与损害。[②]

经济绿化与发展绿化是经济社会成长的新引擎,也是保障自然资源有序开发利用的关键策略,推动绿色经济将有助于国家长期竞争力的提升与社会服务业的发展。但是,要实现经济的绿化与发展的绿化,就必须推动有效与适当的绿色政策,包括管制措施与市场工具,提高资源价格。通过这些绿色的政策措施与市场工具,激励清洁能源、人力资本、知识与研发,抑制不利于环境的资源利用;促使价格机制反映资源的稀缺性,提高资源的使用效率,保障绿色投资的合理获利。

毫无疑问,绿色经济与绿色发展是一次深刻的理念与行动模式变革。可以这样断言,绿色经济与绿色发展是当今时代科技革命和产业变革的方向,是最具前景的发展趋向。从人类历史上历经的几次主要变革来看,与前几次工业革命不同,绿色革命将是一次全方位的变革,是对人类发展模式的一次自我觉醒与自觉超越,是希冀从根本上解决经济社会发展模式与自然资源、生态环境之间的发展悖论与困局。

绿色经济与绿色发展理论深刻地揭示了这样的朴素逻辑:

第一,地球上任何一种生物物种或者个体,在生存竞争中,不仅实现并保证着自身的生存利益的同时,也创造着其他物种和生命个体的生存条件。这也就是说,任何一个生物物种和个体,除了生存的相互竞争外,也相互关联,并对其他物种和个体的生存创造积极的意义(价值)。

第二,地球上的任何一个物种及其个体的存在,对于地球整个生态系统的稳定和平衡都发挥着作用。从人与自然资源(包含海域资源)之间的关系而言,它们之间始终存在着两种不同性质的基本关系;从实践论的关系看,人是

---

① 危旭芳:《理解绿色发展的五个维度》,http://theory.people.com.cn/n1/2016/0222/c49150-28138306.html.2017 年 10 月 5 日访问。

② 黄宗煌、蒋本基等编著:《绿色产业》,台北五南图书出版公司 2014 年版,第 65~66 页。

主体,自然资源是客体,是人的实践和消费对象。在这个关系中,当自然资源进入人的生产实践领域,作为生产的原料被改造时,自然资源便具有了市场价值。从存在论角度来看,人与自然资源都是自然生态系统整体中的一个普通的"存在者",它们都必须依赖于作为整体的自然系统才能存在(生存)。在这个意义上说,自然物以及自然生态系统的整体对人的生存具有"环境价值"。对人而言,自然资源所具有的"经济价值"与"环境价值"是两种不同性质的价值:自然资源的经济价值是一种"消费性价值";而"环境价值"则是一种"非消费性价值",这种价值不是通过对自然的消费,而是通过对自然的"保存"实现的。例如,海洋鱼类对于人来说具有"经济价值"。要实现海洋鱼类的这种价值,就必须捕捞这些鱼类。只有如此,海洋鱼类才能变成"材料"进入生产流通领域,以实现其经济价值。与此相反,海洋鱼类只有在得到保存(不被捕捞)的条件下,其对人才有"环境价值"。当人类把海洋鱼类作为材料消费掉以后,海洋鱼类对人的环境价值也不复存在。这就使人类生存陷入了一个难以克服的"生存悖论":如果我们要实现自然物的经济价值(消费性价值),就必须毁灭自然物;而要实现自然的"环境价值",就不能毁灭它,而是保护它。也就是说,人类不改造自然就不能生存;而改造了自然,又破坏了人的生存的环境,同样也会影响人的生存。解决这个生存悖论的唯一途径,就是必须把人类对自然的开发和消费限制在自然生态系统的稳定、平衡所能容忍的限度以内。①

第三,自然界系统整体的稳定平衡是人类存在(生存)的必要条件。人也是一个生命体,也要在自然界中生存发展。人的生存发展需要有适合于人生存发展的自然条件:可以生生不息的大地与海洋、洁净的水资源、由各种不同气体按一定比例构成的空气、适当的温度、一定的必要的动植物、适量的紫外线的照射和温度等。由这些自然条件构成的自然生态体系就构成了人类生存发展的大环境。这个大环境作为人类生存发展不可割舍的必要条件,是人类的"家园"与"基地"。

第四,评判人类生活方式、科技进步、经济增长和社会文化发展的最高标准与根本尺度,是某一事物或者某一制度建构是否有利于维持和保护生态系统的完整、和谐、稳定、平衡以及可持续性。人类生存与发展利益不是最高利益,而应该将绿色生态价值提升与利益创造作为最高的利益。

---

① 百度百科:《生态价值》,http://baike.baidu.com/link?url=IYkh2gwF_LA-J9vejmyTqr5cVqrV-9BPxCqhSfhUoXLnlcNixKh7nhz9rCNwMzgpJew75kY9EfaJFNX4EEsCJRjgr4hy-eUJW40F4SmaSv3TP1pfugOwK6pGbXI_z5EU.2017 年 10 月 5 日访问。

"绿色生态"理论所揭示的深刻内涵,预示着在海域资源的市场化机制建构中,我们重视以下四点:第一,海域资源的市场化机制,应当超越人类利益为根本尺度的人类中心主义,超越以人类个体的尊严、权利、自由和发展为核心思想的人本主义与自由主义;要求我们的制度建构能够自觉主动地限制超越生态系统承载能力的物质欲求、经济增长和生活消费。第二,海域资源的市场化机制必须重视政府对海域资源市场化的适度干预。第三,海域资源的开发利用应当实行适当的市场准入机制,拒绝那些不符合生态绿色要求的市场主体进入海域资源的开发市场。第四,海域资源市场化机制必须导向海域资源的"绿色开发"。所谓海域资源"绿色开发"意指在海域资源开发过程中,遵循生态经济规律,按照经济与环境的生态协调性和可持续性原则,从保护、改善生态环境入手,以开发无污染、少污染产品为创新与突破,将经济发展与生态环境保护紧密地结合,促进环境、资源、经济、社会发展良性循环的一种生产方式或新型开发模式。"绿色开发"不是单一资源、单一技术的利用,也不是单一的利用方式,不能仅注重一个领域、一个层次、一个产业,而是生态、经济、社会的全面复合利用,是资源经济职能向资源整体空间进行的多维扩张与发展,以全面提高海洋生态经济系统整体功能和完善其结构为出发点和归宿。[①]

第五,海域资源的市场化机制必须考虑生态补偿问题,以及维护海域资源生态系统自我修复能力。

第六,建立妥适的奖惩机制,促使海域资源的开发利用主体建立健全生态运作系统。

(二)可持续发展与海域资源

可持续(sustainability),是用来反映一个系统的多元性程度及其机能得到正常运作的持久性。可持续性与绿色经济绿色发展是相互关联的概念。绿色经济与绿色发展尽管也是可持续的基本理念,但是重视经济的绿化以及发展的绿化不一定是可持续的发展。同时,绿色经济与绿色发展更重视的是人与自然的紧密关系,强调自然生态系统的平衡性以及人类经济发展对自然资源的依存关系。可持续理念则不仅重视自然生态系统的平衡性,也重视经济发展的可持续以及社会系统的可持续性。可持续为绿色经济勾勒出发展的方向,而绿色经济也将成为可持续发展的新支柱,是具体实现可持续发展的

---

① 陈本良:《海洋资源呼唤"绿色"开发》,载《中国海洋报》2001年9月21日第4版。

基石。①

　　基于人口增长、人类物质需求增加以及资源有限性所造成的人类发展困境，早在18世纪，就有许多学者开始关心可持续发展的问题。比如，马尔萨斯（Thomas Robert Malthus）在1798年《人口论》（*An Essay on the Principle of Population*）中对人类未来的生活水平提出了悲观看法，因为"人口呈几何级数增长，粮食产量则呈算数级增长"。②

　　可持续发展被作为国际性话题，大约始于1980年国际自然保护同盟（IN-CN）起草的《世界自然资源保护大纲》。在该大纲中，国际自然保护同盟（INCN）倡议我们"必须研究自然的、社会的、生态的、经济的以及利用自然资源过程中的基本关系，以确保全球的可持续发展"。③ 1981年，美国布朗（Lester R. Brown）出版《建设一个可持续发展的社会》，提出以控制人口增长、保护资源基础和开发再生能源来实现可持续发展。1987年，世界环境与发展委员会发表了影响全球的题为《我们共同的未来》的报告。该报告深刻指出：在过去，我们关心的是经济发展对生态环境带来的影响；而现在，我们正迫切地感到生态的压力对经济发展所带来的重大影响。因此，我们需要有一条新的发展道路，这条道路不是一条仅能在若干年内、在若干地方支持人类进步的道路，而是一直到遥远的未来都能支持全球人类进步的道路。④ 1992年6月，联合国在里约热内卢召开的"地球高峰会议"，通过了《21世纪议程》，并发表《里约宣言》，确定可持续发展观念，旨在于以平衡方式发展，兼顾经济增长、社会公义与环境保护。⑤ 2002年8月—9月，以"拯救地球、重在行动"为宗旨的可持续发展世界首脑会议在南非约翰内斯堡召开。会议通过了《约翰内斯堡可持续发展宣言》。该宣言"再次誓言要特别集中精力和优先注意打击在全球范围对我们人民的可持续发展构成严重威胁的各种状况，其中包括：长期饥饿；营养不良……"，确认"可持续发展需要具有长远观点，需要对各个级别的

---

①　黄宗煌、蒋本基等编著：《绿色产业》，台北五南图书出版公司2014年版，第63页。

②　黄宗煌、蒋本基等编著：《绿色产业》，台北五南图书出版公司2014年版，第6页。

③　世界环境与发展委员会编著：《我们共同的未来》，国家环境局外事办译，世界知识出版社1989年版，第20页。

④　百度百科：《我们共同的未来》，https://baike.baidu.com/item/%E6%88%91%E4%BB%AC%E5%85%B1%E5%90%8C%E7%9A%84%E6%9C%AA%E6%9D%A5/4127559，2018年3月17日访问。

⑤　黄宗煌、蒋本基等编著：《绿色产业》，台北五南图书出版公司2014年版，蒋序。

政策拟订、决策和实施过程广泛参与"。① 2012 年联合国再次在里约热内卢开会,达成新的可持续发展的政治承诺。

顺应世界发展潮流,我国于 1997 年召开的中共十五大把可持续发展战略确定为"现代化建设中必须实施"的战略。2000 年,我国发布《中国 21 世纪人口、环境与发展白皮书》。白皮书正确地指出:"走人口与经济、社会、资源、环境相互协调的可持续发展道路,正成为世界各国的共同选择。"2002 年中共十六大把"可持续发展能力不断增强"作为全面建设小康社会的目标之一。此后,可持续发展成为我国各种政策与规范性文件制定与实施的标杆与行动指南。

可持续之所以会成为一个世界性的话题,关键在于人类的活动已经显著地干扰了环境系统(包括生态系统与自然资源)的可持续性,进而产生交互性作用,损害经济与社会系统的可持续性。②

可持续发展既要满足当代人对自然资源开发利用、社会进步以及美好生活的诉求,但在满足当代人诉求与需求的基础上又不能对后代人满足其需求的能力构成危害。这是一个兼顾代际发展的理念与行动模式。

可持续发展主要包括三方面的内容:经济发展的可持续、生态的可持续和社会的可持续。经济发展的可持续性主要是指经济的发展要追求高质量高效率发展模式与路径,要避免"高消耗、高投入、高污染"的发展模式。生态的可持续发展强调我们要重视对自然生态环境的保护,不能因为重视经济的发展而导致环境生态的破坏和对自然资源的自我恢复能力的损害。当然,重视生态的可持续并不是要放弃经济的增长,而是希冀两者能够兼顾。生态的可持续意在于强调提高人类改造自然能力的同时,又能提高人类与自然和谐相处的能力。强调社会的可持续是因为社会才是中心问题。经济的发展最终还是要服务于社会的可持续性以及幸福社会的创造与维系;而社会问题又是生态可持续性中最大的变数。可持续发展的最终目标在于保障经济、生态与社会三大系统能够在一个相当长的时期维持平衡且向上发展的恒定态势。

诚然,经济、生态与社会是可持续发展的支柱与核心。然而,这三大支柱的可持续性仍然需要依赖完善的治理制度、有效的政策与工具、完全的执行等

---

① 《约翰内斯堡可持续发展声明》,http://www.un.org/zh/events/sustainableenergyforall/pdf/johannesburg_decl.pdf,2018 年 3 月 16 日访问。

② 黄宗煌、蒋本基等编著:《绿色产业》,台北五南图书出版公司 2014 年版,第 3 页。

攸关政治法律制度的因素。① 2012 年联合国可持续发展大会(UNCSD)在《我们希望的未来》(The Future We Want)中深刻而正确地指出:各级政府和立法机构在促进可持续发展方面具有关键作用;同时,"广泛的公众参与、信息的传播、司法和行政程序,对促进可持续发展不可或缺"。因为"可持续发展需要区域、国家及国家以下一级立法和司法机关以及所有主要群体的切实介入和积极参与,主要群体为妇女、儿童和青年、土著人民、非政府组织、地方当局、工人和工会、工商企业、科技界、农民等"。②

海域资源是人类非常重要的一种资源形态,是生态环境的有机组成部分;海域资源的市场化是经济增长非常重要的一种模式与途径。2012 年联合国可持续发展大会《我们希望的未来》中明确指出:"海洋和沿海地区构成地球生态系统中一个重要有机组成部分,对于地球生态系统的维系至关重要。……海洋及其资源的养护和可持续利用对可持续发展的重要性,因为这有利于消除贫穷、实现持续经济增长、保证粮食安全、创造可持续生计及体面工作,同时也保护生物多样性和海洋环境,应对气候变化的影响。"③所以,海域资源的市场化机制必须深切地关切可持续发展理念,加强可持续发展体制框架,使其能够一致有效地应对当前和未来的挑战。 显然,《联合国海洋法公约》中反映的国际法为海洋及其资源的养护和可持续利用确立了基本的法律框架。但是,在国内法规范方面,我们仍然需要通过系列的规范建构才能保障海域资源市场化机制符合可持续发展的要求。在具体的规范内容方面,可持续发展观念可以涉及海洋资源市场的主体规范(市场准入)、法律客体范围的设定规范、海域资源权利的配置模式、海域资源权利的行使方式、海域资源的法律保护手段等。 比如,对于海洋渔业资源可持续性,要求人们从海洋渔业资源中捕获的渔业资源不能超过海洋渔业所能够实现的自我更新能力,从而保证海洋渔业的生态平衡。在法律机制的构建方面,可持续性要求各国设定海洋渔业的捕捞许可、捕捞配额、禁止捕捞期等机制来限制过度捕捞对海洋渔业资源的过度利用。我们的法律机制也要注意外来入侵物种对海洋生态系统和资源构成的重大威胁。再如,海域矿产资源的勘探与开采也应当实行市场准入机制,限制那

---

① 黄宗煌、蒋本基等编著:《绿色产业》,台北五南图书出版公司 2014 年版,第 3 页。

② UNCSD:《我们希望的未来》,https://rio20.un.org/sites/rio20.un.org/files/a-conf.216-l-1_chinese.pdf.pdf,2018 年 3 月 16 日访问。

③ UNCSD:《我们希望的未来》,https://rio20.un.org/sites/rio20.un.org/files/a-conf.216-l-1_chinese.pdf.pdf,2018 年 3 月 16 日访问。

些有不良行为记录的市场主体进入海域矿产资源的开发市场。还可以对海域实行功能分区,对进入市场的海域范围进行限定,保障海域资源市场化供给符合可持续要求。

需要承认的是,每个国家都可以根据本国可持续发展目标、计划、战略、责任、优先事项、国情和政策空间,在海域资源市场化机制中选择适当的办法与方式。这是尊重各国国家主权的表现。但是,这也可能在一定程度上成为海域资源可持续发展的阻却因素。显然,各国对可持续发展的目标、条件、方式以及跨代际公平等范畴存在着不同的理解,对海域资源的权利主张也千差万别。各国在具体的制度建构中可能会以各国所设想的妥适方式进行。这也就意味着海域资源市场化问题必须尊重国际法,重视国际间的配合与协作。

第三章

海域资源初始产权配置及其市场流转方式

一、海域资源的初始产权配置模式

(一)初始产权配置的内涵与问题

如前文所述,产权是"一种通过社会强制而实现的对某种经济物品的多种用途进行选择的权利",产权设定的意义是为人们利用财产的行为设定了一定的边界,它允许权利在法律准许的范围内支配财产,并承担相应支配结果的权利。[①] 海域资源的初始产权配置,即在海域资源的产权化配置中,我们应当采用怎样的产权结构与产权模式。

海域资源初始产权配置,实际上就是要讨论与解决以下两个核心问题:第一,对于海域资源,我们是否应该以法律制度的形式进行产权化? 这也就是追问,对海域资源产权化设定是否是我们的最优与应然选择? 第二,如果对海域资源进行产权化,那么,我们应该选择怎样的产权体系与产权结构?

之所以存在第一个问题,是因为我们对于海域资源这种具有强烈公共物品属性的客体可以有产权化与非产权化这两种选择。比如,空气、阳光、风景等,都属于具有公共物品属性的自然资源,但是这些资源在很多国家,包括我国,都没有以法律形式进行产权化。[②] 显然,是否进行产权化,与被产权化的对象或者说客体的特质、稀缺性以及各国的法制传统与公共政策有着重大关联。

---

① 转引自刘灿等:《我国自然资源产权制度建构研究》,西南财经大学出版社 2009 年版,第 34～35 页。

② 当然,也有个别国家对此以法律制度的形式进行产权化。

在我国,对海域资源进行产权化,应该说具有法理上的必然性和正当性,也具有强烈的现实需求。理论研究表明:产权的缺失是自然资源被滥用的根本原因。我国海域资源作为国家基础性自然资源和战略性经济资源,稀缺性十分突出。随着我国经济发展和人口的增加,我国经济发展对海域资源的需求也相应增加。在这种不断增加的需求面前,我国屡屡出现大规模无节制的开发利用海域资源现象。这些开发利用行为不仅效率低下,而且也造成海域资源的退化、枯竭,严重损害了海洋生态环境的平衡性与可持续性。"随着化石燃料储量的价值越来越高,以及相对应的,包括水和未受到污染的空气在内的自然资源变得越来越稀缺,自然资源控制和获取问题变得前所未有的重要。"①怎样在不破坏生态环境的前提下,最大限度地发挥海域资源的效能,长时期可持续发展海洋经济,是我国现阶段亟待解决的问题。既然产权的缺失是海域资源遭滥用的根本原因,解决问题的方案自然就是对海域资源予以产权化。"产权驱动着所有者为其行为的成本和收益负责,并推动能够获取高效率收益的市场交易。"②同时,对海域资源进行产权化是推进我国市场经济体制改革的客观要求,也是完善我国海域管理体制的内在要求,是可持续发展海洋产业、提高海洋经济效益的根本保证,更是维护我国国家利益与践行国家主权原则的重要手段与措施。

"近几十年来,新自由主义或者以市场为基础的环境和自然资源管理形式的出现,掩盖了这样的一个事实,即在全球很多地区,财产权早已构成自然界法律和管理的基础。这些财产权可以属于正式的私有财产制度或者技术上较不正式的自然资源权属和利用习惯制度。实际上,存在很多层次和不同形式的财产权:从私有财产到国有财产,再到公共财产和任何'准所有权'。"③在这样的趋向中,现在我们面临的核心问题就是:对于海域资源产权化,如何在纷繁多样的产权体系与产权结构中选择或者建构最优的方案?

---

① 〔英〕艾琳·麦克哈格、〔新西兰〕巴里·巴顿等编著:《能源与自然资源中的财产和法律》,胡德胜、魏铁军译,北京大学出版社 2014 年版,第 5 页。

② Anderson, Leal, Free market environmentalism for the next generation. New York: Palgrave, 2015. p.3.

③ 〔澳大利亚〕李·戈登:《治理公共资源:水资源中的环境市场和财产》,载〔英〕艾琳·麦克哈格、〔新西兰〕巴里·巴顿等编著:《能源与自然资源中的财产和法律》,胡德胜、魏铁军译,北京大学出版社 2014 年版,第 553 页。

（二）产权的类型与效率

在现代产权理论中，产权一般被划分为私有产权、共有产权（社团产权、俱乐部产权）、公共产权（国有产权）三种类型。而任何一个社会采取何种产权形式，主要受制于每一产权形式在特定的政治、经济、文化等条件下配置稀缺资源的交易费用的大小。[①]

1.私有产权制度

私有产权的基本含义是：财产的控制主体是私人，其使用权按照财产或者资源本身固有的特性划分给私人专有控制，并且对该权利是否行使的决策完全依赖于私人的个人意愿。这也就是说，只有私人产权所有人愿意，可以任意地处置处分自己的财产；在具备完备的产权条件下，产权人可以利用其财产或者资源而采取任何他认为符合其利益或者意愿的行为；同时，没有经过私有产权人的同意或者没有给予适当的补偿，任何人都不能合法地使用那些产权归属他所有的财产或者资源，或者实施可能影响这些财产或者资源的价值性状的行为。

对于海域资源而言，如果建立私有产权制，就是把海域资源的产权明确赋予私人，由私人充当海域资源的所有权与使用权主体，从而彻底改变海域资源的无主状态，使海域资源的负外部性能够最大限度地内在化。这种收益与成本向所有者的集中，能够产生更有效使用海域资源的激励。

但是，海域资源的私有产权配置并非完美无缺。"尽管私有产权是对稀缺、拥挤和冲突的重要答案，却并不总是唯一的或最好的答案。"[②]海域资源的私有产权配置虽然能在一定程度上解决"公地悲剧"问题，但随之带来了"私地悲剧"、外部性陷阱、社会不公平等一系列新问题，实际是以"市场失灵"代替了"政府失灵"。[③]因此，海域资源的产权配置不可能也不应该绝对性地私有化。

第一，海域资源私有产权配置可能导致"私地悲剧"。私有产权主体往往是"短视"的，更为关注当前利益，即通过一定的个人贴现率，把海域资源的未来预期收益折合成现值。亚里士多德曾断言："一件事物为越多的人共有，人

---

①　刘灿等：《我国自然资源产权制度建构研究》，西南财经大学出版社 2009 年版，第 37 页。

②　Carol M. Rose, A dozen propositions on private property, public rights, and the new takings legislation, *Washington & Lee Law Review*, 1996(53) .p.267.

③　谢地：《论我国自然资源产权制度改革》，载《河南社会科学》2006 年第 5 期，第 2 页。

们对他的关心就会越少。人们最关心的是自己的事物,对公共事物则很少顾及。或者说,对于公共的一切,他们至多至关心其中与个人利益相关的事物。"①哈丁曾深刻地指出:"每个人都被锁进一个强迫他无限制地增加自己畜群量的系统——在一个有限的世界里。在这个相信公地自由使用的社会里,每个都在追求自己的最大利益,但所有人民争先恐后追求的结果最终是崩溃。公地的自由使用权给所有人带来的只有毁灭。"②尤其在海域资源的开发利用经济周期较长或产权主体的使用权期限较短时,海域资源的潜在收益可能被大大低估,这样通过一定的个人贴现率所折合成的海域资源现值也较小,产权主体就没有动力对海域资源进行保护投资,相反,却加速对海域资源现值的攫取,从而导致对海域资源的过度使用,即"私地悲剧"。

第二,海域资源私有产权配置可能导致"外部性陷阱"。虽然海域资源私有产权能在较大程度上使外部性内在化,但仍然存在不能内在化的领域。

第三,海域资源私有产权可能导致社会不公平。如果完全依靠市场方式决定海域资源的归属,则绝大部分海域资源会为少数财富拥有者占有,他们往往同这些海域资源没有切身的利害关系,并不真正关心海域资源的合理开发利用,相反,却更愿意通过海域资源的不断转手迅速攫取高额利润。而广大依靠这些海域资源而生存的实际利益攸关者(如当地居民),则被剥夺了按惯例或法律规定所享有的所有权、使用权。

2.公有产权制度

公有产权制度,即海域资源的最终所有者是一国的全体国民。但这种产权制度下,每个国民都无法对海域资源完全遵照自己的自由意志与行为进行处置或者形式更像一种没有任何实质经济意义的、虚拟的所要体现为一种宣扬与宣示。政府作为全体国民当了真正的产权主体,所拥有的是真正意义上的所有权有权,其实质是把海域资源产权明确赋予政府,借助政府的能力与力量,法律、行政手段,对绝大多数海域资源进行集中管理。政府与全体国民之间类似于"信托"关系。这样的产权设计

---

① [古希腊]亚里士多德:《政治学》,高书文译,中国社会科学出版社 2009 年版,第44 页。

② [美]加勒特·哈丁:《公地的悲剧》,载[美]赫尔曼·E.戴利、[美]肯尼思·N.汤森编著:《珍惜地球——经济学、生态学、伦理学》,马杰等译,商务印书馆 2001 年版,第152 页。

模式能够促使海域资源产权成为国家利益的集中体现,保证最终所有者在海域资源使用中的平等权利,避免海域资源产权成为私有产权下少数人牟取私利的工具,并能够矫正在私有产权下仍然难以内在化的外部性,对海域资源的使用进行有效的约束与监督。

　　然而,政府对海域资源的集中控制所实现的最优配置,是建立在信息完全、完全理性、监督有力、运行成本为零等假定基础上的,在现实中这样的假定前提根本无法满足。这是因为:

　　(1)政府拥有的信息未必是完全的。实际上,政府拥有的信息未必多于当地海域资源的实际使用者。因此,政府在不完全信息下制定的政策、法律法规就如同不完全的契约一样存在许多漏洞,而政府要想保护海域资源产权,就必须不断地搜寻信息来完善自己的政策、法律法规,然而要想获得完全的信息几乎是不可能的或者将会因为高昂的成本而难以实现。①

　　(2)政府未必是完全理性的。政府也是由众多有限理性的"经济人"所组成的,并构成不同的利益集团。在从中央政府到地方政府的层层委托代理关系中,每一层都可能产生严重的信息不对称、代理者创租卖租等机会主义行为,导致"代理失效"或"政府失灵"。

　　(3)政府的监督未必是有力的。政府作为海域资源公有产权的所有权主体,缺乏有效的监督激励。由于缺乏明确的人格化代表,即没有人真正为海域资源的保值增值负责,海域资源过度使用的损失实际上是由全体国民共同承担的。这也就是说,政府及其官员作为公有产权体系下的代理人,对海域资源的使用与转让以及最后成果的分配等方面,都不具有充分的权利。这就使得他们对经济绩效和海域资源的市场化等问题缺乏充分的激励。而国家要对其官员实施充分有效的监督与激励又需要高昂的成本,这就往往使得政府在海域资源产权代理中因为政治目的而偏离了海域资源市场化与生态化的应然目标。同时,海域资源的分布极其广泛,在某些偏远的地区,政府的监督因为高昂的成本而显得鞭长莫及。

　　所以,在信息不完全、有限理性、监督弱化的现实中,政府对海域资源的集中控制需要支付极其高昂的成本。当这些成本得不到充分补偿,政府无法承受或付出成本变得不经济时,政府就不得不放弃部分海域资源的公有产权,从而形成"产权真空",使部分海域资源在事实上处于开放状态,进而出现"公地悲剧"。但当政府能够利用好海域资源公有产权并从中获利时,它是不会主动

---

　　① 谢地:《论我国自然资源产权制度改革》,载《河南社会科学》2006年第5期,第3页。

放弃海域资源的公有产权的。

3.自主组织与自主治理

"自主组织与自主治理"的提出者埃莉诺·奥斯特罗姆认为,人类社会虽然到处都是"公地悲剧",但许多人自主摆脱了"公地悲剧"的梦魇。与寻求外部的代理人(国家和企业)不同,一群相互依赖的委托人,如公共池塘资源(共有的小规模可再生资源)的一群使用者,能够自主组织、自主治理,通过自筹资金制定并实施有效使用公共池塘资源的合约,解决新制度供给、可信承诺、相互监督三个核心问题,从而能够在所有人在面对"搭便车"、规避责任或其他机会主义行为诱惑的情况下,取得持久的共同利益。① 这一产权机制安排,在理论上又被称之为"社团共有产权"。

社团产权是每个社会成员都对某个资源和财产享有全部的产权,但这个资源或财产实际上并不属于每个人,产权属于各成员组合的社团,而不属于该社团的各个成员。即使每个成员都可用社团财产来为自己服务,但每个成员都没有权声明这份财产是属于他个人的。正因为这一权利设定,社团产权在消费上具有非对抗性。单个社团成员对社团提供的产品的消费不会影响或减少其他成员对同一物品的消费。当然,一旦过多的会员加入,消费的非对抗性就会消失。尽管具有非对抗性,但社团产权与私有产权相似,都强调排他性。只有由具有某种资格、并遵守社团规则的单个成员组成的社团或俱乐部才能占有和支配社团产权,并享受相应的收益,而非社团人员是不能享有社团产权的任何权益。正因为社区产权与特定社团成员的身份捆绑,社团产权转让受到严格限制。每个社团成员只有取得其他成员或他们的代理人的同意,才可将社团组织的权益转让给他人。

从产权的建构来看,自主组织与自主治理兼有公有产权、私有产权的双重特征。自主组织与自主治理模式在以下三个方面较好地规避了海域资源的私有产权和公有产权制度安排的缺陷:

(1)新制度的供给问题。社群成员世代依靠"公共池塘资源"生存,拥有资源属性的完全信息,因而能够根据可持续利用资源的需要制定合约。

(2)可信承诺问题。社群成员在作出是否遵守合约的承诺时,实际是在进行博弈。在自主组织与自主治理中,社群成员是在有组织、信息可沟通的情况下进行决策的,并且由一次博弈转变为"重复博弈",如果双方都能在第一次博弈中采取合作策略,并在以后的博弈中采取"权变策略"(即"一报还一报"),就

---

① 谢地:《论我国自然资源产权制度改革》,载《河南社会科学》2006年第5期,第3页。

能得到(合作、合作)均衡,实现共同利益最大化。

(3)相互监督问题。"搭便车"、规避责任等机会主义行为在集体行动中普遍存在,是促使社群成员采取合作策略必须克服的根本性问题。在自主组织与自主治理中,监督者通常由社群成员担任,监督的效果与社群成员的自身利益直接相关,既激励了社群成员的相互监督,也为他获取其他人自愿遵守合约的信息、采取"权变策略"提供了可能。

在制度上,自主组织与自主治理模式定然有其优势,但也存在一定的局限性。"公共池塘资源"主要指共有的小规模可再生资源,如近海渔场,但是这一模式难以涵盖所有海域资源的特征。同时,因为前述三个核心问题解决得不好,相关失败的案例也很多。

4.公物管理权模式

公物管理权是基于"公物"而形成的概念。所谓公物管理权,"指行政主体为实现作为公物本来功能的供于公共用或者公用的目的,而对公物拥有的特殊的概括性的权能"。[①] 公物管理权不是作为物本身的所有权及其他私法名义的效果而得以承认的,而应该解释为是根据公物法(实定法或者惯例)被赋予的"。[②] 在实践中,公物管理权形成若干基本规则,并受民法、行政法等法律规范的约束。

第一,公物原则上不得流通交易。在民法学理论中,以物能否交易以及能在何种范围内进行交易为标准,将物分为流通物、限制流通物和禁止流通物。

---

① 　[日]田中二郎:《行政法》中卷,弘文堂1974年版,第785页;[日]松岛谆吉:《公物管理权》,载《现代行政法大系9》,第299页。转引自崔建远:《公共物品与权利配置》,载《法学杂志》2006年第1期,第41页。

② 　有关公物管理权的法律性质,学术界有众多观点,比如有"无主物说""国库说""特殊所有权说""公所有权说"及"私所有权说"等。我国台湾学者黄异教授就认同无主物的观点。我国学者范扬认为"公所有权说"或"私所有权说"之见解,究以孰者为最正当,要须就法规解释及其物之性质以决定之。我国台湾学者史尚宽认为公物所有权之管理,其法律性质虽有争论,然在具体制度,应考虑特定之物所具有的政治、经济及社会的意义,使之符合于其目的而为规定。日本学者原龙之助也认为,公物公所有权与私所有权的权利主体性质之多并无实益,公物的概念,实着眼于"由行政主体直接供公共的目的使用",然该物的所有权究竟为国有,公有或私有,则在所不问。总体而言,多数学者倾向于走出了所有权性质之争,从重视功能意义的角度去观察公物管理权的实际效能。参见黄德林、邢海娜:《基于公物法理论的自然遗产保护法研究》,载《资源节约型、环境友好型社会建设与环境资源法的热点问题研究——2006年全国环境资源法学研讨会(年会)(2006.8.10~12·北京)论文集》,第1335页。

鉴于公物的本质属性(即提供公共使用),公物是属于被严格限制流通的物,故公物管理权的权利主体通常也不能行使转让的权能。法国学者奥里乌曾经指出:"如果说公物是所有权标的,那么,这种所有权尽管具有财产属性,却不得保留私产的全部特点,这是一种必须依赖于国家力量的行政所有权,它的特点是由事物的公共用途决定的,使得行政主体有义务将其保管并用于公用,因此只有在公共利益的最高要素出发的情况下,才可以改变其设定的用途。"①关于公物限制流通,许多国家立法作出明确的规定,如伊朗《民法典》第 25 条规定:"为公共利益而使用的下列财产,如桥梁,商场,旅店,水库,学校,以及公众可自由出入的场所,任何私人不得侵占。以上规定同样适用于公用的人造地下水道和水井。""为公共服务或福利之用的政府财产,如防御工程,堡垒,壕沟,军事土地工程,兵工厂,武器,储备,军舰,政府的建筑物及其设备,电话线,博物馆,公共图书馆,有历史意义的纪念碑及其类似物。简而言之,无论是动产还是不动产,只要是为公共事务或国家利益而由政府使用的财产,都不能为私人所有。"②

第二,公物要受到相邻关系的限制。公物的相邻关系是指公物和私人不动产毗连而产生的权利义务关系。这种权利义务关系包括两个方面:私人不动产为公物负担的义务,以及公物为私人不动产所负担的义务。前者主要表现为行政法规定的行政役权,即由法律规定的,为了公物利益而对毗连的不动产规定的特别义务。这些特别义务既可以是作为,也可以是不作为。比如,我国《电力法(2015 年修订)》第 53 条第 2 款规定即属于行政役权的设定。该条款规定:"任何单位和个人不得在依法划定的电力设施保护区内修建可能危及电力设施安全的建筑物、构筑物,不得种植可能危及电力设施安全的植物,不得堆放可能危及电力设施安全的物品。"后者如必要通行权、采光权和排水权等。

第三,公物使用收费要受到严格限制。根据公物的一般理论,对一般使用的公物,公物管理机关只能在两种情形下可以收费:(1)为了平衡受益人和未受益人之间的利益关系;(2)为了防止对公物的利用出现拥挤效应,而且这种

---

① [法]莫里斯·奥里乌:《行政法与公法精要》,龚觅等译,辽海出版社、春风文艺出版社 1999 年版,第 845 页。

② 黄德林、邢海娜:《基于公物法理论的自然遗产保护法研究》,载《资源节约型、环境友好型社会建设与环境资源法的热点问题研究——2006 年全国环境资源法学研讨会(年会)(2006.8.10~12·北京)论文集》,第 1335 页。

收费不得以营利为目的。所收取的费用,原则上也只能用于建设或者创造更多的公物之用,而不得用于其他目的。之所以对公物的利用采取不向利用人收费的策略,是因为采取收费的策略是低效的。[①]

第四,与公物管理权相对应的,就是公众对公物所享有的公物使用权/利用权。公物的管理与公物的使用是管理管理权的核心关系。公物使用权源于公物管理权,但有与之保持相对的独立性。公物使用权包括一般使用、许可使用和特许使用等内容。一般使用场合,不需要行政主体任何特殊的意思表示,而承认公众对公物利用的情形,如道路交通、河川的航行、海岸的海水浴、散步等。所谓许可使用,指解除禁止,允许特定人就特定事项实施合法行为。特许使用,指从公物管理者那里获得特别使用权的设定而使用公物的情形。[②]

诚如汉密尔顿与班克斯所言:"工具主义并不大关注什么是财产;他们想知道财产制度可以服务于什么目的。"[③]公物管理权模式的优点在于摆脱了权利主体与权利性质认定的争议,且能够为使用者提供低廉的使用成本。同时,这种模式也可以为我国长期存在的国家所有权与经营权的分离等实践行动提供若干有益的解释思路。从工具主义角度来看,公物管理权的特质是其优点,但是在体系建构上,这种含糊不清的界定恰恰是其缺陷。这种模式很难厘清其与公有产权模式的差异,也很难解释这种管理权产生的母权依据。同时,公物管理权被限定流通的规则,也意味着其不能作为海域资源市场化配置的产权基础。

(三)海域资源初始产权的应然配置

在产权经济学文献中,通常认为私有产权总是等同于高效率,相对应的,公有产权一定是低效率的。这是否意味着我国的海域资源产权化应当实行私有呢?

诚如前文所述,各种不同的产权模式有其优点,也有其不足。如果某一特定的产权模式尽是优点,就不会出现那么多的产权模式。所以,如何选择产权模式并进行权利的配置,必须综合各种产权的特质以及各国的国情、历史文

---

① 黄德林、邢海娜:《基于公物法理论的自然遗产保护法研究》,载《资源节约型、环境友好型社会建设与环境资源法的热点问题研究——2006年全国环境资源法学研讨会(年会)(2006.8.10~12·北京)论文集》,第1335页。

② 崔建远:《公共物品与权利配置》,载《法学杂志》2006年第1期,第41页。

③ 〔英〕艾琳·麦克哈格、〔新西兰〕巴里·巴顿等编著:《能源与自然资源中的财产和法律》,胡德胜、魏铁军译,北京大学出版社2014年版,第7页。

化、法律实践、政策导向等来确定。

第一，必须承认的是，经济学文献中的产权并不必然等于民法语境下的所有权或者物权。经济学文献中的产权通常意指一个或者多个法律权利的集合或者权利束，或者仅仅是一种工具性概念。所以，它通常并不是一个明确而清晰的法律范畴。但是，作为海域资源市场化配置的逻辑基点，海域资源的产权模式不能是缺乏明确法律界定的术语。所以，在笔者看来，用经济学的产权理论论证民法中的所有权或者物权建制，并在论证中将工具性的"产权"喻指民法语境中的所有权或者物权，是符合逻辑的做法。

第二，私有产权的高效率有其科学依据。美国著名学者波斯纳曾深切地指出："如果任何有价值的（意指既稀缺又有需求的）资源为某人所有（普遍性），如果所有权意味着排除任何他人使用该资源的绝对权力（排他性）和该人使用该资源的绝对权力，而且，如果所有权是可以自由转让的或者如法律界人士所说是可以让渡的（可转让性），那么，资源的价值将会得到最大化。"① 私有产权高效率的基本逻辑在于：在私有产权条件下，由私人作出经济活动的决策并承担风险；私有产权条件下，每个人都会关心、爱护自己的财产，追求自己的财产利益，从而激励出有效率的劳动（包括管理劳动）。这样，就可以实现财产价值的最大增值。② 然而，这一逻辑的武断性在于：它将私有产权这一机制安排直接等同于有效率的劳动。实际上，有效率的劳动确实需要一种机制安排或者机制激励，但是这种机制安排或者机制激励不一定是私有产权。因为在市场经济中，财产运用的普遍形式是委托与代理关系，即有财产的人大多并不是自己亲自经营管理自己的财产；而管理或经营财产的人也不一定是为了自己财产价值的增值而努力工作。因此，"私有产权一定等同于高效率"的逻辑是不一定能成立的。况且，人的有限理性、有限自利等理论也证实"经济人假说"仅仅是一种理想状态下的假说，却不一定能够在现实中实现。同样，在公有产权的情况下，如果我们能够在实践中找到产生有效激励从而使得财产价值最大增值的劳动和制度安排，那么，在公有产权下，我们同样也能够实现高效率。

---

① ［加］詹尼特·沃森·汉密尔顿、奈杰斯·班克斯：《大教堂的不同景观：财产法的理论文献》，载［英］艾琳·麦克哈格、［新西兰］巴里·巴顿等编著：《能源与自然资源中的财产和法律》，胡德胜、魏铁军译，北京大学出版社 2014 年版，第 42 页

② 刘灿等：《我国自然资源产权制度建构研究》，西南财经大学出版社 2009 年版，第40 页。

第三,自然资源归国家所有,是当今世界各国在设计自然资源权属制度时的普遍选择。诚如学者所言:"自然资源国家所有权制度是一种普遍而长久的现象,'存在于人类几乎一切经济制度形态中,所不同的只是其范围、比重和功能形态'。"①"自然资源国家所有权制度既不是中国的专利,也不是计划经济体制或社会主义国家的专利,它是当代国家的普遍选择。"②"在人民主权这一概念的范畴内,根据'民有、民治和民享'原则,人民被承认为国家最高权力的来源、拥有者和持有者。这一最高权力的概念包括人民所享有的公共的集体所有权……必须承认,民法上的所有权是国家控制的一种符合逻辑的结果,它还包含着人民对这些'自然'资产的来源的集体公共所有权。"③

第四,对于重要的自然资源的权属建制,我国长期以来都是采国家所有或者集体所有模式。比如,我国《宪法》第9条规定:"矿藏、水流、森林、山岭、草原、荒地、滩涂等自然资源,都属于国家所有,即全民所有;由法律规定属于集体所有的森林和山岭、草原、荒地、滩涂除外。"第10条规定:"城市的土地属于国家所有。农村和城市郊区的土地,除由法律规定属于国家所有的以外,属于集体所有;宅基地和自留地、自留山,也属于集体所有。"《物权法》第46条至第50条规定:"矿藏、水流、海域属于国家所有。""城市的土地,属于国家所有。法律规定属于国家所有的农村和城市郊区的土地,属于国家所有。""森林、山岭、草原、荒地、滩涂等自然资源,属于国家所有,但法律规定属于集体所有的除外。""法律规定属于国家所有的野生动植物资源,属于国家所有。""无线电频谱资源属于国家所有。"作为一种典型的自然资源,海域资源的权属模式应当符合我国的法律传统,与陆地资源权属模式协同。

第五,海域资源所具有的公共物品属性,决定着它在实行产权化配置中有着较为强烈的公有趋向。同时,海域资源属于主权范畴下的概念。这也表明,如何对海域资源进行初始权利的配置,以及如何进行市场化运作都是主权的自主控制范畴。

综合以上各种因素,笔者认为,对于海域资源的初始产权配置,应当在区

---

①　转引自邱秋:《中国自然资源国家所有权制度研究》,科学出版社2010年版,第29页。

②　施志源:《生态文明背景下的自然资源国家所有权研究》,福建师范大学2014年博士学位论文,第81页。

③　[澳大利亚]西蒙·巴特、蒂姆·林赛:《谁拥有经济? 财产权、私有化〈印尼宪法〉:以〈电力法〉为例》,载[英]艾琳·麦克哈格、[新西兰]巴里·巴顿等编著:《能源与自然资源中的财产和法律》,胡德胜、魏铁军译,北京大学出版社2014年版,第337页。

分海域资源的种类与形态的基础上,采取对应的权属配置。如前文所述,海域资源涵括各式各样,对人类有着重要开发利用或者生态价值的物质、能量和空间资源。这些不同的资源形态,其稀缺程度不同,对我国国家的战略意义也不相同。这就意味着我国没有必要对所有的海域资源实行国家所有或者集体所有。比较可取的模式是对于那些重要的、具有战略价值的海域资源应当主要采国家所有或者集体所有模式;而对于那些不重要的海域资源可以适用私人所有或者无主物模式。为了更好地嵌入私有产权的制度优越性与激励功能,我们宜在重要的海域资源国家所有或者集体所有的基础上,根据这些海域资源所有权的运行状态,对海域资源设定"二阶"结构:可以沿用自物权——他物权之逻辑思路,海域资源所有权可以进行权能分割而创设海域资源的用益物权。

1.海域空间资源的所有权配置

海域空间资源,即海域,是所有其他海域资源形态的承载体,是最为重要的自然资源。对于海域空间资源,宜遵循我国《海域使用管理法》第 3 条的规定,明确海域为国家所有。

需要明确的是:(1)海域所有权的控制范畴不应直接涵括海域所隐含的资源。正如土地所有权不直接包括土地所蕴含的矿产资源与水资源一样。作为所有权的客体,海域仅针对特定的空间以及特定的底土。在法律性质上,海域宜认定为不动产。海域所隐含的资源,如野生水生动植物资源、矿产资源等,单独成为物权客体。这一思路是坚持了空间资源与非空间资源在所有权或者物权建制上的区分,也符合我国当前立法的一贯思路。否则,我国宪法等法律就无须出现所谓"矿产、水流"等属于国家所有等类似条文。(2)海域的范围仅指狭义的内水以及领海,而狭义内水限于最低低潮线以外向海一面的海域。(3)对于沿海滩涂,宜根据滩涂的实际情况,分别确认为国家所有或者集体所有。这是因为我国立法明确土地(陆地)为国家所有与集体所有并存的二元结构。在客观上,我国也是明确承认滩涂属于集体所有的;在现实中,确实存在着海域/滩涂由集体开发经营的状况。至于哪些沿海滩涂应认定为集体所有,宜在尊重历史的开发与经营状况的基础上,通过普查与实测等方案进行确认,并最终以法律的形式予以明确。

将海域空间资源即海域设定为国家所有,意味着国家可以对海域空间资源进行占有、使用、收益和处分。同时,国家有权禁止任何人未经其同意或授权的情况下非法侵害海域空间资源;在海域空间资源遭受实际侵害时,国家有权依法行使物上请求权或者债权请求权来进行海域空间资源的权益保护。

　　鉴于海域空间资源的战略意义,借鉴土地所有权模式,我国宜明确狭义的海域空间资源所有权专属于国家,即狭义意义上的海域资源所有权不得转移。

　　对于沿海滩涂,若归属集体所有,则该滩涂的所有权不具有专属性,也即该滩涂的所有权得在集体组织之间以及集体组织与国家之间进行转移。

　　2.海域生物资源的所有权配置

　　如前文所述,生物资源是指那些生存于海水或者海底或者海域特定土质中的各类海洋生命物质及其相关资源形态,包括海洋渔业资源、海洋养殖资源、海洋生物药用资源、海洋生物遗传资源以及海洋生物新材料资源。对于这些海域生物资源,宜设定为国家所有、集体所有、私人所有以及无主物这四层所有权体系。

　　(1)对于重要的海域生物资源,宜确认为国家所有。

　　重要的海域生物资源,主要是指珍贵、濒危的海域野生动植物资源,以及具有重要生态、科学和社会价值的海域野生动植物资源。野生动植物资源应从广义上理解,即成为国家所有权客体的海域生物资源,除了应包括这些野生动植物的生命个体及其产品(野生动物的任何部分及其衍生物)外,还应该包括生命个体所蕴含的基因遗传资源。这类动植物资源最主要的意义在于其特殊的生态与社会价值。这种特殊生态与社会价值决定了其具有强烈的公益性。只有实行国家所有,才能最大限度地从国家层面通过国家机制与力量来实现其社会公益的目的。对于私人所有者而言,他们考虑的将是如何利用资源为自己带来更多的经济上之利益,而较少考虑这种资源的生态性。同时,这类动植物资源实行国家所有能够有效防止"生物海盗",是阻止生物资源流失的有力保障机制。

　　值得注意的是,我国《物权法》并没有进一步明确哪些野生动物资源属于国家所有,而只能依据其他相关的法律规定来确认。[①] 根据《野生动物保护法》第2条和第3条的规定,属于国家所有的野生动物资源,主要是指珍贵、濒危的陆生、水生野生动物和有重要生态、科学、社会价值的陆生野生动物,包括野生动物的整体(含卵、蛋)、部分及其衍生物。[②]《野生植物保护条例》第2条规定:"野生植物,是指原生地天然生长的珍贵植物和原生地天然生长并具有重要经济、科学研究、文化价值的濒危、稀有植物。"显然,《野生动物保护法》将

---

　　① 详见《物权法》第49条。

　　② 《水生野生动物保护实施条例》《陆生野生动物保护实施条例》也有相同的规范内容。

野生动物区分为陆生与水生。陆生野生动物包括珍贵、濒危的野生动物,以及有重要生态、科学、社会价值的野生动物两大类,但是水生野生动物仅是珍贵、濒危的野生动物,而不包括"有重要生态、科学、社会价值的野生动物"。而野生植物仅针对"珍贵、濒危"。窃以为,这样的立法是不可取的。因为有很多水生野生动植物不一定珍贵、濒危,却具有"重要生态、科学、社会价值"。我们的立法有意忽视这一大类野生动物与野生植物,容易导致陆生与水生野生动物法律地位上的失衡,也容易导致国家所有权客体结构的缺失。所以,比较可取的立法态度就是修正《野生动物保护法》《野生植物保护条例》或者《物权法》等相关法律规范,将"有重要生态、科学、社会价值"的野生动物以及野生植物资源纳入规范,并确认为国家所有。

对于具体哪些海域的野生动植物资源确认为国家所有,宜参照我国相关行政主管部门公布的《野生动植物保护名录》来确认。① 比如,斑海豹、小须鲸、塞鲸、长须鲸、长吻真海豚、里氏海豚、伪虎鲸、糙齿海豚、瓶鼻海豚、抹香鲸、柏氏中喙鲸、三线闭壳龟、绿海龟、玳瑁、丽龟、棱皮龟、山瑞鳖、大鲵、黄唇鱼、克氏海马鱼、胭脂鱼、花鳗鲡、文昌鱼、虎斑宝贝、唐冠螺等水生野生动物应确认为国家所有。因为这些属于国家所有的海域生物资源,对于国家或者社会公众而言,其所具有的价值存在较大差异。所以,我国宜确认特别珍贵、濒危的野生动植物资源专属于国家所有,不得转移。对于其他的野生动植物资源,如仅具有重要的生态、科学和社会价值的野生动植物资源,其所有权不具有专属性,也即得以市场或者其他合法的方式转移至其他民事主体手中。具有专属性的野生动植物资源,宜以相关的法律规范性文件进行确认。

(2)对于生长栖息于集体所有的沿海滩涂的野生动植物资源,宜确认为集体所有。

如前文所述,部分的沿海滩涂应当确认为集体所有。所以,对于那些生存栖息于集体所有的沿海滩涂,且非属于国家所有的野生动植物资源的所有权

---

① 《野生动物保护法》第 10 条规定:"国家对珍贵、濒危的野生动物实行重点保护。国家重点保护的野生动物分为一级保护野生动物和二级保护野生动物。国家重点保护野生动物名录,由国务院野生动物保护主管部门组织科学评估后制定,并每五年根据评估情况确定对名录进行调整。国家重点保护野生动物名录报国务院批准公布。地方重点保护野生动物,是指国家重点保护野生动物以外,由省、自治区、直辖市重点保护的野生动物。地方重点保护野生动物名录,由省、自治区、直辖市人民政府组织科学评估后制定、调整并公布。有重要生态、科学、社会价值的陆生野生动物名录,由国务院野生动物保护主管部门组织科学评估后制定、调整并公布。"《野生植物保护条例》第 10 条也有类似的规定。

归集体所有。作出如此设定,也是有相应的法律参考依据的。比如,《宪法》第9 条以及《森林法》第 3 条确认森林资源属于国家或者集体所有,而《森林法实施条例》第 2 条第 2 款规定:"森林资源包括……依托森林、林木、林地生存的野生动物……"这就意味着生存栖息于集体所有的森林的野生动物资源应该归属于集体所有。

对于集体组织所有的这些沿海滩涂的野生动植物资源所有权而言,其不具有专属性,即得因各种法律事由而发生所有权的转移。比如,这类集体组织所有的沿海滩涂野生动植物资源,若因生物自然迁徙或者移动而脱离集体组织所有的沿海滩涂时,集体组织即失去对该类野生动植物资源的所有权。然而一旦那些不具有国家专属性的野生动植物资源,因潮汐、水流等自然因素而进入集体组织所有的沿海滩涂时,这些资源就"自然地"成为集体所有权的客体。

(3)私人所有的海域生物资源

私人所有的海域生物资源,主要是指以下情形:对于通过合法驯化、养殖、繁殖的海域生物资源,比如在海域养殖的各种鱼、虾类、贝类;通过合法捕捞狩猎而获得的海域生物资源;通过有偿受让或赠与方式而获得的海域生物资源;通过先占而取得的无主海域生物资源。

或许有人会有这样的疑问:国家所有不是具有专属性吗? 既然国家专属所有,就意味着国家所有或者集体所有的海域生物(野生动植物)资源只能成为国家所有权的客体,怎么可以通过合法的捕捞狩猎而成为私人所有? 实际上,这种对国家所有权专属性的认识是个"以偏概全"的误解。国家专属财产与国家所有权并不是等同概念。这也就是说,不是所有的国家所有权客体都属于国家专属财产。只有某些具有特殊价值的财产才可能成为国家的专属财产。所以,国家对于那些非专属性的所有权客体,是可以通过让渡等形式而转移这些客体的所有权的。那么,颇有疑问的是:"捕捞狩猎"是一种让渡所有权的形式吗? 笔者认为,尽管"捕捞狩猎"本身是一种行为,但是只要这种"捕捞狩猎"行为获得国家的"合法"授权或者准许,即可视为国家同意通过这种行为而导致"捕捞狩猎"对象所有权的转移。这种同意的意思表示可类比于"赠与"或者"买卖"。

(4)作为无主物的海域生物资源

对于不属于国家、集体组织或者私人所有的海域生物资源,宜确认为无主物。这些无主物的范围应采取反向推定的方式来确认,即那些未列入国家保护名录的海域生物资源,不是生存栖息于集体组织特定沿海滩涂区域的海域生物资源,不是私人养殖驯化的海域生物资源,都应该确认为无主物。此外,对国家、集体或私人以明示方式明确放弃所有权的海域生物资源,也应当确认为无主物。对于这些无主物,允许民事主体通过先占方式而取得所有权。

3.海域矿产能源资源以及海水海洋化工资源的所有权配置

我国《宪法》第 9 条、《物权法》第 46 条、《矿产资源法》第 3 条以及《水法》第 3 条均以不同的形式确认:矿产资源以及水资源属于国家所有。① 显然,这里的矿产资源与水资源应当包括我国享有主权的内水以及领海所涉的矿产资源与海水资源。② 因为海水化学资源、海盐资源都是溶于海水,且通常都是以海水的形态来呈现的,而海洋能源资源都是通过海水的变动来实现其能源价值的,所以这里的海水资源的所有权,应当涵括海水所蕴含的化学资源、海盐资源以及海洋能资源。

考虑到这类资源利用的便捷性,以及进一步开发利用的重要性,我们宜确认这些资源所有权不具有专属性,即得以各种合法方式转移所有权。比如,海水的淡化须采集海水;经淡化之后,对应的海水所有权得发生转移。

4.海域资源的用益物权配置

在现代社会,所有权人并不一定能够对其享有所有权的物进行价值最大化利用,同时,也并非所有的所有权人都愿意承担对物进行最大化利用而可能存在的操劳与风险。而通过创设用益物权的方式将其物交付给他人进行价值最大化利用,并使得自己从中谋取利益,成为人们对物利用非常重要的一种渠道与模式。作为一项他物权,用益物权是以使用、收益为目的的定限物权,是从所有权而派生出来的一项权利束。自 20 世纪肇端以来,尤其是第二次世界大战结束以后,各国的用益物权立法,俱特别注重用益物权人的法律地位的安定,注重用益物权人利益的保护以及提升用益物权人的法律地位等。③ 这是因为用益物权是一种以利用为本位的制度,具有促进社会财富充分利用的制度效能。

---

① 《矿产资源法》第 3 条规定:"矿产资源属于国家所有……地表或者地下的矿产资源的国家所有权,不因其所依附的土地的所有权或者使用权的不同而改变。"《水法》第 3 条规定:"水资源(包括地表水和地下水)属于国家所有……农村集体经济组织的水塘和由农村集体经济组织修建管理的水库中的水,归各该农村集体经济组织使用。"

② 《矿产资源法》第 2 条规定:"在中华人民共和国领域及管辖海域勘查、开采矿产资源,必须遵守本法。"《水法》第 2 条规定:"在中华人民共和国领域内开发、利用、节约、保护、管理水资源,防治水害,适用本法。本法所称水资源,包括地表水和地下水。"

③ 梁慧星、陈华彬:《物权法》,法律出版社 2007 年第 4 版,第 257 页。

借鉴用益物权的权利建构思路,我们可以在海域资源所有权的基础上,创设海域资源用益物权。海域资源用益物权是以对海域资源的使用、收益为主要内容,即注重对海域资源的使用价值,并以对海域资源的占有为前提。在这一思路下,我们立法宜明确规定:海域资源用益物权可完全私有。海域资源用益物权的私有化配置说明,海域资源一旦创设海域资源用益物权,那么,它就与所有权相分离,成为一项独立性权利,能够被权利主体进行转让、置换、赠与等方式进行处分。因为海域资源涉及海域空间资源(即海域底土等)的使用与收益问题,也涉及海域所蕴含矿产资源的开发利用问题,还涉及海域渔业的养殖与捕捞问题等。这就意味着海域资源用益物权的创设,必须与海域资源的形态以及所有权的类型相契合。

在逻辑结构上,对于海域空间资源的用益物权建制,我们可以有这样的分析:陆地所有权——陆地使用权——(陆地)建设用地使用权、宅基地使用权、土地承包经营权、地役权、(陆地)取水权;海域所有权——海域使用权——(海域)建设用地使用权、(海域)承包经营权、(海域)地役权等。渔业权、矿业权尽管与海域紧密关联,但不属于海域空间资源的用益物权范畴。在这里,(海域)建设用地使用权主要是指在海域的地表或者地下建设建筑物或其他工作物的权利,这主要是针对那些工业、商业目的的海域用地建设建筑物的问题,如旅游娱乐用海等。(海域)宅基地使用权主要是指属于集体所有的沿海滩涂的地表或者地下建设农村住宅及其他附属设施的权利;当然,国家所有的海域,也同样可以创设(海域)宅基地使用权。(海域)承包经营权主要是指基于种植业、林业、畜牧业、渔业生产或其他生产经营项目的,而承包经营海域的权利。

对于涉海域的非空间资源的用益物权建制,大致沿用我国现行立法的基本体系,即对应的海域探矿权、海域采矿权、海域取水权、海域渔业权(在特定海域从事捕捞的权利)。与海域承包经营权相区分,海域渔业权仅针对水生野生动植物资源的捕捞,而不包括在特定海域从事养殖、种植等海域的利用行为;(海域)承包经营权主要是针对人工养殖的海域动植物资源。此外,还应当针对海域生物资源、能源资源等形态,创设海域娱乐权、海域取能权等用益物权。海域娱乐权意指海域用益物权人对特定的海域风光、海域生物资源(如水下珊瑚礁、水下鱼群等)为对象,在不破坏特定地质地貌以及生物资源生存空间、生存习性的基础上进行参观与娱乐的权利。这一权利允许用益物权人将特定的海域风光或者海域生物资源向社会开放,并以适当的价格进行营利性经营。海域取能权是指用益物权人得以利用海域潮汐能、波浪能、潮流能、温差能和盐差能,并通过这些能源的转化与利用获得利益。在法律性质上,可以参考借鉴日本以及我国台湾地区相关法律的规定,将相关的用益物权确认为不动产物权或者准用不动产物权的相关规定。①

在我国当前的法律体系下,与海域资源直接有关的"他物权"或者"准物权",包括"海域使用权""渔业权""采矿权""探矿权""取水权"等。在笔者看来,我国现有法律框架下的"海域使用权"这一术语并不妥适。因为这一术语很容易让人产生错觉,误以为该术语直接涵括海域所有的用益物权。从严谨性考虑,我国宜创设一种新的术语来涵盖原来海域使用权所涵括的相关权利内容。在海域资源用益物权的架构中,我们必须重新梳理这些"海域使用权""渔业权""采矿权""探矿权""取水权"在"海域资源用益物权"的位阶与逻辑关系。②

对于笔者主张的上述用益物权配置方案,或许有人会有这样的疑问:一定要进行用益物权建制吗?是否有更妥适的方案?动产能创设用益物权吗?比如,有学者认为,海域资源所有权可进行委托行使,即形成海域资源的经营权。这种海域资源的经营权应该是一种独立的权利配置模式。海域资源"国家所有权的运行是指在自然资源的开发利用和保护中,自然资源国家所有权中的主要权利关系依次展开、流转并最终实现自然资源所有权根本目标和功能的全过程"。相应地,在海域资源国家所有权运行过程中,财产客体——海域资源的物质形态也经历了从自然状态到对资源性产品的变化。随着对海域资源开发、利用的推进,关于海域资源的权利关系也会随之流转。根据市场经济条件下海域资源国家所有权的产权特征和我国海域资源开发利用的制度实践,可以对海域资源国家所有权运行中的产权关系进行更加具体的分析:私权含义上自然资源国家所有权在运行中的权利关系包括所有权(狭义)的经济实现、使用权的分配、使用权的实际行使。习惯上称之为开发经营权。公权含义上海域资源国家所有权作为一种国家公共产权,服从于社会公共利益的需要,而不进入市场过程。这样,以海域资源国家所有权运行过程为基础,海域资源国家所有权关系可以细分为海域资源所有权(狭义)的经济实现、使用权的配置、经营权的运作、国家对海域资源所有权的管理四种具体形态。③

---

① 日本《渔业法》第 7 条规定:"渔业权视为物权,准用土地有关的规定。"我国台湾地区"渔业法"第 20 条规定:"渔业权视为物权,除本法规定者外,准用民法关于不动产物权之规定。"

② 后文将进一步详细阐述。

③ 董金明:《论自然资源产权的效率与公平——以自然自然资源国家所有权的运行为分析基础》,载《经济纵横》2013 年第 4 期,第 9~10 页。

必须承认的是,在坚持海域重要资源国家所有或者集体所有的前提下,如何更好、更有效、更充分地利用海域资源的价值,在制度建构方面并非只有"用益物权"这种模式,我们确实可以有很多的选择。比如,可以设定为"准物权""特许物权",甚至是独立于物权法体系的"环境权""资源权"等。① 但笔者以为,在我国《物权法》体系相对完备,且该体系能够有效解决我们在海域资源市场化利用方面的相关问题时,去创造一种全新的权利体系或者制度模式并不可取。

对于前述学者所主张的"委托行使权利",实际上与笔者主张的用益物权模式并无实质性差异。海域资源所有权在进行委托行使之后形成的所谓经营权,实际上就是将其归属状态的确认,与海域资源所有权中"占有、使用、收益"权能的行使进行理论解构,其目标以及本旨都是为了解决我国国有企业在涉及海域资源的实际经营行为方面所面临的逻辑与理论困局。但这在本质上仍然是一种"所有权与使用收益权分割"的逻辑,这也完全与"所有权——用益物权"的思路相同。所以,我们没有必要在法律机制上单独去创设一种所谓的"海域资源经营权";以"用益物权"的思路已经可以解决海域资源市场化配置中的理论困局。

在传统的用益物权理论中,用益物权一般都是以不动产为客体,而动产必须与不动产结合在一起才能成为用益物权的客体。然而,大陆法系主要民法典,如《法国民法典》第 581 条、《德国民法典》第 1031 条和第 1032 条、《瑞士民法典》第 745 条等均明确用益物权可适用于动产。② 我国《物权法》第 117 条实际上也明确规定用益物权得在动产设立。所以,在动产上设定用益物权,并不存在任何的法律障碍。

5. 物权客体与海域资源客体化

某一自然物或者拟制物要成为物权客体,需要满足特定的条件。王泽鉴教授认为物权法的物为"除人之身体外,凡能为人力所支配,独立满足人类社会生活需要的有体物及自然力而言"。③ 王利明教授指出:作为物权客体的物,必须是存在于人身之外,能够为人力所支配,并且能满足人类某种需要的

---

　　① 相关观点的介绍,可参见黄萍:《自然资源使用权制度研究》,上海社会科学院出版社 2013 年版,第 1～8 页。

　　② 黄萍:《自然资源使用权制度研究》,上海社会科学院出版社 2013 年版,第 21 页。

　　③ 王泽鉴:《民法总则》,北京大学出版社 2009 年版,第 168 页。

物体。① "如果物不能特定,则物权支配的对象亦不能确定,从而物权难以存在。"② 谢在全教授认为:"因物权系对物直接支配之权利,故物权之客体必须为现已存在之特定物,是为物权标的物之特定性。""物权客体之独立性,系基于物权对物直接支配之特定而生。"③ 谢哲胜教授认为:"物权是归属性的权利……所以物权的客体即是可得特定的物,是指在法律上客观地确认或得以确定的物","物权客体除需可得特定,也须独立"。④ 总而言之,传统物权客体理论认为,物权客体要件包括有用性(价值性)、可支配性、独立性和特定性。

海域资源是否符合物权客体的这些要件呢? 对于丰富多样的海域资源而言,有用性和可支配性应该是毋庸置疑的。唯独在独立性和特定性方面却颇有疑问。比如,对于潮汐能、波浪能、潮流能、温差能和盐差能等资源,几乎看不见摸不着,如何成为独立物与特定物? 在海域生物资源中,金枪鱼类、鲣鱼类、枪鱼类、旗鱼类、箭鱼类、乌鲂、鲯鳅、秋刀鱼和大洋性鲨鱼等鱼类,都属于高度洄游鱼类以及跨界鱼类。这些鱼类最大的特点就是高度洄游,跨界生存栖息。所谓的跨界,意味着这些鱼类的生存与栖息海域可以跨国界,比如从一国管辖海域游至另一国管辖海域,甚至游至公海海域等。对于这些鱼类资源,如何成就独立性与特定性? 若这些鱼类确认为国家所有,那么,一旦洄游或者跨界栖息,应如何确认所有权的归属呢?

诚然,窠臼于传统的物权客体要件理论,海域资源的物权客体化确实面临着众多法理障碍与种种逻辑困境。但是,如果我们的思路能够稍微进行一些转化,那么,或许就是"柳暗花明又一村"。这种转化或者变革的思路就是:修正物权客体的构成要件,比如,将独立性观念化、将支配性价值化等。这也就是说,我们应该对物权客体的独立性、特定性等要件,在一定程度上进行弹性把握,"可以通过空间上明确的范围、定量化、特定的地域、特定的期限等方面"确定物权客体的独立性与特定性。⑤ 谢在全教授曾深刻地指出:所谓独立物,

---

① 王利明:《物权法论》,中国政法大学出版社 2003 年版,第 27 页。

② 王利明:《物权法研究》,中国人民大学出版社 2002 年版,第 7 页。

③ 谢在全:《民法物权论(上)》,台北新学林出版股份有限公司 2010 年修订五版,第 16 页。

④ 谢哲胜:《民法物权》,台北三民书局 2010 年增订三版,第 64~65 页。

⑤ 龙翼飞、吴国刚:《海域物权的法律属性研究及立法模式选择》,载《政法论丛》2008 年第 2 期,第 67 页。

指依社会经济上之观念,此物与彼物可依人为划分,而独立存在者而言。^① 谢哲胜教授也指出:"物理上的物和法律上交易客体的物有时并不呈现对等关系,如坚持一物一权主义,则物理上的物都当做一物……有时并不符合社会常情。"所以,对物权客体必须作新的认识,必须重视经济利用上的独立性、区分的可能性以及交易习惯等因素。^②

在海域资源的物权客体化方面,我们必须有这样的认识,即"宪法上的所有权意味着一种资格,一种获得财产的可能性,它针对的是处于一国主权下抽象的一切资源,而非具体的、特定的物"。^③ 物权制度具有强烈的民族性和地域性,必须紧贴我们的社会生活,而不能完全依靠纯粹的法理分析和逻辑推演,否则容易陷入自我论证的困境。^④ 将海域资源物权客体化,从国家利益的维护角度来说,也具有重要的制度价值。因为这样的立法可以使得我们在处理涉及海域资源的国际争议时获得主动性以及制度性支撑。

其实,从我国的立法实践来看,我国已经多次将与海域资源性质相似或者相同的自然资源进行了物权客体化配置,比如,将水资源、无线电频谱资源认定为民法上的物,并配置所有权结构;将天然气、电力等纳入物权法的调整范围。这也进一步表明:海域资源的所有权客体化,不仅在理论上是可行的,在实践中也是可以操作的。

所以,对于潮汐能、波浪能、潮流能、温差能和盐差能等资源,参照天然气与电力的物权建制。对于属于国家所有且具有高度洄游或跨界生存栖息的鱼类,仍然确认为国家所有。若这些鱼类已经经游至公海或者其他国家的管辖海域,我国可以不主张所有权或者以明确的意思表示放弃对这些鱼类的所有权。不主张所有权与将这些鱼类确认为无主物,属于不同层次的范畴,不得将两者混淆。^⑤

---

① 谢在全:《民法物权论(上)》,台北新学林出版股份有限公司 2010 年修订五版,第16 页。

② 谢哲胜:《民法物权》,台北三民书局 2010 年增订三版,第 64 页。

③ 徐涤宇:《所有权的类型及其立法结构》,载《中外法学》2006 年第 1 期,第 46 页。

④ 税兵:《从"事实之物"到"民法之物"——海域物权的形成机理及规范解读》,载《法商研究》2008 年第 5 期,第 9 页。

⑤ 我国台湾学者黄异教授认为:鱼在国际法上非无主物,却是国家管辖的对象。在国内法上,与为无主物,得经由先占而成为所有物。黄异:《海洋与法律》,台北新学林出版股份有限公司 2010 年版,第 198 页。笔者以为,将部分海洋生物资源确认为无主物是可取的,但是不宜将全部的海域生物资源均确认为无主物。

二、海域资源市场流转方式

(一)海域资源市场流转的含义与意义

1.海域资源市场流转的基本内涵

流转是物尽其用的内在要求。作为"物",无论是动产还是不动产,只有充分发挥其效用,最大限度地利用其价值,才能做到物尽其用,更好地满足人们的生产和生活需要。由于物为不同的主体所占有和使用,而不同的主体受自身学识、经历、能力等诸多因素的影响与制约,对物的利用能力、利用效率以及对物利用的主观积极性并不相同。因此,从经济学的角度来看,物必须由最能发挥其效用的主体来利用才符合其内在属性的要求;①物必须流转起来,流转到更能发挥其效用的人的手中,才能实现物尽其用。

作为现代民法上的物,海域资源及其产权化的内在属性要求其流转。海域资源的市场流转,是指海域资源的所有权或者用益物权在不同民事主体间的转移和变动,即海域资源所有权或者用益物权从一民事主体转移到另一民事主体的过程。这一过程是以海域资源所有权或者海域资源用益物权为主要交易对象,旨在于促进市场机制在提高海域资源开发利用效率以及保障海洋产业可持续发展方面发挥基础性调节作用。

值得注意的是,海域资源的市场流转不能脱离海域资源的行政监管,也不能以经济效益最大化作为最高目标或者唯一的目标。换言之,海域资源的市场流转不能忽略了海域资源的公共属性。政府在保障海域资源市场流转的市场特质的前提下,应当积极行使监管职能,充分维护或者诠释海域资源的公益性与公共性。

如前文所述,对于海域资源的初始产权配置模式,我国宜针对海域资源的类型与特质实行多样性的所有权配置;对重要的海域资源实行国家所有制度或者集体所有制度;在海域资源所有权的基础上,创设海域资源用益物权,包括在国家所有权的基础上创设用益物权,也包括在集体组织所有的海域资源创设用益物权,甚至包括在私人所有的海域资源创设用益物权。这就意味着海域资源的市场流转,应当包括海域资源所有的流转形式,即应当包括所有权在不同主体之间的流转,如从国家所有转移至私人所有,也应当包括自海洋资

---

① 张惠荣:《海域使用权属管理与执法对策》,海洋出版社2009年版,第30页。

源所有权衍生创设用益物权或者担保物权,以及同一用益物权在不同的民事主体之间流转等。

在我国土地资源以及海域使用权的市场化实践中,存在着一级市场与二级市场的概念。所谓一级市场,就是指国家所有权创设用益物权的过程,也就是从国家这一特殊的民事主体所享有的所有权,以合法的形式创设用益物权给普通民事主体的过程;二级市场是指民事主体自国家获得相应用益物权之后而将该用益物权作为交易标的,将其以市场的方式转移给其他民事主体的过程。① 参照这一实践模式,海域资源市场流转同样也可以区分为一级市场与二级市场。一级市场是以国家所有为源头的流转方式,包括行政审批、招标、拍卖、挂牌交易等;二级市场主要是指集体组织与国家之间、集体组织与普通民事主体之间以及普通民事主体与普通民事主体之间的流转,包括买卖、继承、出租、抵押等。

2.海域资源市场流转的意义

物尽其用,是海域资源市场流转的最初意义。然而,海域资源市场流转的意义绝非简单如此。不论是对于投资者利益的维护,还是对于我国市场经济体制的健全,甚至是我国国家利益的维护,海域资源的市场流转均具有重要的意义。

第一,海域资源市场流转有利于真正维护和实现海域资源使用者或者投资者的经济自主权与用海权益。在我国计划经济条件下,海域资源使用者或者投资者作为独立的商品生产者的权益常常难以得到充分的尊重和保障。按照市场机制构建海域资源所有权及用益物权的流转制度,允许海域资源所有权或者用益物权在等价交换的基础上自由流转,海域资源使用者或者投资者就可根据自身能力、海域生产力要素状况、海域市场以及相关海产品市场的供求情况,自主地作出缩小或者扩大用海生产经营规模的决策。海域资源使用者或者投资者既可以选择将自己手中的海域资源所有权或者用益物权部分或全部流转出去,也可以在已有用海的基础上从海域市场再行购买海域资源所有权或者用益物权,进行集约化生产和规模化经营,海域使用者或者投资者的经济自主权便得到了真正落实。② 静态权利和财产的拥有只是一种事实状

---

① 有关一级市场、二级市场的论述,参见刘春香等:《宁波市海域使用权市场流转体系研究》,浙江大学出版社 2017 年版,第 184、195 页。

② 汤建鸣、李荣军:《构建海域使用权流转机制初探》,载《海洋开发与管理》2010 年第 7 期,第 8 页。

态,但这种事实状态不一定能够直接为使用者或者投资者带来切切实实的效益。只有权利流转起来,财产能够变现,权利和财产拥有者的权益才能够真正实现。海域使用者或者投资者手中的海域资源所有权或者用益物权的价值的实现,除了靠自己经营和使用,更可以通过转让、出租、抵押等各种方式来完成。如果允许海域资源所有权或者用益物权以转让、出租、抵押等各种方式流转,他们所拥有的海域资源所有权或者用益物权的市场价值及其自身的用海权益就能得到真正实现,就不会出现实践中大多数海域资源使用者或者投资者虽取得了海域资源用所有权或者益物权,却难以海域资源所有权或者用益物权进行抵押融资的现象。

第二,海域资源市场化流转有利于克服"政府失灵",提高海域资源的开发利用效率,实现海域资源的优化配置。由于"市场失灵",政府要进行干预予以矫正,以实现海域资源配置的最优化,但政府不是万能的,有时也会"失灵",政府的缺陷至少和市场一样严重。长期以来,我国海域资源的开发利用效率都不高,海域资源浪费现象严重,这与我国行政主管部门对海洋资源权属管理不当不无关系。在实践中,政府常常扮演着海洋资源所有权人、管理者和经营者的多重角色,其后果不仅是海洋资源开发利用的无效或低效,而且还易引发政府寻租行为,滋生腐败。对于政府失灵的补救,美国经济学家布坎南给出的两个基本思路是宪法和法律制度改革以及市场化改革,后者又主要包括明晰和界定公共物品——公有地、公共物品的产权,在公共部门之间引入竞争机制,重构政府官员的激励机制,按照市场经济原则来组织公共物品的生产和供应等方面。根据布坎南的观点,要实现海域资源的优化配置,首先要通过法律来明确规定和界定海域资源的权利配置体系;其次要按照市场经济原则来构建其流转机制,允许海域资源通过市场自由流转,市场将自行对其进行配置,确保其最终流向高效率的使用者。当然,我们也不能不防"市场失灵",我国的海域资源市场化配置还必须在政府的宏观调控下进行,可通过市场准入、海洋功能区划和相关海域使用规划等手段来对海域资源流转进行引导,从而达到充分、高效地利用海域资源的目的。

第三,海域资源市场化流转有利于保护海域生态环境。实现海域资源的自由流转,能增强海域使用者保护海洋生态环境的意识,这是因为良好的海域生态有助于提高海域资源的市场价值。同时,在政府行政监管下,海域资源的市场流转并不是毫无规则的无序、混乱地流转,无论其最终流向何人手中,获得海域资源的海域使用者对该海域的使用都必须要符合海洋功能区划和相关规划并注意保护海洋生态环境。海域使用者如果不注意保护海洋生态环境,降低海域生产力,不仅会给自己的开发生产造成危害,减少收益,又会因海域价值降低导致手中的海域资源难以流转出去,还要负担海域使用的相关成本和相关部门的行政处罚。这就会促使海洋开发者积极保护海洋生态环境,以达到经济效益与生态环境效益的统一。

第四,海域资源市场流转有利于提高海洋产业的经济效益。随着海洋经济的深入发展,海洋新兴产业渐次出现。海洋的开发管理不再局限于传统的渔业、盐业、矿业、港口、海洋运输业,海洋高技术装备业、海洋生物育种业、海水综合利用等新兴产业逐渐成为海洋产业的重要组成部分。[①] 作为充满创造力的"无形之手",市场能够以丰富的想象力与创造性,为海洋传统产业以及新兴产业的发展创造新的增长点,提高海洋产业的经济效益与社会效益。

第五,海域资源的市场流转有利于维护国家利益。鉴于海域资源的丰富性及其重要价值,海域资源是各国争端的重要议题。早期争端,如美国与墨西哥因"安娜号"渔船而发生的争议;近期争端,如我国与菲律宾就南海仲裁而发生的争议。这些争议的出现固然有着深刻的历史原因,但也与各国的立法实践以及权利主张不同有关。海域资源的市场化流转是以海域资源的确认以及权属配置为前提的。比如,海域资源的市场化流转需要国内法以法律文件的形式确认海域的范围及其法律地位,确认海域资源,如油气资源、矿产资源的归属等。这种法律文件的确认,将能够为我国处理有关海域资源争端提供有力的法律文本支撑。

(二)海域资源市场流转的基本原则

海域资源市场流转的基本原则,是指海域资源在市场流转过程中应当遵循的基本规则。这些基本原则应当反映海域资源市场流转的根本属性,以及社会发展的趋势与要求。这些基本原则的主要功能在于指导与约束,即对海域资源市场流转的立法活动以及市场主体的市场行为进行指导与约束。

因海域资源市场流转在本质上是一种民事活动,故我国《民法总则》等确立的基本原则,如平等原则、意思自治原则、诚实信用原则、公序良俗原则等,仍应适用于海域资源的市场流转过程。

在坚持民事法律基本原则的基础上,海域资源市场流转还应当坚持以下几项特殊原则:

---

① 杨林、陈书全:《海域资源市场化配置的方式选择与制度推进》,经济科学出版社2013年版,第33~34页。

1.国家利益原则

在绝对主权视阈中,国家是最高的本源,国家主权至高无上,国家利益是国家行为的最高目标,也是国家行为的出发点和归宿。这也就是说,国家利益是决定国家政策与行动的基本动因。在国际关系中,国家利益是影响国际关系的核心因素,也是国家间关系最基本的驱动因素。国家利益的重要性是不言而喻的。

海域资源及其市场流转具有特殊性。这种特殊性不仅表现在国与国之间常常就海域空间范围存在重要争议,也表现在国与国之间就海域所蕴含的各种丰富的矿产资源、生物资源、文化资源等资源形态的归属存在着重大争议。这就意味着我们在海洋资源的市场流转过程中,必须坚持国家利益,不能因为市场流转而损坏国家利益。比如,在海域空间资源的所有权方面,我们必须坚持国家所有;对用益物权的流转,应适当限制外国民事主体的准入。

值得注意的是,国家利益原则区别于公共利益原则。我国《民法总则》所确定的"公序良俗原则"就是公共利益原则的一种表现形式。公共利益原则更关注具体民事行为的价值判断,而国家利益则更强调国家作为一个组织机构的行为价值判断。在我们国家,公共利益与国家利益常常是相一致的。

2.绿色与可持续发展原则

如前文所述,绿色与可持续发展已经成为世界性共识。许多国家逐步将绿色与可持续发展理念贯彻并融入于自己的公共政策、产业政策以及法律文件中。作为自然资源的开发与利用方式,海域资源的市场流转与海洋生态系统的平衡性以及海洋产业的健康发展的关联尤其密切。这就意味着我们既要充分发挥海域资源的经济价值,积极利用海域资源,最大限度地满足人们对海域资源的多样性需求,促进经济发展以及社会文明进步,又要尊重海域资源的内在生态规律特性,注意海域资源的生态保护,促进生态文明与生态效益,保障海洋产业的可持续发展。

3.尊重市场规律原则

海域资源的市场化配置往往会涉及国家利益保护或者国家所有权的行使,这就意味着海域资源的市场化配置始终都贯穿着国家行政力量。我国《海域使用管理法》等涉及海域资源及其权利配置的法律法规带有着强烈的行政法色彩就是明证。但是,我们必须清楚地认识到,海域资源市场化配置的根本目的在于充分发挥市场机制在海域资源开发利用方面的积极能动性,所以政府必须在海域资源市场流转过程中明确自己的定位与角色,充分尊重市场的内在运作规律与市场本质,不得随意或过度干预海域资源的市场流转。在涉及行政管理行为过程中,政府必须坚持公正公开原则,实行"阳光政策",避免政府不当因素而影响市场交易结果;在法律限定的条件之外,不得歧视任何的市场主体以及市场行为;禁止政府介入市场的不正当竞争行为。

(三)海域资源一级市场及其流转方式

1.海域资源一级市场含义及其特征

如前文所述,所谓海域资源一级市场,是指以国家所有为源头的海域资源流转方式。简单地说,就是国家将其享有所有权的海域资源转移给其他民事主体享有(即发生所有权的变动),或者国家依法将其享有所有权的海域资源创设用益物权给其他民事主体(即创设用益物权,但所有权不发生转移),而该民事主体以支付相关税费为代价,获得对应海域资源所有权或者用益物权的过程。

从国家的角度来看,一级市场就是国家如何将其享有所有权的海域资源,以权属变更或者权能分割等方式转移给其他民事主体,以物尽其用。从其他民事主体角度来看,一级市场就是如何从国家取得海域资源所有权或者用益物权的场域。一级市场的如是设定,意味着在这一流转过程中的出让主体是特定的,即只能是国家,而不能是其他民事主体。基于市场的本质,尽管出让主体是国家,但是出让主体与受让主体在市场流转过程中的法律地位应当是平等的。

在性质上,国家转移海域资源所有权给其他民事主体,可认定为继受取得;而国家基于其所有权而创设海域资源用益物权的过程,可认定为原始取得。因用益物权属于定限物权,故其他民事主体取得海域资源用益物权通常都是有期限性的。为了保障海域资源使用者或者投资者的利益,用益物权的期限不宜过短。我国《海域使用管理法》第25条规定,海域空间资源设定用益物权的,其最高期限分别为:"(一)养殖用海十五年;(二)拆船用海二十年;(三)旅游、娱乐用海二十五年;(四)盐业、矿业用海三十年;(五)公益事业用海四十年;(六)港口、修造船厂等建设工程用海五十年。"相比于《物权法》《土地管理法》《国有土地使用权出让和转让暂行条例》等法律法规所设定的用益物权期限,《海域使用管理法》确定的期限显然过短。[①]

值得注意的是,国家转移海域资源所有权给其他民事主体,只能针对那些在所有权性质上不具有专属性的海域资源,而创设海域资源用益物权则不受此限。这也就是说,国家得以在其所有享有所有权的海域资源创设用益物权,而不论该海域资源所有权是否具有专属性。当然,从市场角度需求角度来看,创设用益物权的海域资源,主要是那些在所有权性质上具有国家专属特质的海域资源。

2.海域资源一级市场的限定性

海域资源一级市场的限定性,是指一级市场的准入条件,以及对市场主体的规范使用海域资源、保护海域生态等法律义务的设定。

设定市场准入条件的目的在于保证海域资源的受让主体能够具备较为完备的海域资源使用能力以及相关责任的承担能力,具备较为良好的社会信用评价。这是对海域资源生态系统平衡的一种维系手段与方式,也是一种事前预防措施。如果不对市场主体准入设定条件,确实有可能会促进市场的竞争,但是发生滥用海域资源、破坏海域资源生态系统平衡的风险就会增多。或许有人会说,一旦发生滥用与破坏的行为时,我们可以通过事后补救进行生态恢复与责任追究。但是这种事后补救的措施常常是低效率的,而且有些海域资源生态系统在遭受破坏之后是不可逆转的。所以,在海域资源生态系统平衡以及可持续发展前,在完全不设任何准入条件的市场自由,与适当限制市场自由的市场准入之间,后者应该是我们的优先选项。

规范使用海域资源、保护海滩生态的义务设定,实际上就是绿色与可持续发展原则的践行,也是市场准入本旨的延伸。

对于海域资源市场流转的准入以及规范用海等问题,我国相关的法律法规已经有所涉及。比如,《行政许可法》第12条规定:"下列事项可以设定行政许可:(一)直接涉及国家安全、公共安全、经济宏观调控、生态环境保护以及直接关系人身健康、生命财产安全等特定活动,需要按照法定条件予以批准的事项;(二)有限自然资源开发利用、公共资源配置以及直接关系公共利益的特定

---

① 比如,《物权法》第126条规定:"耕地的承包期为三十年。草地的承包期为三十年至五十年。林地的承包期为三十年至七十年。"《国有土地使用权出让和转让暂行条例》第12条规定,按照土地的不同用途,土地使用权出让的最高年限为:(1)居住用地70年;(2)工业用地50年;(3)教育、科技、文化、卫生、体育用地50年;(4)商业、旅游、娱乐用地40年;(5)综合或者其他用地50年。对于进一步的修改意见,后文将详细阐述。

行业的市场准入等,需要赋予特定权利的事项;(三)提供公众服务并且直接关系公共利益的职业、行业,需要确定具备特殊信誉、特殊条件或者特殊技能等资格、资质的事项;(四)直接关系公共安全、人身健康、生命财产安全的重要设备、设施、产品、物品,需要按照技术标准、技术规范,通过检验、检测、检疫等方式进行审定的事项;……"显然,海域资源的开发利用涉及"生态环境保护""有限自然开发利用"等事项,甚至可能涉及"公共安全""经济宏观调控""关系人身健康、生命财产安全等特定活动"。所以,《行政许可法》可以作为海域资源市场设定准入条件的法律依据。《海域使用管理法》第 16 条要求海域使用人提交"海域使用论证材料""相关的资信证明材料"以及第 17 条关于"依据海洋功能区划""审核""批准""征求意见"等规范内容,可以在一定程度上认为是对市场准入等方面的规范。[①] 然而,这些规范内容属于原则性、概括性的规定,缺乏明确标准,所以可以断言,"现行法律没有明确规定一级市场主体的具体准入资格"。[②]

3.海域资源一级市场的流转方式

结合我国现行的法律体系以及市场实践,海域资源在一级市场的流转方式因转移标的不同而有所差别。如前文所述,一级市场涵括国家所有权的变更和海域用益物权的创设两种形态。而这两种形态的流转方式会有所差别。就海域资源国家所有权的变更而言,其流转方式包括买卖、赠与、出租、出资入股等形式。就海域资源用益物权的创设而言,主要有行政划拨、行政审批、协议出让、招投标、拍卖、挂牌出让等方式。具体阐述如下:

(1)国家享有所有权的海域资源之买卖与赠与

就海域资源所有权来说,国家得就那些非专属性的海域资源(主要是针对海域生物资源),以买卖或者赠与的方式转移给其他的民事主体。若是买卖,则需要有妥适的市场价格;而赠与则无需相应的对价。基于国家的特殊性考虑,国家只能基于国家利益或者公共利益之需而进行赠与。比如,国家将属于

---

① 《海域使用管理法》第 16 条规定:"单位和个人可以向县级以上人民政府海洋行政主管部门申请使用海域。申请使用海域的,申请人应当提交下列书面材料:(一)海域使用申请书;(二)海域使用论证材料;(三)相关的资信证明材料;(四)法律、法规规定的其他书面材料。"第 17 条规定:"县级以上人民政府海洋行政主管部门依据海洋功能区划,对海域使用申请进行审核,并依照本法和省、自治区、直辖市人民政府的规定,报有批准权的人民政府批准。海洋行政主管部门审核海域使用申请,应当征求同级有关部门的意见。"

② 刘春香等:《宁波市海域使用权市场流转体系研究》,浙江大学出版社 2017 年版,第 185 页。

国家所有的海域生物资源赠与某些社会公益团体,或者作为礼物赠与给外国的有关单位或个人。

(2)国家享有所有权的海域资源之出租

国家享有所有权的海域资源出租,就是指国家将其享有所有权的海域资源以租赁(包括广义的融资租赁)的方式,将海域资源的使用权转移给其他民事主体的过程。

与创设海域资源用益物权相似,在租赁关系下,其他民事主体也获得了海域资源的使用权。但是,其与创设用益物权最大的差别在于:出租系建立债权关系,而创设用益物权系建立物权关系。两者在法律性质及其救济方式等方面都存在着众多差异。

因为租赁不会导致所有权的变更,所以在理论上国家享有所有权的所有海域资源,均可以成为被租赁的对象。比如,国家可以将海域空间资源租赁给特定的民事主体,供这些民事主体开发与利用;国家也可以将其享有所有权的珍贵、濒危野生水生动物租赁给其他民事主体,供其展览或者科研等使用。根据租赁的基本法理,租赁法律关系终止后,承租人需要将租赁物返还给出租人。这就意味着属于消耗物的海域资源不能成为租赁的标的。

(3)国家享有所有权的海域资源之出资入股

在世界范围内,国家作为出资人或者股东,设立国有独资公司或者国有控股公司或者国有参股公司的现象相当普遍。这就意味着国家可以以其享有所有权的海域资源作价出资入股。我国《公司法》对股东出资的规定是:除法律、行政法规规定不得作为出资的财产外,股东可以用货币出资,也可以用实物、知识产权、土地使用权等可以用货币估价并可以依法转让的非货币财产作价出资。所以,只要是能够以货币估价并且能够依法转让的海域资源,国家均可以将其出资入股。值得注意的是,国家以其享有所有权的海域资源出资入股,将导致海域资源所有权的变更,即该海域资源的所有权将转移至所设立的目标公司名下。尽管国有独资公司、国有控股公司或者国有参股公司,其所有者权益均与国家有关,但在民事法律关系中,一旦公司设立,其具有民事主体资格,独立于国家及其行政主管机关。

(4)海域资源用益物权之行政划拨

在传统意义上,行政划拨是针对土地使用权而言,即土地使用者经县级以上人民政府依法批准,在缴纳补偿、安置等费用后所取得的或者无偿取得的没有使用期限限制的国有土地使用权的行为。行政划拨的主要法律依据有:《土地管理法》《城市房地产管理法》《城镇国有土地使用权出让和转让暂行条例》

《划拨土地使用权管理暂行办法》等。比如，国务院于 1990 年 5 月颁布的《城镇国有土地使用权出让和转让暂行条例》第 43 条第 1 款规定："划拨土地使用权是指土地使用者通过各种方式依法无偿取得的土地使用权。前款土地使用者应当依照《中华人民共和国城镇土地使用税暂行条例》的规定缴纳土地使用税,划拨土地使用权没有使用年限的限制。"原国家土地管理局于 1992 年 3 月制定的《划拨土地使用权管理暂行办法》第 2 条规定："划拨土地使用权,是指土地使用者通过除出让土地使用权以外的其他各种方式依法取得的国有土地使用权。"1994 年 7 月颁布的《城市房地产管理法》第 23 条规定："土地使用权划拨,是指县级以上人民政府依法批准,在土地使用者缴纳补偿、安置等费用后将该幅土地交付其使用,或者将土地使用权无偿交付给土地使用者使用的行为。"

根据上述相关规定,行政划拨具有公益性、无偿性、无期限性等特征。公益性是指划拨用地只能基于公益目的。比如,《城市房地产管理法》第 24 条明确只有下列建设用地才可以适用划拨方式取得土地使用权："(1)国家机关用地和军事用地;(二)城市基础设施用地和公益事业用地;(三)国家重点扶持的能源、交通、水利等项目用地;(四)法律、行政法规规定的其他用地。"《土地管理法》第 54 条也有相同的规定。[①] 无偿性是指在划拨行为中,土地使用权直接依政府的行政行为而创设;土地使用权人在交纳征收补偿安置费后即可取得土地使用权,不需要向国家交纳出让金和签订任何合同;只要完成登记,即可以明确土地使用权的范围。无期限性是指土地使用权人以划拨方式获得的土地使用权没有具体的使用期限。

尽管前述法律规定涉及的划拨仅针对陆地,但毫无疑问的是,海域空间资源同样可能涉及"国家机关用地和军事用地,或者城市基础设施用地和公益事业用地,或者国家重点扶持的能源、交通、水利等项目用地"。比如,国家需要重点扶持海洋交通项目或者海洋能源项目,或者海军军事用地等,都可能涉及海域空间资源。而且海域空间资源与陆地一样,基本属于国家所有。所以,海域空间资源应得以划拨方式设立用益物权。

在行政划拨的对象方面,应该不仅限于海域空间资源。海域资源包括海

---

① 《中华人民共和国土地管理法》第 54 条规定,建设单位使用国有土地,应当以出让等有偿使用方式取得;但是,下列建设用地,经县级以上人民政府依法批准,可以以划拨方式取得:(一)国家机关用地和军事用地;(二)城市基础设施用地和公益事业用地;(三)国家重点扶持的能源、交通、水利等基础设施用地;(四)法律、行政法规规定的其他用地。

域空间资源,也包括海水资源与海洋能源资源等。这些资源应当准许以划拨方式创设海域资源用益物权。比如,以海洋能源资源设立用益物权,完全契合《土地管理法》第 54 条以及《城市房地产管理法》第 24 条规定的"能源项目"。

(5)海域资源用益物权行政审批

海域资源用益物权的行政审批是指代表国家行使海域所有权的海域使用管理部门,根据海域资源使用申请人的申请,对海域资源使用申请依法进行行政审核,并按规定报有批准权的人民政府决定是否批准申请人在一定期限内使用海域资源的法律行为。

根据我国当前的用海实践,行政审批是我国海域资源用益物权出让最基本、也是最主要的一种方式,甚至是一种"原则"。即便是海域资源用益物权出让的其他方式,如招标、拍卖等的实施,其实也都需要行政审批。行政审批是行政权力的体现,其目的是要发挥国家对海域资源配置的宏观调控和监督管理作用。

我国关于以行政审批方式设立海域资源用益物权的法律规范,主要是《海域使用管理法》。但该法实际上仅针对"海域使用权"的行政审批事宜,并未涉及全部的海域资源用益物权的行政审批。《海域使用管理法》第 3 章规定了海域使用权以行政审批方式取得的条件、程序;国家海洋局关于《海域使用申请审批暂行办法》和《海域资源用益物权管理规定》又对相关内容作了进一步的细化。

除"海域使用权"的行政审批外,我国《渔业法》《水法》《矿产资源法》《海洋环境保护法》《渔业法实施细则》《渔业捕捞许可管理规定》等也有涉及海域资源开发利用的行政审批规定。

根据我国《海域使用管理法》的规定,以审批方式出让海域使用权须遵循以下程序流程:申请—受理—审批—登记、发证并公告。具体来说,首先由用海申请人向相关的行政主管部门提出海域使用申请,并提交海域使用申请书、海域使用论证材料、相关资信证明材料以及相关法律法规规定的其他书面材料。然后由受理机关在收到海域使用申请之日起的十五个工作日之内对申请的项目用海是否符合海洋功能区划和海域使用规划、申请海域有无已设置海域使用权、申请海域的界址、面积是否清楚等进行初审,并将符合条件的申请及时上报有关审查机关。审查机关收到受理机关的上报后,仍要对申请的用海项目是否符合海洋功能区划和海域使用规划进行审查,同时亦要审查所申请海域是否计划设置更重要的海域使用权。审查机关审查完毕后应签署审查意见,并继续上报。同样,审查机关的这些工作也必须在收到受理机关报送的申请材料之日起的十五个工作日内完成。接着进入审核程序,审核机关收到审查机关报送的申请材料之后,应当书面通知申请者按时提交海域使用论证报告,然后组织对海域使用论证报告进行评审,必要时还要征求同级有关部门的意见。审核机关应在收到审查机关报送的申请材料之日起的三十个工作日内,对用海申请进行最后的全面审核,提出建议批准或不予批准的意见。建议批准的,报同级人民政府批准;不予批准的,应书面通知海域使用申请人并说明理由。最后,海域使用申请经政府批准后,由审核机关向用海申请人送达《海域使用权批准通知书》。同时,批准部门应完成对已批准海域资源用益物权的登记造册和向海域使用人颁发海域资源用益物权证书的工作。颁发海域资源用益物权证书还应当向社会公告。

再如,《渔业法》等相关法律文件规定了涉及海域生物资源、空间资源的养殖许可以及捕捞许可的内容。关于养殖许可问题,《渔业法》第 11 条规定:"单位和个人使用国家规划确定用于养殖业的全民所有的水域、滩涂的,使用者应当向县级以上地方人民政府渔业行政主管部门提出申请,由本级人民政府核发养殖证,许可其使用该水域、滩涂从事养殖生产。"具体的申请流程包括:①提出申请。单位和个人使用海域从事养殖生产活动的,应向县级以上地方人民政府渔业行政主管部门提出申请,填写申请表。单位还应提交与养殖规模相适应的资信证明材料、养殖技术条件说明等。②行政机关审核。县级以上地方人民政府渔业行政主管部门在收到申请材料后,应认真审查相关材料,并会同有关单位人员进行现场勘验,确认标界,核实有关情况。③做出批准或者不批准的决定。经审核,对符合规定的,渔业行政主管部门应报请有审批权的人民政府批准,颁发养殖证;对不符合规定的,行政主管部门应当告知申请人补正或者告知不予受理。④登记造册,并公告。渔业行政主管部门对已颁发的养殖证应登记造册,颁证海域要作图标志,及时向社会公告。

关于海域生物资源的捕捞许可,《渔业法》第 23 条规定"国家对捕捞业实行捕捞许可证制度"。到我国与有关国家缔结的协定确定的共同管理的渔区或者公海从事捕捞作业的捕捞许可证,由国务院渔业行政主管部门批准发放。海洋大型拖网、围网作业的捕捞许可证,由省、自治区、直辖市人民政府渔业行政主管部门批准发放。其他作业的捕捞许可证,由县级以上地方人民政府渔业行政主管部门批准发放。申请捕捞许可的申请人,还应具备渔船适格材料,如渔业船舶检验证书、渔业船舶登记证书等。[①](见图 3-1)

---

① 参见《渔业法》第 23 条、第 24 条的规定。

```
┌─────────────────────────┐
│  申请人提出申请，并按规定      │
│     提交相关材料            │
└─────────────────────────┘
            │
            ▼
┌─────────────────────────┐
│  受理中心审核材料是否齐全      │
└─────────────────────────┘
     齐  全         不齐全
┌──────────────────┐   ┌──────────────────────────┐
│ 5个工作日内作出受理决定 │   │ 5个工作日内出具补正告知或不予受理决定 │
└──────────────────┘   └──────────────────────────┘
            │
            ▼
┌──────────────────┐
│   及时转送市渔政处      │
└──────────────────┘
            │
            ▼
┌────────────────────────────────┐
│  业务经办人员15个工作日内完成审查，          │
│  提出审查意见，市渔政处分管处长在           │
│  5个工作日内作出许可或不予许可决定          │
└────────────────────────────────┘
            │
            ▼
┌────────────────────────────────────┐
│ 市渔政处业务经办人员在10个工作日内将行政许可文书送达申请人 │
└────────────────────────────────────┘
```

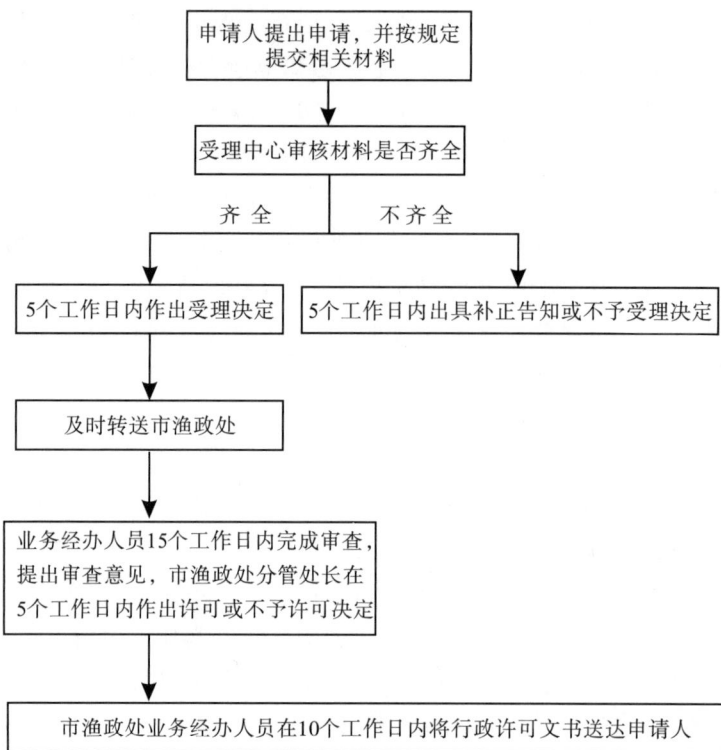

图 3-1　渔业捕捞许可证审批流程图[①]

以行政审批来创设海域资源用益物权,其优点在于能够强化国家对战略性资源的调控能力。海域资源在一级市场的流转必须接受国家的行政调控,充分发挥国家作为海域资源所有者对海域资源用益物权分配的管理监督作用。同时,该模式也有利于国家在海域资源一级市场中以行政手段限定海域资源市场准入资格。当然,该模式应当以宏观把握为出发点,以可持续发展为目标,以公平为原则,兼顾效率,平衡国家利益、行业利益和个人利益,科学合理地配置海域资源,规范海域资源利用的秩序,保护国有资源性资产。否则,行政审批模式还容易出现重大弊端。

对于行政审批而言,该模式创设用益物权还面临着信息不对称以及权力寻租的风险。希冀行政审批模式,进而实行科学合理配置海域资源,其前提条件是政府掌握了真实全面的有关信息。但事实上,限于搜集信息的时间、空

---

　　① 该图来源于上海市农业委员会官网,详见 http://www.shac.gov.cn/wsbs/shuichan/sc_blxkz/201508/t20150827_1499808.html,2018 年 4 月 2 日访问。

间、精力等客观条件,该前提常常是无法完全满足的。政府对于海域资源使用者的信息难以充分了解,就意味着在政府的行政审批过程中不可避免会出现非理性、不成熟和道德风险,无法保证将海域资源用益物权分配给高效率的开发主体。此外,行政审批模式下,行政机关会对海域资源用益物权人设置一定的准入资格,这也导致极其容易出现"寻租"现象。正所谓"绝对的权力导致绝对的腐败"。克服这些不足的重要手段与途径就是标准公开,审批透明。

(6)海域资源用益物权的协议出让

协议出让方式,即指政府或者接受政府委托的有关部门作为海域资源出让方,与选定的受让方通过友好协商商定海域资源的开发利用事宜,并以签订海域资源用益物权出让合同的方式取得海域资源用益物权的过程。这种方式的主要特点就是不存在第三方的参与或者竞争,而主要由双方以协商的方式来达到出让海域资源用益物权的目的。

协议出让方式缺乏公开性与透明度,无竞争,故相关价格通常无法遵从市场规律。同时,这种方式也容易导致权力寻租等腐败现象,难以有效保证海域资源的配置高效率。这些都是协议出让方式的局限性。从市场化角度,协议出让是不值得鼓励的。所以,协议出让方式主要适用于市场化程度较低的阶段。但是,即使在市场化程度较高的阶段,协议出让仍然有其重要的适用价值。比如,有些海域资源无法保障市场主体获得良好的经济效益,故在用益物权的出让方面缺乏竞争,但这些海域资源恰恰具有重要的公益性,又具有开发利用的必要性与紧迫性。这时,协议出让方式不失为一种优选方案。

(7)海域资源用益物权的招投标、拍卖

招投标、拍卖是我国立法确立的海域资源用益物权在一级海域市场流转的另一类重要方式,它是指由相关行政主管部门制定招标、拍卖方案,报有审批权的人民政府批准后组织招标、竞标、竞卖工作,以出让海域资源用益物权。招标、拍卖原本就是竞争性很强的交易方式,更有利于实现国家海域所有权的价值。根据我国《行政许可法》第12条和第53条的相关规定,有限资源的开发利用以及公共资源的配置可以设定行政许可,但原则上应当通过招标、拍卖的方式进行,其目的也是为了最大限度地保护包括海域在内的公共资源和实现其价值。招标、拍卖的方式亦具有透明性,更能实现海域资源用益物权出让的公平、公正和抑制腐败。

海域资源用益物权招标、拍卖的基本程序是:①由行政主管部门组织对相关海域资源进行调查并进行海域资源使用论证和评估,然后根据海域资源使用论证结论和海域评估结果,结合海洋功能区划及海域资源使用相关规划制定招标、拍卖方案;②报有审批权的人民政府批准;③行政主管部门自己组织实施或委托其他有关单位实施经批准的招标、拍卖方案,包括根据前述方案制定招标、拍卖文件,发布招标拍卖公告等;④行政主管部门与确定的中标人、买受人签署成交确认书,签订海域资源用益物权出让合同,并办理海域资源用益物权登记。

招投标、拍卖配置模式的优势在于,投标者或者竞买人不止一个,在投标竞标、拍卖的过程中较好地体现了市场竞争机制。政府在综合考虑投标价格和投标者的开发方案的基础上,确定最合适的中标者,这充分保证了海域资源用益物权配置的合理性和科学性。但是,招投标、拍卖模式也有无法回避的弊端。在具体操作中,招标方需要制作清晰明确的招标方案,投标者也要提交竞标书。这些都需要充分的前期准备工作,定然耗费众多的人力物力。然而即便耗费了大量人力物力,招投标或者拍卖也不一定能确保成功,"废标"和"流拍"的情形时有发生,比如投标者提交的标书均不符合招标文件要求的编制,或者由于其他原因,投标者或者竞买者过少,不能充分竞争。此外,投标或者拍卖时投标者或者竞买者需要交纳一定的保证金且不计利息,这很可能错过流动资金不足但开发能力具有竞争性的投标者或者竞买者。

需要明确的是,招标与拍卖尽管都属于竞争性机制,但是两者还是有着重要区别的。招标包括公开招标与邀请招标两种形式。公开招标是向社会发布公告且不限定投标人的竞争性投标。邀请招标是由招标方选择符合特定条件的单位或者个人,并向他们发出招标通知,邀请其参加投标。投标者根据招标公告或者招标通知所确定的文件提交相关的竞标文书;招标方综合评价投标者提交的竞标文书以及所涉海域资源的特殊情况来确定最终的用益物权人。这也就是说,在招投标过程中,价高者不一定能够获得相应的海域资源用益物权。但是,拍卖则是遵循"价格高者得"的原则,以价格者来确定海域资源使用权人的模式。相比而言,拍卖这种机制不容易出现权力寻租等腐败现象。但是拍卖模式的主要问题在于,"价高者"不一定是海域资源开发利用的最佳主体。

就海域空间资源而言,我国《海域使用权管理规定》第29条、第30条明确规定:"海域使用权招标、拍卖应当遵循公开、公平、公正和诚实信用的原则,有计划地进行。""同一海域有两个或者两个以上用海意向人的,应当采用招标、拍卖方式出让海域使用权。"但是,涉及"(一)国务院或国务院投资主管部门审批、核准的建设项目;(二)国防建设项目;(三)传统赶海区、海洋保护区、有争议的海域或涉及公共利益的海域,以及法律法规另有规定的项目",则不宜采用招标、拍卖方式,而应采其他方式。当前,我国已经有福建省、江苏省、浙江省等多个省市积极开展海域使用权的招投标与拍卖工作,并积累了众多有益的实践经验。

(8)海域资源用益物权的挂牌出让

挂牌出让海域资源用益物权,是指县级以上人民政府对某一海域有了明确的开发意图和规划条件后,由其同级的海域行政主管部门发布挂牌公告,按公告规定的期限将拟出让海域资源的交易条件在指定的海域资源用益物权交易场所挂牌公布,接受竞买人的报价申请并更新挂牌价格,根据挂牌期限截止时的出价结果确定海域资源用益物权人的行为。[①] 挂牌出让是近几年实践中被逐渐采用的一种海域资源用益物权出让方式,主要出现在山东、福建、江苏等海域使用管理相对比较成熟的省份。但是,当前实践主要是针对海域空间资源的用益物权问题,即《海域使用管理法》规定的"海域使用权",暂时未涉及其他类型的海域资源。挂牌出让方式具备拍卖和招标的优点,这是因为挂牌出让对参加挂牌出让的受让人的资质、业绩、银行信用等有较高的要求;同时,挂牌出让是建立在市场化程度较高的基础上,这将导致海域资源使用人之间形成激烈竞争,并最终根据挂牌期限截止时的最高出价确定海域资源用益物权的受让者。如果在挂牌期限截止时,仍有两个或两个以上的竞买人要求报价,出让人可以对挂牌海域进行现场竞价,出价最高者为竞得人。除此之外,挂牌出让报价的时间较长,给予了投资者更加充分的考虑时间,避免了不理性竞争带来的炒作海域价格的现象,有利于投资者理性投资和公平竞争。[②]

挂牌出让海域资源用益物权也需要进行行政审批,其程序与招标、拍卖大体相同。最能体现挂牌出让方式特点的是其竞买程序,具体包括以下几个方面:①在挂牌公告规定的挂牌起始日,出让人将挂牌宗海的位置、面积、用途、使用期限、规划要求、起始价、增价规则及增价幅度等,在挂牌公告规定的海域资源用益物权交易场所挂牌公布;②符合条件的竞买人填写报价单报价;③挂牌主持人确认该报价后,更新显示挂牌价格;④挂牌主持人继续接受新的报价;⑤挂牌主持人在挂牌公告规定的挂牌截止时间确定竞得人。

---

① 刘春香等:《宁波市海域使用权市场流转体系研究》,浙江大学出版社 2017 年版,第 190 页。

② 汪磊、黄硕琳:《海域使用权一级市场流转方式比较研究》,载《广东农业科学》2010年第 6 期,第 361 页。

（9）抽签

在我国许多沿海地区,渔民们形成了世世代代"靠海吃海"的传统。对于这些渔民来说,海域资源是他们的就业保障、生存依赖。这就决定了海域资源用益物权的初始配置应当充分考虑这些渔民们对海域资源的特殊依赖性。其中,公平因素应当被优先考虑。如果利益攸关的渔民们就特定海域资源用益物权(尤其是海域承包经营权或者捕捞权)的分配存在较大争议,且通过其他市场机制难以有效协调,那么,抽签方式不失为一种选择。

抽签是一种较原始的分配机制,但其最大的特点就是结果具有较大的偶然性,比较符合人们的朴素情感,容易被当地群众所接受。然而,抽签法作为单纯随机抽样的一种形式,有其难以克服的缺点,即全凭运气和机遇,市场气氛较弱,难以考虑到各方的资质和技术经济实力,因此,资源配置效率往往比较低。① 随着海域资源市场化的深入,这种偶然性太强的权利配置模式应当逐步被抛弃。

（10）其他方式

这主要是指基于某些特殊情况或者市场的发展而创新的一级市场流转方式,比较有代表性的方式就是续期。《中华人民共和国海域使用管理法》第26条规定:"海域使用权期限届满,海域使用权人需要继续使用海域的,应当至迟于期限届满前二个月向原批准用海的人民政府申请续期。除根据公共利益或者国家安全需要收回海域使用权的外,原批准用海的人民政府应当批准续期。"在表象上,续期是原海域资源用益物权的继续,但是,在性质上应当是一种新的流转方式。其与行政审批、招标、拍卖等方式有实质性区别。根据国家海洋局《海域使用权管理规定(国海发〔2006〕27号)》,具备下列条件的,应当准予批准海域使用权人的续期申请:①符合海洋功能区划和相关规划;②无根据公共利益或者国家安全等需要收回海域使用权情形;③无违法用海行为或违法用海行为已依法处理完成的,且不存在行政复议或行政诉讼等司法程序;④按规定足额缴纳海域使用金;⑤申请续期用海期限合理。

实际上,我国《海域使用管理法》还隐含着一种海域用益物权(海域使用权)的非典型性创设方式,即基于历史性的承包养殖经营。《海域使用管理法》第22条规定:"本法施行前,已经由农村集体经济组织或者村民委员会经营、管理的养殖用海,符合海洋功能区划的,经当地县级人民政府核准,可以将海

---

① 陈艳、韩立民:《海域资源产权初始配置模式探讨》,载《中国渔业经济》2005年第6期,第19页。

域使用权确定给该农村集体经济组织或者村民委员会,由本集体经济组织的成员承包,用于养殖生产。"这一条款中"已经经营、管理"和"核准"等文字,意味着这种海域使用权的取得方式是有别于《海域使用管理法》第19条规定的"行政审批"方式。

(四)海域资源二级市场及其流转方式

1.海域资源二级市场的含义与特征

区别于海域资源一级市场,海域资源二级市场主要是指不以国家所有权为起源与依据的流转场域,包括普通民事主体(包括集体经济组织)之间就海域资源所有权或者用益物权而形成的转移,以及普通民事主体(包括集体经济组织)将其享有所有权或者用益物权转移给国家的过程。在二级市场突出强调海域资源的私权客体属性,充分尊重市场主体的意思自治。

从主体角度来看,二级市场的转出方与受让方具有多样性,主要是普通的民事主体;国家不是二级市场的出让方,但可以成为二级市场的受让方。政府在二级市场中主要扮演宏观调控以及维护市场交易秩序的角色。

从市场流转标的而言,二级市场的流转对象包括海域资源的所有权以及用益物权。在二级市场,海域资源所有权的流转主要是针对海域生物资源;用益物权的流转包括海域空间资源、能源资源等。其中,海域空间资源用益物权的流转是二级市场的主要流转形态,也是海域资源市场化机制的主要规范对象。

2.海域资源二级市场的流转方式

广义上,海域资源一级市场所涉及的一些流转方式,同样适用于海域资源的二级市场。比如,在二级市场,海域资源用益物权人同样可以采用招标、拍卖等方式进行海域资源用益物权的流转,而且这种现象也非常常见。在实践中,某债务人因无力清偿债务,其享有的海域资源用益物权被人民法院强制拍卖,也属于二级市场的流通范畴。此外,当普通民事主体享有海域生物资源的所有权时,其也有权就其享有所有权的海域资源进行质押或者进行其他非典型的担保方式。因为前文讨论已经涉及一级市场的流通方式,且动产所有权的流转可适用一般性的流转规则,故下文主要针对海域资源用益物权在二级市场的流转方式。这些流通方式主要有转让、出资入股、继承、抵押、出租等。

(1)海域资源用益物权的转让、出资入股、继承

海域资源用益物权的转让是指海域资源用益物权人将海域资源用益物权单独或随同设立于其上的用海设施、构筑物一起移转给他人的行为。如同建

101

设用地使用权等用益物权的转让,海域资源用益物权的转让既可以是有偿的,也可以是无偿的,包括海域资源用益物权的买卖、互易、赠与等,属于典型的权利主体发生变更的物权变动行为。广义上的海域资源用益物权转让,除了前述几种移转行为,也包括海域资源用益物权的出资入股、继承与遗赠。

我国《公司法》明确可以用非货币财产作价出资。结合《海域使用管理法》第 27 条之规定,海域资源用益物权完全符合公司法对公司出资方式的要求。当然,利用海域资源用益物权出资时还须注意以下两个方面的问题:一是设定担保的海域使用权与具有国防、公益等特殊功能的海域资源用益物权不得作价出资。设定担保的海域资源用益物权不得用于出资的目的在于保障公司的资本充足率与稳定性。而具有国防、公益等特殊用途的海域资源用益物权不得出资,其原因在于这些用益物权的用途与公司的"营利性"特质相悖。二是用来出资的海域资源用益物权,原则上应当经有资质的评估机构进行价值评估,否则,用益物权的出资容易引起争议。

广义上,海域资源用益物权出资入股,还包括作为合伙人的投资财产投入合伙组织,也包括以用益物权作价入股至有关专业的合作社或者其他非法人组织。在实践中,以养殖为目的的海域承包经营权/海域使用权入股到海洋/海域养殖性质的专业合作社,是比较常见的一种海域资源流转方式。

海域资源用益物权的继承是指海域资源用益物权人就其享有的用益物权,因其自然死亡或被宣告死亡而由其法定继承人概括承受。就海域空间资源而言,《海域使用管理法》第 27 条第 3 款亦有原则性的规定,即"海域资源用益物权可以依法继承"。确认海域资源用益物权可以依法继承,既是海域资源用益物权作为私权所必须具有的应然权能,也是为了保障海域资源使用与经营的连续性与稳定性,更是维护海域经济良好秩序的必然要求。对于海域资源用益物权的继承,应注意以下三点:第一是应当依法继承,而所谓"依法"继承的"法"主要是指《民法总则》《继承法》《物权法》与《海域使用管理法》等法律;第二是根据《海域使用管理法》的规定,海域使用权的继承需要办理过户登记手续;第三是继承人所继承的海域资源用益物权的使用年限,应为海域资源用益物权出让合同规定或者其他有关文件确认的使用年限减去被继承人已使用年限后的剩余年限。

此外,作为"继承"的一种特殊形态,因企业合并、分立而导致的海域资源用益物权变动,在现行立法体系下,必须遵守《海域使用管理法》第 27 条的规定,即因企业合并、分立或者……变更海域使用权的,需经原批准用海的人民政府批准。这也就是说,因合并等原因而导致海域使用权权属发生变动时,需要经过人民政府的批准。如果没有经过批准,这种转让行为的效力是有瑕疵的。从立法目的而言,"重新批准"是为了对海域使用权的继受主体进行适格性审查。

(2)海域资源用益物权的抵押

海域资源用益物权抵押是指海域资源用益物权人(债务人或者第三人)依法在自己的海域资源用益物权上设定抵押,将该海域资源用益物权作为债权的担保,当债务人不履行到期债务时,抵押权人(债权人)有权依法针对该海域资源用益物权进行折价、拍卖、变卖,并将所得价款优先受偿。海域资源用益物权人是抵押法律关系中的抵押人,可以同时是债务人,也可以是为他人提供抵押担保的第三人。

海域资源用益物权的抵押是以财产权利为标的而设定的抵押,性质上与在其他土地上设定的用益物权的抵押相同,属于不动产权利抵押。海域资源用益物权抵押的客体是特定海域资源的使用与收益权能。基于海域资源的特殊性以及抵押权的实现问题考虑,我们的立法宜明确规定那些具有公益性质的海域资源用益物权不得抵押。《海域使用管理法》就"海域使用权的抵押"有相对应的规定,但是相关的规范内容值得商榷。[①]

从法律适用的角度来看,海域资源用益物权抵押必须受到海域使用管理制度和相关物权债权制度的双重约束。海域资源用益物权抵押的成立还须满足以下要件:

第一,抵押人应依法取得海域资源用益物权。抵押是一种处分行为,在实现抵押权时需处分抵押物。因此,抵押人必须对用来抵押的海域资源拥有合法的使用与用益权,否则,这样的抵押将属于典型的无权处分。

第二,海域资源用益物权必须在其有效年限内。作为一种他物权,海域资源用益物权有一定的存续年限。这也就是说,海域资源用益物权不可能像所有权那样是无存续期限的。海域资源用益物权抵押期限不得超过海域资源用益物权出让时设定的海域使用年限减去已使用年限后的剩余年限。

第三,当事人必须签订书面的海域资源用益物权抵押合同。海域资源用益物权抵押合同主要条款应包括被担保债权的种类和数额,债务人履行债务的期限,海域资源用益物权人的姓名或名称,海域资源用益物权有关的证明材料,抵押权涉及海域资源的类型(若是海域空间资源,则需要明确其四至界限、面积及用途),海域资源用益物权的评估价或者当事人商定确认的价值,当事

---

① 后文将进一步阐述,并提出修改建议。

103

人的权利义务,抵押担保的范围,违约责任以及当事人的其他有关约定。

第四,典型性的海域资源用益物权属于不动产权利,所以,根据《物权法》的规定,这类海域资源用益物权设定抵押应当办理抵押登记,抵押权自登记时设立。未经登记,海域资源用益物权抵押权不成立。即使是以海域生物资源(动产性质)设定用益物权并进行抵押,考虑到公示问题,也应鼓励办理相应的登记手续。

(3)海域资源用益物权的出租

所谓海域资源用益物权的出租,是指海域使用者作为出租人将特定海域的使用权随同该海域的其他附着物租赁给承租人使用,由承租人向其支付租金的行为。

就海域空间资源而言,我国早在 1993 年的《海域使用管理暂行规定》中就确认了海域使用权人的出租权。但是在实施过程中,我国曾经出现了通过大面积申请海域使用权又立刻出租给他人牟取暴利的现象,于是,我国的许多地方曾经通过地方性规定对海域使用权的出租予以禁止。

基于民法的权利法性质以及我国立法允许土地使用权进行出租的参照价值,我国法律应鼓励海域资源用益物权人将海域资源进行出租。这也符合海域资源市场化的要求。实践中,海域资源用益物权人出租海域资源(主要是海域空间资源)的现象也大量存在。有学者将由此形成的对特定海域租赁使用的权利称为海域租赁使用权。

就其性质上而言,海域资源用益物权的承租人所享有的租赁权是基于租赁合同而产生的债权,租赁权人所享有的权利主要是通过租赁合同来约定的。

从海域资源的可持续发展等角度出发,海域资源用益物权的出租应须有限制性条件。这些条件主要有:①海域资源用益物权人在出租之前,应当将涉及的相关费用,如海域使用金,全部缴清;对于未缴清者,禁止出租。如此规定的目的主要是是为了避免出现"空手套白狼"的现象。②承租人不得改变原限定的海域资源的用途以及海域的性质,防止其以出租的方式改变特定海域的用途及其功能设定;若确实因客观原因,需要改变特定海域的用途与功能设定的,应报原批准用海的县级以上人民政府批准。③出租人和承租人应当签订书面的租赁合同,载明租赁权利义务及当事人的其他有关约定。租赁合同应当作为副本提交给海洋行政主管部门。④应当办理海域资源用益物权的出租登记。进行登记的目的不在于确认租赁权,而在于明确海域资源开发利用的实际主体,以明确在海域资源开发利用过程中各方的权利义务。⑤出租的年限必须在出租人剩余的海域使用年限以内。

（4）海域资源所有权/用益物权的征收与回收

这里的征收是指国家基于公共利益等需要,以行政权的方式取得集体或者私人享有所有权或者用益物权的海域资源的行政行为。在征收模式下,海域资源所有权或用益物权从集体或者私人享有,转变为国家所有。所以,从主体转变的角度来看,可以将征收认定为二级市场的一种特殊流转方式。在用益物权被征收的情况下,将发生所有权与用益物权的混同,而用益物权有可能因此消灭。①

强调征收作为二级市场的流转方式,最主要的目的或者说最大的意义在于,强调政府对海域资源所有权或用益物权的征收实施补偿的过程中,必须尊重市场价格与市场规律。

回收是指政府从私人手中收回海域资源用益物权的行政行为。主要适用于四种情形:第一种是用益物权期限届满,而当事人没有提出续期申请或者提出的续期申请没有被核准。第二种是海域资源用益物权设立无效或者有重大瑕疵且无法补正该瑕疵的。第三种是当事人没有依照原规划与协议要求进行海域资源开发利用而被国家收回海域资源的情形。第四种是由政府与用益物权人以协商一致的方式达成收回协议。与征收相似的目的,即政府在收回海域资源用益物权过程中,对于原开发者或者投资者的相关投资,应当有相应的补偿,而补偿价值应当适当体现市场价格。比如,期限届满后,相关海域还有房屋等,且具有相应的使用价值,则应当予以适当的补偿。

征收与回收有共同点,也有区别。在征收情形下,用益物权人不存在违法行为或者违反有关协议的行为;取消用益物权人对海域资源的用益物权,完全是基于公共利益或者国家安全之需要;征收的适用不具有对用益物权人行为的否定性评价。回收的适用主要是因为用益物权人存在违法行为或者违反有关协议的行为或者原权利期限届满,如未依照出让协议的约定对海域资源进行有效开发利用;海域资源用益物权的回收往往意味着对市场主体的行为具有否定性评价(但如因期限届满而用益物权人未提出续期而被回收,或者因政府与用益物权人达成协议的除外)。征收的适用意味着提前终止用益物权人对海域资源的用益物权;而在回收的情形中,可能是回收提前终止,也可能是期限届满后的正常终止。所以,两者不宜混淆。

值得注意的是,《海域使用管理法》第 30 条规定:"因公共利益或者国家安

---

① 如果该用益物权涉及第三人的利益,如该用益物权存在抵押,那么,基于保护第三人利益出发,即使发生所有权与用益物权的混同,用益物权也不会消灭。

全的需要,原批准用海的人民政府可以依法收回海域使用权。依照前款规定在海域使用权期满前提前收回海域使用权的,对海域使用权人应当给予相应的补偿。"这一规定说明,基于公共利益或者国家安全之需要,是收回海域使用权,而非征收。考虑到新法优于旧法原则,我们宜在将该条款的情形明确为征收。当然,也有学者认为:《海域使用管理法》第 30 条规定为回收,而非征收。其基本理由在于征收对象是集体所有权或者私人的所有权。① 笔者以为,征收对象不应限于所有权。这是因为我国《宪法》第 10 条和第 13 条规定征收的对象为"土地"和"私有财产"。《物权法》第 42 条规定的征收对象为"房屋及其他不动产"。② 这些规定并没有明确征收对象仅限于所有权。"财产"的解读应当包括所有权,也包括用益物权。"不动产"的解释也应该可以包括不动产所有权与不动产用益物权。此外,在我国当前法律框架下,强调这种情形为征收将更有利于保障海域资源用益物权人的合法利益。至少,我国征收的法律规范体系和补偿实践,远远比所谓的"收回"丰富丰满得多。

---

① 关正义、董世华:《用益物权视角下的海域使用权提前收回研究》,http://dlhsfy.chinacourt.org/article/detail/2014/12/id/1519181.shtml,2018 年 4 月 20 日访问。

② 《中华人民共和国宪法(2018 年修正)》第 10 条规定:"国家为了公共利益的需要,可以依照法律规定对土地实行征收或者征用并给予补偿。"第 13 条规定:"国家为了公共利益的需要,可以依照法律规定对公民的私有财产实行征收或者征用并给予补偿。"《物权法(2007)》第 42 条规定:"为了公共利益的需要,依照法律规定的权限和程序可以征收集体所有的土地和单位、个人的房屋及其他不动产。"

第四章

海域资源的市场定价与生态补偿

一、海域资源的市场定价

市场机制是利用市场主体对利益的积极追求而通过市场价格的波动、市场供求的变化来调节经济运作态势的一种社会机制。市场机制涵括价格、供求、竞争和风险等内容。其中,价格是市场机制的中心与基础。对于海域资源市场化配置而言,价格是其无法回避也无法绕开的基础性问题。

(一)经济学价值理论及其评介

价值范畴是经济学的重要理论基石。作为一个历史范畴,价值是社会经济发展到一定历史阶段后才表现出来的。就价值理论而言,在经济学说的历史流变中,比较有代表性的观点有"劳动价值论""生产要素价值论""边际效用价值论""均衡价格论"。

1.劳动价值论及其评介

劳动价值论的基本论点是人类劳动创造商品价值,商品价值由劳动所创造。秉持这一观点的代表性人物有威廉·配第、亚当·斯密、大卫·李嘉图和卡尔·马克思等人。

英国古典政治经济学家创始人威廉·配第认为:物的有用性使物具有使用价值,使用价值总是构成财富的物质内容,同时又是交换价值的物质承担者;劳动是价值的唯一源泉,同时也是财富的源泉,劳动是财富之父,土地是财富之母。① 亚当·斯密认为,工资、利润、地租三部分共同决定价值,而这三部分各自的真实价值由各自所能购买或者所能支配的劳动量来衡量。"劳动不仅衡量价格中分解成为老的那一部分的价值,而且衡量价格中分解成地租和利润的那些部分的价值。无论在什么社会,商品价格归根到底都分解成为那三个部分或者其中之一。"② 大卫·李嘉图进一步发展了亚当·斯密的劳动价值论。在李嘉图的"劳动价值"概念中,它是由直接劳动与间接劳动的总和,而直接劳动是立即被应用到商品生产之上的劳动,而间接劳动是被应用到机械的操作、工具的制作与营建上之劳动。③

马克思认为,商品价值的大小是由包含在商品的抽象劳动所决定的,也就是由生产商品所需要的抽象劳动之分量来决定。"商品的交换不单单只是物的交换,它的背后其实就是人的劳动彼此交换的关系,也就是人的关系,只不过,在商品交换的现象里,人与人的关系并未直接呈现出来,而是通过物的交换呈现出来。"④

从社会关系角度来看,劳动价值论最大的意义在于深刻揭示了"隐藏"在形形色色、纷繁复杂的商品背后的"本质"——人类劳动。毫无疑问的是,在很多领域,人类劳动在商品价值的确认上具有某种程度的支配性意义。但劳动价值论在解释海域资源价值形成或者价值决定因素方面,容易出现某些逻辑困境。马克思曾明确指出:"未开垦的土地没有价值,因为没有人类劳动物化在里面。"⑤ 若按照这一逻辑,在海域资源未开发利用前,海域资源是没有价值的。这也就意味着海域资源在市场上以有偿的方式进行流转,便失去了最重要的根据。或许,我们可以这样辩解,即"劳动创造的价值是由社会必要劳动时间决定或衡量的",海域资源价值量的大小就是在海域资源"再生产过程中人们所投入的社会必要劳动时间"。然而由生态规律性所决定,许多形态的海

① 维基百科:《劳动价值理论》,https://zh.wikipedia.org/wiki/%E5%8B%9E%E5%8B%95%E5%83%B9%E5%80%BC%E7%90%86%E8%AB%96,2018 年 4 月 12 日访问。

② [英]亚当·斯密:《国民财富的性质和原因的研究(上卷)》,郭大力、王亚南译,商务印书馆 2009 年版,第 44 页。

③ Morishima Michio:《李嘉图的经济学说》,丁力译,台北编译馆 1994 年版,第 27 页。

④ 张正修:《马克思经济学理论与发展》,台北保成出版事业有限公司 2001 年版,第 39~40 页。

⑤ 《马克思恩格斯全集》,第 23 卷,人民出版社 1972 年版,第 121 页。转引自杨艳琳:《自然资源价值论——劳动价值论角度的解释及其意义》,载《经济评论》2002 年第 1 期,第 53 页。

域资源根本无法再生产或者再生产也无法恢复至其原本的资源生态形态。同时,坚持劳动价值论也容易忽视海域资源本身的稀缺性、有用性对市场价格的影响。

2.生产要素价值论及其评介

生产要素价值论基本观点是:在生产过程中,土地、资本、劳动等生产要素共同创造商品的价值。持这一观点的代表人物有纳索·威廉·西尼尔、安·罗伯特·雅克·杜尔哥和让·巴蒂斯特·萨伊等。

在英国古典经济学家西尼尔看来,生产要素包括劳动者和生产资料(劳动对象与劳动资料),即劳动者和生产资料是构成商品所不可缺少的要素。法国经济学家杜尔哥在西尼尔的基础上,进一步认识了资本在生产中的作用,并把资本也列为生产要素的一部分。萨伊认为,只有人的劳动才能创造价值不符合事实,并进一步将生产要素扩展为劳动者、资本以及自然力(如土地)。"事实已经证明,所生产出来的价值都是归因于劳动、资本和自然力这三者的作用和协力,其中以能耕种的土地为最重要因素但不是唯一因素。除这些外,没有其他因素能生产价值或能扩大人类的财富。"[①]

诚然,劳动、资本、自然力等都属于重要的生产要素,而在这些生产的诸要素中,只有人的要素或劳动是能动的要素,是具有积极性和创造性的要素,其他要素则不具有这种能动性和创造性。[②] 但这并不代表着这些要素可以在商品价值的确认中缺位。相比较于劳动价值论,生产要素价值论的优点是既重视劳动对商品价值的重要贡献,也重视资本、自然力(比如海域资源)对商品价值形成的重要意义。对于海域资源价值的确认来说,这一学说无疑具有重要的启示意义。然而,这一学说主要是从市场的供给角度来观察商品的价值来源,忽视了市场的需求以及交换过程对商品价值的影响。

3.边际效用价值论及其评介

如果说劳动价值论与生产要素论是从市场供给角度或者是从成本或者代价的角度来观察商品的"客观价值",那么,边际效用价值论则转换了观察视角,将商品价值的确认建立在市场需求端,即消费者(物主)的主观感觉上。奥地利学者庞巴维克曾言:"价值的正式定义是一件财货或各种财货对物主福利

---

① [法]萨伊:《政治经济学概论》,陈福生、陈振骅译,商务印书馆1982年版,第75~76页。

② 许成安、杨青:《劳动价值论、要素价值论和效用价值论中若干问题辨析——兼评〈劳动价值论与效用价值论的辩证关系〉一文》,载《经济评论》2008年第1期,第7页。

所具有的价值。"①根据这一逻辑,商品的价值在于商品的"效用",而"效用"则来自消费者的一种主观心理评价。物品对人的效用是决定和衡量物品价值的基础,价值体现的是物与人的关系,即主观心理因素于客观物品效用之间的关系,而不是人与人之间的生产关系。② 边际效用价值论的本意是要用人对物的主观评价去解释交换价值。③

边际效用价值论对价值进行了抽象,不再仅仅停留在具象的种类不同的要素。同时,效用价值论摒弃了要素价值论忽视交换过程、忽视需求因素的片面性,将交换及需求因素引入价值论的分析框架中。④ 这些都是效用价值论的重要贡献。客观地说,边际效用价值论也确实能够很朴素地解释市场交易中很多市场主体的交易行为。比如,梭子蟹、鲨鱼、大海鳝、八爪鱼等海鲜产品,对于喜爱的人来说,绝对的人间美味,也很乐意支付相应的对价来购买这些海鲜产品;但是,对于不喜欢乃至受某些病症困扰的人来说,对这些海鲜产品是唯恐避之不及,弃之如敝屣。然而,用消费者的主观感受来确定商品的价值不仅不严谨,而且缺乏统一性的度量标准。对于海域资源价值的确定来说,这一学说最大的意义在于提示我们必须重视消费者或者购买者的主观感觉。比如,站在海域资源国家所有的角度,国家通过公开的竞买机制,可充分发挥"消费者主观感觉"在价值确定上的作用,进而使得国家在海域资源的经济效益上能够尽可能地最大化。

4.均衡价格论及其评介

在均衡价格论看来,所谓价值,就是指交换价值或价格;价值(价格)取决于供给价格与需求价格的共同作用的均衡。决定供给价格的因素是生产费用的高低;决定需求价格的因素是边际效用的大小。

均衡价格论的基点始于对价值范畴的重新定义。作为这一理论的提出者、英国古典经济学派创始人阿尔弗雷德·马歇尔曾指出:"经验已经表明,把价值这个字用作前一种意义是不妥当的。一个东西的价值,也就是它的交换

---

① [奥地利]庞巴维克:《资本实证论》,陈璐译,商务印书馆1964年版,第155页。

② 洪丽君:《自然资源定价理论与方法综述》,华中科技大学2007年西方经济学专业硕士学位论文,第11页。

③ 刘骏民、李宝伟:《劳动价值论与效用价值论的比较——兼论劳动价值论的发展》,载《南开经济研究》2001年第5期,第34页。

④ 葛浩阳:《劳动价值论与要素价值论、效用价值论及供求价值论的比较研究》,载《改革与战略》2015年第7期,第21页。

价值……价值这个名词是相对的表示在某一地点和时间的两样东西之间的关系。"[1]

均衡价格论是对传统的劳动价值论、生产要素论等西方经济学价值理论体系的重构,尝试克服劳动价值论、生产要素论等学说在解释商品价值的理论进路方面所可能的逻辑困境。尽管该学说被指责"缺乏对商品交换的共同之'质'的分析……不去分析考察其背后'交换何以可能'的内在原因……停留在对商品买卖过程中表面现象的肤浅描述上"[2],但是,该学说确实有其创造性。就海域资源价值确认而言,该学说提示我们要兼顾市场的供给与需求,并在这种供给与需求的平衡中寻得海域资源市场的稳定性价格。

(二)海域资源价值的构成

"劳动价值论"、"生产要素论"和"边际效用价值论"等经济学价值理论深刻地揭示这样的道理,即就海域资源价值确认而言,任何一种单一要素或者单一视角的观察都可能是不恰当的。海域资源价值的确认必须在尊重市场基本逻辑与规律的基础上,兼顾考量海域资源的特质。

有学者认为,海洋资源的价值应当由海洋资源本身的价值(没有经过人类劳动参与的天然产生的那部分价值,P_1)与基于人类劳动投入产生的那部分价值(P_2)两部分构成。假设 R_0 表示没有经过人类劳动投入的天然产生的年收益(或年租金),a 为海洋资源的等级系数,即由海区差别、资源品种差别和质量差别等自然因素形成的海洋收益差别系数,i 为还原利率,则海洋资源本身的价值 $P_1 = aR_0/i$;假设每年因人类投入海洋资源所产生的那部分增值为 R_1,则 $P_2 = R_1/i$。因此海洋资源的总价值量 $P = P_1 + P_2 = (aR_0 + R_1)/i$。[3]

---

① [英]阿尔弗雷德·马歇尔:《经济学原理》,陈良璧译,商务印书馆 1964 年版,第81 页。

② 葛浩阳:《劳动价值论与要素价值论、效用价值论及供求价值论的比较研究》,载《改革与战略》2015 年第 7 期,第 22 页。

③ 许启望、张玉祥:《海洋资源核算》,载《海洋开发与管理》1994 年第 3 期。刘容子、徐质斌、杨艳琳等人也持相同或者相似的观点。比如,杨艳琳(2002)认为自然资源的价值或价格(P)包括两部分:一是自然资源本身的价值(P1),二是社会对自然资源进行人、财、物等投入的价值(P2)。刘容子:《我国滩涂资源价值量核算初探》,载《海洋开发与管理》1994 年第 4 期;徐质斌:《海洋资源的资产化管理和产业化经营》,载《国土与自然资源研究》1999 年第 1 期;杨艳琳:《自然资源价值论——劳动价值论角度的解释及其意义》,载《经济评论》2002 年第 1 期。

　　有学者则认为,海域资源价值包括在开发活动中产生的直接经济效益和它对人类的生活、居住、环境和娱乐等多个方面提供的服务功能价值两个方面。前者是有形价值,容易被人们接受;后者是无形价值(隐性价值),很难被人们接受,量化起来比较困难。[①]

　　有学者基于环境资源总经济论的角度,提出海域资源价值包括使用价值(use value)与非使用价值(non-use value)两大类。使用价值是指人们为了满足生产或消费目的,从海域资源使用中获得的效用,包括直接使用价值、间接使用价值和选择价值。直接使用价值是可以直接用于生产或者消费的物品产生的效用,又可以分为直接实物与服务价值,如海域空间资源可以通过海水养殖、海洋运输、旅游娱乐等多重途径满足人们的生产消费需求。间接使用价值是指无法直接用于生产或者消费的某些海域资源,为形成直接使用价值提供支持、保护等功能产生的效用,主要包括海洋身体系统提供的营养调节、防洪、风暴保护和提供生境等调节与支持服务。选择价值是指人们保留将来使用某一海域资源的权利和机会而获得的效用。非使用价值是指人们从海域资源获得的并非来源于自己使用海域资源的效用,包括遗产价值和存在价值。遗产价值是指人们将海域资源保留子孙后代而从中获得的效用。存在价值是单纯由海域资源存在所带来的满足感产生的价值。[②]

　　有学者基于马克思劳动价值论,提出自然资源价格/价值表现形式应当包括直接投入的劳动价值、补偿价值、生态价值和机会成本价值。其中,自然资源价值中的直接投入的劳动时间是自然资源利用过程中的活劳动和物化劳动消耗;补偿价值是对社会再生产的耗费而进行的价值补偿,以保证社会产品的价值以合理的比例关系组成;生态价值表现在于自然资源为一切生物和非生物提供了生存和形成的时空,对一切物种的更新和物质的转化有着特殊功能的价值。机会成本不是作出某项选择时实际支付的费用或损失,而是一种观

---

　　① 苗丰民、找全民:《海域分等定级及价值评估的理论与方法》,海洋出版社 2007 年版,第 23 页。

　　② 闻德美:《海域使用权定价研究——基于实物期权法和时代交叠模型的应用》,经济科学出版社第 2016 年版,第 87~89 页。在一些学者看来,选择价值(option value)是指保留自己未来使用生物资源之选择权所愿付出之代价;存在价值是指保留生态资源生存权所愿付出之代价,亦称之为伦理价值(ethical value);遗赠价值(bequest value)是指保留子孙对生物资源之使用权所愿付出之代价,亦称之为遗产价值(heritable value)。陈明健主编:《自然资源与环境经济学》,台北双叶书廊有限公司 2003 年版,第 119~120 页。

念上的成本或损失。[①]

就自然资源价值而言,有学者则认为其应由劳动价值、效用价值和生态价值构成。劳动价值是指人类开发利用自然资源的劳动投入形成的价值,其价值量的大小由投入的社会必要劳动时间决定。比如,矿产资源埋藏在地下或赋存于地表,对其认识、勘查、开发等方面都包含了人类劳动。效用价值是指它未经人类劳动参与,处于自然赋存状态时,以天然方式存在表现出的"潜在社会价值",它取决于自然资源的有用性。生态价值是指人类为维护自然生态环境、提高生存环境质量而对自然资源加以保护而形成的价值。如人们为了改善城市的水质和空气质量而投入的人力和物力,为治理环境而发生的环境管理费、环境监测费、污染清理费、恢复支出费、降低污染和改善环境的研究与开发费,以及为治理污染而建造污染物处理设施和机构支出费等,均构成了生态价值。[②]

有学者从经济社会可持续发展的角度,提出自然资源的价值构成应包括劳动价值、效用价值、环境价值和代际补偿价值四个部分。劳动价值取决于社会必要劳动时间。效用价值与人类劳动无关,取决于自然资源的有用性。环境价值指其生态功能价值,比如水资源包涵诸如营养循环、调节气候、净化污染的生态服务价值以及环境美学价值,甚至包括未来的价值。代际补偿价值主要强调资源消耗在代际之间的公平分配问题。[③]

也有学者从自然资源的二维属性即经济资源属性和生态环境属性来理解其价值,认为其包括经济价值、生态价值和环境价值三个部分,其中经济价值又包括天然价值(产权价值)、人工价值(劳动价值)和代际补偿价值。[④]

就海洋环境生态价值而言,有学者提出其由现实使用价值、选择价值和存在价值三部分构成。现实使用价值可以划分为直接使用价值(DUV)和间接使用价值(IUV)。所谓直接使用价值,是指海洋生态资源直接进入当前的消费和生产活动中的那部分价值,有的可以在市场上直接获得,如鱼类、矿产资

---

① 张光文:《关于自然资源价格的形成及体系的探讨》,载《现代经济探讨》2001年第6期,第26～27页。

② 马承祖:《关于自然资源价格构成问题的思考》,载《价格月刊》2007年第9期,第3～4页。

③ 高兴佑、郭昀:《可持续发展观下的自然资源价格构成研究》,载《资源与产业》2010年第2期,第131～132页。

④ 杨文选、李杰:《我国自然资源价格改革的理论分析与对策研究》,载《价格月刊》2009年第1期,第35～38页。

源等的市场价格;间接使用价值是指海洋生态资源的价值并非直接用于生产和消费的经济价值,没有直接的市场价格,其价值只能间接地表现出来,即生态功能价值,如海水具有调节温度、改善气候、保护生物多样性等作用。选择价值指人类为了保护或保存某一海洋生态资源而愿意做出的预先支付。例如,人们为了保护海洋珍稀动物、海洋环境等而形成的支付意愿。选择价值衡量的是未来的直接或间接使用价值,以确保在未来不确定的情况下资源的供给。海洋生态资源的选择价值是随着人类科学技术的发展而不断提高的。存在价值,即指以天然方式存在时表现出的价值,实质上是一种生态领域的价值。存在价值是与人和使用目的无关的价值,是一种非商业功能价值,或一种尚未发现的使用价值,如海洋具有文化等方面的价值。①

从这些学者的观点来看,学者们就海域资源/自然资源价值构成方面有共识,也有分歧。比如,学者们基本都认可海域资源/自然资源价值应当包括劳动价值,而劳动价值由社会必要劳动时间来决定的。这与马克思所主张的劳动价值论观点是一脉相承的。再如,学者们也基本都认可海域资源/自然资源价值应当包括效用价值。这种效用价值主要体现为海域资源/自然资源的有用性,而与劳动无关。这可以认为包含了生产要素价值论与边际效用论的核心思想。因为所谓的"有用性",既可指示海域资源/自然资源作为生产资料的存在意义,也可强调其对于消费者或者使用者的主观感觉。早期的学者基本忽视了海域资源/自然资源的生态价值与补偿价值,但随着生态绿色与可持续发展理念的确立与弘扬,学者们基本都将生态价值与补偿价值列为海域资源/自然资源的价值体系不可或缺的组成。

显然,学术界的共识性认识基本就可以清晰地揭示海域资源的价值构成。在笔者看来,一些学者所主张的补偿价值、环境价值或者存在价值,都可以纳入广义的生态价值中。所谓补偿价值,主要是强调代际补偿,而这种代际补偿的目的就是为了维系海域资源生态系统的平衡。环境价值实际上应该是生态价值的另一种表述,两者的实质内容应该是相同的。而存在价值强调海域资源/自然资源的"天然存在"而给人们带来的满足感,这实际上也是生态价值所应当包含的内容。所以,本书认为海域资源的构成应当包括劳动价值、效用价值和生态价值。但是在确认海域资源价值构成过程中,我们还必须明确以下两点:(1)这里的价值应当基于经济学意义上考量,而不能扩展到伦理学、社会

---

① 王淼、刘晓洁、段志霞:《海洋生态资源价值研究》,载《中国海洋大学学报(社会科学版)》2004年第6期,第112～113页。

学等范畴。价值概念本身就是一个具有多重语义的范畴,基于不同的视角不同的学科,对价值的认识就千差万别。(2)确认海域资源的价值构成必须有针对性,即不同类型的海域资源在不同的流转场域,其价值构成应当是有差别的。比如,海水及其能源、化学资源,在天然状态下,是不能包括所谓的劳动价值的。但是,当海水及其蕴含的能源、化学能源经过人类劳动,转化为可以度量、可以交易的淡水或者电力或者食盐等资源形态,并进入二级市场流转时,其价值构成就必然包含劳动价值。

(三)价值、价格及海域资源价格形成机制

价格是价值的表现形式,价值是价格决定的基础。对于海域资源价值与价格的关系而言也是如此。海域资源价格是海域资源价值的货币表现,而海域资源价值是海域资源价格形成的基础,海域资源价值的变动是海域资源价格变动的内在、支配性因素。所以,海域资源的价格应当围绕着海域资源的价值上下波动。在充分的市场竞争场域中,价格往往能够客观地反映海域资源价值状况。在现实中,海域资源的价格却不一定能够客观地反映海域资源的价值,甚至出现价格与价值相背离现象。"没有一种商品可以免除价格的偶然的和暂时的变动。"[①]这其中固然有很多的作用因素,但价格的形成机制可以说是最重要的因素,具有根源性意义。

海域资源的价格形成机制,指海域资源价格的形成方式、途径与机理。这主要包括两个层面的内容:一是海域资源的定价主体及其权限,比如由政府定价还是市场定价,或者由政府定价为主导辅之以市场定价,抑或相反。二是定价过程中应考虑哪些因素,比如是海域资源的定价应当重点考虑海域资源的市场价值,抑或是海域资源的公益性质与服务性质。

常见的海域资源价格形成机制有行政型和市场型两种基本类型。

行政型海域资源价格形成机制,是指海域资源的价格由政府决定,并以行政手段强制实施的一种定价模式。在具体操作模式上,行政型价格形成机制有固定价与指导价两种形式。所谓固定价,就是指海域资源的价格直接由政府确定,且该价格是固定的,不得随意改变。指导价是指政府按照定价权限和范围确定某类海域资源的基准价及其浮动幅度。指导价尽管名为指导,但实际上仍具有强制性,市场经营者必须遵从政府确定的基准价,且相应的变动

---

① 　[英]大卫·李嘉图:《政治经济学及赋税原理》,商务印书馆 1962 年版,第 73 页。转引自贾秀岩:《价格学原理》,南开大学出版社 1990 年版,第 16 页。

应当在政府确定的浮动幅度范围之内。

实施行政型价格形成机制,其本旨在于依托并信赖政府的公共性与服务性来对某些具有公益性、特殊性的资源/商品价格进行干预与调整,进而维护与促进社会的公平正义。然而,因政府信息不对称等制约,行政型价格形成机制往往无法有效或者充分反映海域资源的真实价值以及市场的竞争状况。

市场型海域资源形成机制是指海域资源的价格由市场主体依据其资源的稀缺程度、生产经营成本和市场供求状况等因素来综合确定海域资源价格的一种定价模式。在这一定价模式中,海域资源价格常常受到诸多因素的共同作用,所以市场型形成机制会导致同一形态资源具有价格差异的状况,比如相同或者类似的海域资源,在不同时间、不同区域以及不同供求关系中,其具体的价格都可能是不相同的。

一般而言,相较于行政型定价模式,市场型定价模式在资源分配上更具有效率,常常能够促使一个社会的经济成长更快,更具有创新能力,也更有弹性。[①] 即使非常偏好行政型,甚至完全实施行政型而排斥市场机能的场域,也常常会有市场机能的出现,俗称为"黑市"。

不论是市场型还是行政型,都有"失灵"的可能。因此,在实践中,断然不可能仅采用行政型或者市场型这种极端的选项,而应该是采用两者不同程度的组合。如果偏好市场,则主要实行市场型价格形成机制,但对于市场失灵的部分就交给政府来解决。如果是偏好行政型,则主要实行行政型价格形成机制,而辅之以市场型。

诚然,实行行政型与市场型的组合是一种优选,但问题在于这种组合应如何组合。这确实是难题。笔者以为,海域资源资格形成机制应当市场型为主导,辅之以行政型。尽管海域资源的市场流转可以涉及公共利益,且海域资源也往往具有较强的公共物属性,但不论是理论还是实践均表明市场型的效率优于行政型,而且这种模式也与我国《价格法》确定的基本精神相符。我国《价格法》第3条明确"国家实行并逐步完善宏观经济调控下主要由市场形成价格的机制","价格的制定应当符合价值规律,大多数商品和服务价格实行市场调节价,极少数商品和服务价格实行政府指导价或者政府定价"。

在实行市场型海域资源价格形成机制过程中,我们还必须注意以下四点:

第一,"国计民生"应当是海域资源实行市场定价还是行政定价的一项重

---

① 陈明健主编:《自然资源与环境经济学》,台北双叶书廊有限公司2003年版,第179页。

要指标。若某一特定海域资源的开发利用及其市场流转关涉到最基本的民生问题,则宜实行政府定价。比如,海域公共航运项目,在私有化或者用益物权配置过程中,应当实行行政定价,以保障公共利益。但是,实行行政定价的海域航运项目应当限于公共交通运输,不包括旅游海域航运项目。再如,海洋油气资源供应以及海洋能源(如电力)供应,若涉及公共服务,则也应当实行行政定价模式。

第二,在实行行政定价领域,"让利于民"是应当被遵从的一项基本精神。这是因为国家存在的原旨与国家行动的愿景,都是服务于"民",促进"民"福祉的最大化。当然,这里的"民"应当是绝大多数的"民",而不能是极少数的"民"。否则,这种"让利于"少数的"民"的行为就是一种"国家式腐败"。

第三,与绝对性很强的固定价形式相比,指导价形式更符合市场机能。所以,在海域资源价格实行行政型领域,指导价形式应当成为优选。

第四,在市场型模式下,政府的角色不应当缺位。政府应当积极做好秩序建构、安全保障等服务工作,并且在市场失灵的情况下对市场进行适当的调控与指导。

(四)估价与海域资源价格的影响因素

海域资源的估价是海域资源市场流转的重要技术性内容。估价本身并不决定海域资源的价格,但是在很多流转环节,比如在海域资源的协议出让、招投标、拍卖过程中,海域资源的估价是海域资源价格最终确定的重要技术依据。

学术界对海域资源/自然资源/生态资源的评估提出了许多评估模型。比较有代表性的评估模型有影子价格模型、边际机会成本模型、可计算一般均衡模型、市场估价模型、能值定价模型和能量定价模型等。[1] 在实践中,如果有

---

① 关于自然资源/海域资源估价模型的讨论,参见何承耕、林忠、陈传明、李晓:《自然资源定价主要理论模型探析》,载《福建地理》2002 年第 3 期;张宏亮:《自然资源估价理论与方法研究——基于宏观环境会计的视角》,载《山西财经大学学报》2007 年第 3 期;王满、郑鹏:《我国海域使用权价格评估方法研究》,载《价格理论与实践》2013 年第 3 期;张帆:《环境与自然资源经济学》,台北五南图书公司 2000 年版,第 31~110 页;陈明健主编:《自然资源与环境经济学》,台北双叶书廊有限公司 2003 年版,第 83~134 页;吴珮瑛:《环境与自然资源值多少? 效益与价值衡量指概念、理论、方法与应用》,台湾文化教育基金会 2009 年版,第 110~520 页;闻德美:《海域使用权定价研究——基于实物期权法和时代交叠模型的应用》,经济科学出版社第 2016 年版,第 78~89 页。

市场价格或价值,通常都是采市场估价法。市场估价法又包括生产力变动法、预防性支出法和重置成本法等方法。若没有市场价格或者对于自然资源/海域资源的非经济性价格/价值的估算,则广泛应用条件评估法、旅行成本法和权益转移法等方法。①

笔者以为,海域资源的估价实际上是为了确定海域资源价格而进行了一项技术性工作,而这种工作的结果会因为评估方法以及评估因素的取舍而有重大差异。所以,我们不能将海域资源的评估结果直接等同于海域资源的价值或者价格。在各方就海域资源的价格存在争议的情况下,应当委托具有专业评估资质的评估机构进行评估确定。

其实,在评估过程中,更为根源性的问题是海域资源估价应当将哪些因素纳入评估对象的考量范围。换一个角度说,就是哪些因素会影响海域资源的价格,并应当将其纳入评估的考量范围。

毫无疑问,不论在充分的市场,还是不充分的市场,海域资源的价格都受到诸多因素的影响,且这些因素相互作用,进而在不同程度上影响或者制约着海域资源价格。有学者曾深刻地指出:"价格作为价值的现实运动形式,它不仅要反映价值的生产条件,即受价值及影响价值变动因素的制约,而且要反映价值的实现条件,即受市场因素的制约;不仅要反映价值的生产和实现条件,而且要反映价值的分配状况;不仅要反映涉经济条件的影响,而且要反映上层建筑的要求。"②

在笔者看来,能够影响海域资源价格的因素有两大类,一类是海域资源的自身禀赋与属性;另一类是海域资源禀赋与属性以外的因素,主要是产权制度、政策等因素。前者可以称之为自然因素,后者称之为社会因素。③

自然因素主要是针对海域资源的天然状况而言,是海域资源价格的重要影响因素。具体而言,包括海域资源的类型、资源禀赋、区位条件与环境条件

---

① 陈明健主编:《自然资源与环境经济学》,台北双叶书廊有限公司 2003 年版,第120～121 页。

② 贾秀岩:《价格学原理》,南开大学出版社 1990 年版,第 62 页。

③ 我国有学者将海域价格/海域资源价格的影响因素分类为一般因素、个别因素和区位因素,或者宏观因素、微观因素和个别因素,或者自然、资源、环境因素与社会、经济因素两类。苗丽娟、苗丰民、张永华等:《海域使用价格影响因素评价体系的建立》,载《国土资源科技管理》2004 年第 6 期;张武根:《海域价格及其影响因素研究》,南京师范大学 2012 年人文地理学硕士学位论文,第 25 页;徐伟:《宗海价格评估理论与方法研究》,天津大学2007 年硕士学位论文,第 22～24 页。

等。(1)如前文所述,海域资源包括海域生物资源、矿产与能源资源、海水及海洋化工资源、海洋空间资源。从当前开发利用的状况来看,海域空间资源、矿产资源的"价值"或者"有用性"往往大于海域生物资源、海水资源与海洋化工资源、海洋能源资源。而矿产资源的"价值"或者"有用性"又往往大于海域的空间资源。当然,随着人类科技的发展,越来越多的海域资源被人类所开发利用,其对人类的价值性或者有用性将会不断地发生变化。(2)海域资源的禀赋,主要是各种资源的丰裕程度/稀缺程度和质量条件。不同的资源形态,其丰裕程度/稀缺程度以及质量状况是有所不同的。即使是同一资源形态,在不同的区域范围内,其品质也会有所差异。比如,作为西餐的重要食材,野生三文鱼主产于大西洋和太平洋的北部,包括美国、加拿大、日本、俄罗斯等相关海域,但在不同海域而捕获的三文鱼的品质就有差别。通常来说,稀缺性越高,质量越好,其价格就越高。(3)区位条件,包括海域资源的自然地理区位条件、经济区位条件和交通区位条件。海域资源的自然地理区位是海域资源所处的地理空间与四周的陆地、海域等要素之间的空间关系。经济区位是指海域资源所处的地理空间与人类相关经济活动集聚地的距离及其受影响程度。交通区位是指海域资源所在区域的对外交通方便程度。[①] 通常而言,区位条件与海域资源价格成正比关系。自然地理区位条件越优,海域资源的开采利用的便利程度越高,相对应的海域资源价格通常较高。比如,就海域空间资源而言,近海的空间资源价格就往往优于远海的空间资源。在集聚机制作用下,越是靠近人类经济活动中心的区域,海域资源的经济区位优势就越明显。与交通枢纽越近,或其周围的交通通达程度越高,相对应的海域资源就有越明显的交通区位优势。(4)环境条件,主要是指海域资源所处海域的气象条件、水文条件、地质地貌条件、灾害条件等。一般来说,环境条件越恶劣,意味着相对应的海域资源开发利用的便利程度越低,相对应的海域资源价格就越低。但是,这也不是绝对的。比如,对于海域生物资源而言,如果其所处海域的环境条件越差,意味着其捕获的难度就越大,则其对应的海域资源的价格可能就越高。当然,如果这种海域生物资源足够丰裕,人们自然就会避免去环境条件恶劣的海域捕获,而去环境条件优越的海域捕获。这也会在一定程度上消除或者减少前述环境条件恶劣但价格越高的情况发生。

社会因素主要是基于人类活动的影响而言的,主要包括人类劳动、供求因

[①]　张武根:《海域价格及其影响因素研究》,南京师范大学 2012 年人文地理学硕士学位论文,第 29～30 页。

素、经济因素、社会因素和政策因素。（1）人类劳动是指海域资源上所附加的人类劳动及其积累情况，如海洋矿产资源的勘探以及为其开发和利用所专门修建的开采基础设施等，都属于人类劳动及其积累。人类劳动及劳动积累越多，就意味着海域资源的价值越高。（2）供求关系是海域资源的供给状况与需求状况以及两者之间的对比状况。一般来说，海域资源越稀缺，其需求程度就越高，价值就越高；但如果海域资源供给充裕，则海域资源的价格就可能越低。在完全竞争的条件下，海域资源的供求关系处于持续变化状态之中，进而引起海域资源价格的上下波动。因为我国主要实行海域资源国家所有，而且主要供给由国家垄断，所以在海域资源一级市场中往往是不完全竞争市场，供给状况往往低于需求状况。（3）经济因素主要是指海洋产业及其关联产业的活跃与发达程度。通常而言，海洋产业及其关联产业越活跃、越发达，人们就越愿意投入更多的人力、物力进行海域资源开发利用，海域资源对应的价格就越高。否则，则反之。（4）社会因素，包括人口状况、社会安定状况以及投机状况等。比如，随着人口数量的增加、人口密度的加大、人口增长率的提高，人们对海域资源的需求可能性就增大，相对应的海域资源价格可能就越高。再比如，社会越安定，人们生活越安居，投机行为越少，海域资源的价格可能就会越高；如果社会动荡不安，人们的生活焦虑不堪，投机行为"肆意横行"，则海域资源的价格可能就会越低。（5）政策因素，主要表现为国家对一定时期开发利用海域资源的鼓励或限制性政策。政府越鼓励发展海洋产业，政府就会有相应的政策倾斜或资金投入，对应的海域资源关联产业的发展就会加快，相应海域资源的价格就越高；反之亦然。在广义上，政策因素还包括国家对海域资源的产权设计、市场模式选择等方面。比如，物权与债权的差别、所有权与用益物权的差异、完全竞争市场与不完全竞争市场的不同等，都会对海域资源的价格产生多样化的影响。在市场化为主导的思路中，海域资源的物权配置以及完全竞争市场建构，都应当是优先选项。

二、海域资源的生态补偿

生态补偿机制是海域资源市场化机制的重要内容。所谓海域资源生态补偿机制，是指海域资源的使用人或生态受益人在合法利用海域资源的过程中，对海域资源所有权人或者对生态保护付出代价者支付相应的税费，以保障特定海域资源在生态环境中能保持着相对的稳定性，进而维护与保障特定海域资源的可持续利用与开发的一项制度。海域资源的生态补偿是建立在两个逻辑的前提上:一是海域资源作为资源性资产,具有经济价值和生态价值,能够以货币化形式来体现,使用权人/受益人应当向海域资源的所有权人支付一定的税金或者相关费用。这是所有权人实现其经济利益的方式,也是所有权人享有"收益权能"的必然内涵。二是海域资源使用人或者生态受益人不能"无偿"使用改善了的海域资源生态所带来的益处,对生态环境保护做出贡献者或者对海域资源付出生态代价者理应得到相应的经济补偿。[①] 这是海域资源生态价值的表现与反映,也是社会公平正义的应然性内涵。需要说明的是,不是所有的海域资源在市场化过程中都有生态补偿的适用问题,而是那些对海域生态有直接影响的市场化场域才需要进行生态补偿。

(一)海域资源生态补偿的基本原则

从基本原则的本旨来看,海域资源生态补偿的基本原则应当对海域资源生态补偿的决策、实施工作具有普适性的指导意义,贯穿海域资源生态补偿制度的各个环节,是海域资源生态补偿活动以及制度建设与落实必须遵循和贯彻的核心。海域资源生态补偿的基本原则还应当体现海域资源生态补偿的本质、目的及海域资源生态补偿工作的原理,反映国家有关海域资源生态补偿基本政策的基础性和根本性准则。同时,海域资源生态补偿的基本原则还要与其他资源的生态补偿有所区别,只有确立海域资源态补偿制度的特有原则,才能体现出我国开展海域资源生态补偿工作的目标及意义。

笔者认为,海域资源生态补偿的基本原则应该从两个层面来认识。第一个层面是指该原则属于所有生态补偿的共通原则,既适用于海域资源生态补偿,也适用于其他领域的生态补偿。这些原则应当包括公平性原则、可持续性原则与受益者付费原则。第二层面是海域资源生态补偿的特有原则。这些原则主要适用于海域资源生态补偿这一特殊领域。兼顾海域资源生态效益与经济效益原则、海域资源生态环境责任原则等应当属于第二层面的基本原则。

1.公平性原则

公平原则是各国宪法所确立的一项基本原则。它要求当事人在从事社会活动中应以社会正义、公平的观念指导自己的行为、平衡各方的利益,要求以社会正义、公平的观念来处理当事人之间的纠纷。公平原则强调在市场经济中,对任何经营者都只能以市场交易规则为准则,享受公平合理的对待,既不

---

①　曹明德:《对建立生态补偿法律机制的再思考》,载《中国地质大学学报(社会科学版)》2010 年第 5 期,第 29 页。

享有任何特权,也不履行任何不公平的义务,当事人的权利与义务应当具有对应性。

作为法律制度的一项基本原则,公平原则的重要价值决定了我们应将其作为海域资源生态补偿机制的基本原则。公平原则是以等利(害)交换关系为核心内容的,体现在海域资源生态补偿制度中,就是要求收益大于付出的地区做出补偿,付出大于收益的地区接受补偿。与"谁保护,谁受益"、"谁受益,谁付费"或者"谁受益,谁补偿"的原则相比,公平原则所涵盖的内容更加丰富,表述更加准确,宣导更具有说服力。海域资源生态补偿的公平原则不仅强调人与人、国家与国家之间、人与国家之间以及人/国家与海域资源环境之间的公平,也强调人类的代际公平。

第一,代内公平。全球性的生态危机(海域资源生态危机),既有贫困地区为求温饱而不得不掠夺性地开发利用海域资源导致的,更有富余者为追求最大利润和奢侈享受而滥用海域资源的原因。经济发达地区维持或增加其高额资源和环境消耗,却要求欠发达地区为保护海域资源的生态环境牺牲该地区的发展权利,这显然是不公平的。从收益与承受能力的角度来看,贫困阶层往往分担过多的海域资源环境负担,与富裕阶层相比,他们却并不是海洋经济增长的最大受益者。同时,社会两极分化带来的不稳定因素也会破坏社会的稳定性和可持续性。生态补偿的代内公平原则要求,各地区/国家之间以及富裕阶层/贫困阶层之间应公平地分担对被破坏的海域资源生态系统的补偿费用,并由相关的政府、组织、单位或者个人通过赠与、扶助、转移支付等方式对贫困地区、国家/贫困阶层予以支持帮助,协调区域间或者国家以及不同阶层之间的海域资源生态补偿能力。

第二,代际公平。代际公平强调当代人和后代人在利用海域资源来谋求生存与发展的权利应当是公平的,即当代人必须留给后代人良好生存和发展所必需的海域资源。根据代际公平理论,地球所有的资源(包括海域资源)都是当代人为后代人进行"暂管",所以,当代人有责任、有义务良好地保护地球的环境生态,以使它能被完好地留传给后代人。当然,生态补偿的代际公平原则并不禁止或者反对当代人对海域资源的开发利用,只是不允许当代人对海域资源的开发利用与消费消耗给后代人造成重大损害或者带来高昂的修复代价。以海洋捕捞业为例,如果从单纯的经济学角度分析,从事海洋捕捞的经营者应当是尽可能多地进行海洋捕捞,而不用顾及海洋鱼类等资源的再繁殖问题。因为过多地考虑鱼类等资源的再繁殖问题,意味着有较多的成本付出以及较少的经济收益。但是,如果考虑代际公平的问题,就意味着在海洋捕捞有关权益的创设及其市场流转,就必须考虑海洋鱼类等资源的再繁殖问题。如果在广义上考虑,代际公平还可以涵括上代人对当代人的之间公平问题。比如某些地区的上代人大肆开发利用海域资源,并取得快速的经济增长以及经济效益,那么,这些上代人就应当就其开发利用海域资源的情况进行代际补偿。但是,在补偿的实现上,这种上代人与当代人之间的代际公平就转化为代内公平与代内补偿问题。这主要是指经济发达国家或者地区对经济不发达国家或者地区所应当承担的一种生态补偿义务。

2.兼顾生态效益与经济效益原则

在很多学者看来,公平和效率存在着矛盾与冲突。这是因为强调公平,则意味着要牺牲效率;强调效率,则定然要牺牲公平。尽管公平与效率之间是否真的如一些学者所争论的那样存在着难以调和的矛盾与冲突,但无论如何,海域资源生态补偿都需要兼顾公平与效率。很多情况下,海域资源生态是很难再生,甚至是不可再生的,低效率造成的浪费最终一定是得不偿失的。因为海域资源具备生态性和经济性的双重特点,所以,海域资源生态补偿就应当根据这一特征兼顾生态效益和经济效益。

第一,海域资源生态补偿必须重视生态效益。海域资源生态系统是海域资源可持续发展的物质基础,海域资源生态效益的高低也将直接影响着海域资源的经济效益以及社会效益的优良与否。海域资源生态效益高,意味着海域资源生态系统中的个体、种群之间或个体、种群与非生物环境之间的物质能量的转化率高,自然生产力也高。比如,优良的海域生态更容易让人享受到良好的生活与工作环境,进而在一定程度上提高了大家对海域资源生态的保护与补偿积极性。所以,海域资源生态效益的改进与提高正是海域资源生态补偿活动所追求的根本目标之一,生态利益是海域资源生态补偿关系产生、发展、变动的主要原因,是协调生态关系平衡和生态秩序的“枢纽”,构成了生态补偿关系的核心元素。[①]

第二,海域资源生态补偿必须兼顾社会经济效益。我们对海域资源生态效益的追求,不能不合理地限制或者扼杀海域资源开发利用的经济效益追求,否则,在生态效益的追求过程中容易产生与预想相反的效果。严格来讲,能够促进海域资源社会经济效益提高的因素是多方面的,比如,有社会制度方面的因素,有人力与智力的因素,也有海域生态方面的因素。从原初的本旨来看,海域资源生态补偿的主要目的在于海域资源生态的维持及其可持续发展。这

---

① 　闫伟:《区域生态补偿体系研究》,经济科学出版社 2008 年版,第 38 页。

也就是说,海域资源生态补偿的目标就应当包括通过海域资源生态效益的改善,进而促进社会与经济效益的提高。或许从人类的角度来看,社会与经济效益的提高更具有本质意义,而海域生态维持与可持续性问题是一种手段而非目的本身。值得注意的是,海域资源生态系统具有自我恢复和自我更新的能力,这是海域资源生态系统的内生性特质。所以,我们在海域资源生态补偿过程中应当有效利用这种特质,对海域生态的补偿投入进行适当的"节约"。否则,将这种自我恢复和自我更新的能力闲置或者过度干预,都是一种不必要的浪费,甚至是一种过犹不及的"破坏"。对处于经济腾飞与经济转型中的中国而言,保持与保障海洋经济的高速发展对于深化我国经济体制、政治体制改革,维持社会的稳定与健康发展都有着重大的意义。所以,如果海域资源补偿的成本是非常巨大的,但在改善海域资源生态方面的效果是微小的情况下,海域资源补偿行为消耗的资源超过直接从事经济活动消耗的资源数量,这就会使得生态补偿得不偿失。对于这种情况,如果我们不注意予以控制的话,就可能形成社会经济发展阻滞与海域资源生态"浪费性""破坏性"补偿的恶性循环。需要明确的是,海域资源生态补偿确实能够在一定程度上促进海域资源的生态改善,能够为经济发展所需的海域资源的可持续性提供更多的可能性,但一味强调海域资源的生态存量以及生态维护而忽视海域资源开发利用,从过度开发利用、过量排污的极端走向零开发、零利用、零污染的另一个极端,都是不可取的政策态度。贫乏困顿的社会是不可能为未来而很好地保护海域生态环境和海域资源的。对于那些生活在贫困线以下的人们而言,他们更关心的是当前的生存问题,而对保护海域资源以供未来之用并不感兴趣。如果海域资源的生态补偿机制使得贫困的农民丧失发展的机会,加剧其贫困的状况,那么,其可能的结果不是增加海域资源的生态,而是海域资源生态破坏加剧。所以,对于某些特定区域而言,如果没有外部支持与帮助的情况下,通过短期海域资源消耗甚至是短期的生态破坏,以及利用劳动力的优势谋求社会经济文化的发展是可取的。[①] 强调海域资源生态补偿的社会经济效益旨在强调,对于那些为了经济社会文化发展而对海域资源进行的开发利用,并造成一定程度的海域资源生态破坏的现象或者行为,我们不能"一刀切"地进行否定。合理的科学的海域生态补偿机制,必须综合考虑海域资源的内在的修复能力、海域生态治理的质量与目标以及社会经济发展的综合性诉求。

---

① 尤艳馨:《我国国家生态补偿体系研究》,河北工业大学 2007 年博士学位论文,第54 页。

第三,海域资源生态补偿必须重视补偿行为与补偿方式本身的效率性问题。毫无疑问,海域资源生态补偿行为本身将消耗了大量的人力、物力与财力,而这些人力、物力与财力,都直接关涉着其他自然资源的消耗。所以,海域生态补偿的行为本身是否以及能否保证补偿的有效率,就是我们必须考虑的因素。从优质机制的角度来看,有效率的海域生态补偿机制,必须力求以最少的资源消耗达到海域资源生态补偿所追求的生态效益,形成/产生/创造最大的海域资源产出能力、最高的海域生态积累以及最优的海域生态环境。唯有确保海域资源生态补偿行为充分有效率,我们才能更好地降低补偿成本,可以更好地实现我们既定的补偿目标,更好地保障海域资源的开发利用与可持续发展之间的良性循环。

3.可持续性原则

如前文所述,可持续发展强调的是我们对资源的开发利用既要满足当代人的生存与发展需求,又不损害后代人满足其生存与发展的需求。对于海域资源生态补偿而言,可持续性原则的核心是要求人类对海域资源的开发利用必须考虑海域资源生态的承受能力与自我修复的能力。可持续发展原则并不反对人类对海域资源的开发利用超越海域资源生态的承受能力与自我修复能力,但是,人类必须以积极利用主观能动性来改进、提升海域资源的生态承受能力与自我修复能力,并能够保障海域资源生态的可持续性。

4.受益者付费原则

受益者付费是指海域资源生态的享用者应当就超出其必要的生活需要而享用的海域资源生态和耗费的海域资源支付相应的成本对价,或者海域资源的开发利用者(个人或组织)在开发利用中因海域资源的开发、利用与占用而向管理者或所有权人支付相应的税金或者相关费用。这里的受益者包括两种:一种是消费海域资源的消费者,但是其消费行为超过了必要的生活需求;第二种是针对海域资源的开发利用主体。强调这一原则,主要是基于公平考虑。因为海域资源具有公共物属性,故对消费者的行为仅针对其对海域资及生态的"过度性消费行为",进而促进人们能够有节制、有控制地消费海域资源。强调开发者的付费责任是因为开发者在开发利用海域资源过程中是有客观受益的(尽管这种受益不一定在短期内体现出来,甚至不能直接体现为正向的效益)。

5.海域资源生态责任原则

海域资源生态责任原则主要包含两个层面的内容:

第一,"谁破坏,谁恢复"。即造成海域资源生态破坏的单位和个人,必须承担将破坏的海域资源予以恢复和整治的责任。这也就是说,无论是单位和个人,只要具有破坏海域资源及其生态的行为,就要依据国家法律法规的相关规定,对该行为承担恢复其破坏的海域资源生态的法律责任,而不将该责任转嫁给国家和社会。海域资源受益者付费与破坏者恢复是两个方面的问题,两者不冲突。受益者付费是因为对海域资源的有偿使用,而破坏者恢复是源于对海域资源造成了生态价值、经济价值方面的损害。破坏者恢复原则可以增强海域资源利用者的环保意识以及责任意识,促进海域资源开发利用的合法化与规范化。

第二,政府作为公共利益的落实者与保障者,必须基于其公共职责而主动承担起海域资源的生态维持与改善责任。这也是政府作为海域资源所有权人的代表人或者管理人而必须承担的一种责任。同时,生态环境公共物属性也要求政府发挥作用。比如,政府应当积极建立海域资源产权制度、价格评估机制等为社会提供交易的规则和秩序;根据海域资源生态质量和海域资源存量,制定长远规划及管理政策并适时调整有关补偿标准;建立包括信息采集、管理和发布系统在内的信息机制,为社会提供准确的市场交易信息,降低交易成本等等。

6.政府和市场互补原则

政府尽管应当承担起海域资源生态补偿责任,但政府也存在失灵的情况。比如,政府自身所实施的补偿行为往往缺乏效率,某些补偿不符合公平原则,难以做到在海域资源市场化配置上的效益最大化等。因此,有必要发挥市场机制的作用。社会/市场作为实施海域资源生态补偿的重要力量,如一些社会公益性组织,可以为海域资源生态补偿提供大量的补偿资金,国家应当为其参与提供更多的便利与可能空间。同时,政府还应积极通过在市场中引入、创造海域资源产权机制、交易机制、价格机制,发挥市场机制对海域资源的供求的引导作用,建立公平、公开、公正的海域资源生态利益共享及相关责任分担机制。

(二)海域资源生态补偿的基本要素

海域资源生态补偿的基本要素是指海域资源生态补偿得以实现的相关构成,包括补偿的义务主体、补偿对象、补偿客体、补偿标准和补偿方式。补偿的义务主体与补偿对象实际上是要回答"谁补偿谁"的问题;补偿客体是解决"对补偿对象的什么内容进行补偿"的问题;"补偿多少"即补偿标准问题;"如何补偿"就是补偿方式问题。[①]

1.海域资源生态补偿的义务主体

"谁受益,谁补偿"是海域资源生态补偿机制最基本的法理逻辑,也是人们在日常生活中最朴素的伦理认知。根据"谁受益,谁补偿"原则,海域资源生态补偿的义务主体应是海域生态环境保护的受益者。理论上,所有人都可能成为海域资源生态保护行为的受益者。如果依照这种思路来确定海域资源生态补偿的义务主体,确实具有一定的法理依据,但是这样的限定显然过于泛化。这种泛化的结果是难以有针对性地构建海域资源生态补偿机制,也难以有效落实"谁受益,谁补偿"的核心信仰,也不符合人们对公平正义的朴素信念。基于公平正义考虑,海域资源生态补偿义务主体,主要应当是那些对海域资源进行开发利用或者对海域资源生态实施不利影响的主体。那些因海域生态保护与维系而产生"正向外部性"进而增益的主体不应当成为这里的补偿义务主体。[②] 所以,我们可以将海域资源补偿的义务主体进行如下设定,即依照法律规定承担海域资源生态环境保护职责或义务,且依照法律规定或合同约定应当支付海域资源生态补偿费用,或者提供相应的修复技术、物资或者服务的政府、社会组织和个人。[③] 广义上,这里的义务可以扩展至"道德义务"以及"国际法义务"。

具体而言,海域资源生态补偿的义务主体包括以下五种:

(1)政府

由政府来承担海域资源生态补偿义务,是由政府的角色、职能、宗旨所决定的。海域资源的生态质量及其可持续发展是人民福祉的重要内容,而"人民

---

① 尤艳馨:《我国国家生态补偿体系研究》,河北工业大学 2007 年博士学位论文,第44 页。

② 有学者认为,补偿的义务主体应当是使用海洋生态系统服务的开发者、破坏海洋生态系统服务功能的开发主体以及因他人的海洋生态保护活动而增加或提高所享有的海洋生态系统服务数量和质量的利益主体。贾欣:《海洋生态补偿机制研究》,中国海洋大学 2010 年农业经济与管理博士学位论文,第 115 页。笔者以为,不宜过度将受益主体纳入补偿主体范围内。

③ 有学者将补偿义务主体界定为"以法律规定或合同约定为前提,以具有补偿权利能力和行为能力为基础,以负有保护海洋自然生态环境和自然资源相应职责为要件,由于一定情形的出现而向接受补偿者提供经济、智力、技术和政策等方面给付的政府、组织和个人"。连娉婷、陈伟琪:《填海造地海洋生态补偿利益相关方的初步探讨生态经济》,载《生态经济》2012 年第 4 期,第 167 页。

设立政府之目的在维护人民之自由权利,谋求人民之福祉"。[①] 政府是维护国家安全与主权、消除社会隐患、决定社会价值分配、解决公共问题的承载体和实际行为体。"作为实际上垄断强制力的工具,政府具有保护社会的不可或缺的责任。"[②]

按照我国政府的行政级别体例,政府作为海域资源的补偿主体可以区分为中央政府和地方政府。中央政府主要负责全国性的、具有全局意义的海域资源生态补偿项目与工作,如划拨专项费用,支持设定全国性的重要海域生态功能区;组织全国性的大型海域资源生态修复工程;统筹规划全国有关海域生态费用的开支方向与分配方案;跨区域的管辖与协调事宜等。地方政府作为海域资源生态的补偿主体,其主要职责应当是提供相关费用,配置相关人力资源,对辖区范围内海域生态进行有效保护,或者对海域生态进行污染防控与生态修复,也包括及时有效地向其他补偿义务主体收取生态补偿费用或者征收相关税费。

需要指出的是,尽管有些地方政府并未邻接海域或者其管辖范围并未涉及海域,但是这并不意味着这些地方政府就不是海域资源生态补偿的义务主体。海域资源的生态系统尽管主要以海域为支点,但也与陆地有关经济活动或者生态质量有密切关系。

基于我国的国情以及经济发展的状况,我国的企事业单位或者个人无法在海域资源生态补偿方面承担着主导性作用。随着我国环境保护税的开征以及国务院自然资源部的组建,[③]我国政府至少在补偿表现与形式上,仍将在相当长的一段时间内扮演着海域资源生态补偿的主要义务主体角色;而中央政府又是其中最核心的角色,地方政府是海域生态补偿义务的主要落实主体。

在法理上,政府作为诸多重要海域资源所有权人的代理人或者代表人,在海域资源生态补偿方面却面临着两层貌似矛盾的角色:政府作为海域资源所

[①] 陈义彦主编:《政治学(上)》,台北五南图书出版有限公司 2004 年版,第 214 页。

[②] [美]戴维·E.阿普特:《现代化的政治》,陈尧译,上海人民出版社 2011 年版,第 173 页。

[③] 《中华人民共和国环境保护税法》于 2016 年 12 月 25 日由我国第十二届全国人民代表大会常务委员会第二十五次会议通过,并自 2018 年 1 月 1 日起施行。"环境保护税"是非常重要的一种生态补偿形式。"自然资源部"是根据我国第十三届全国人民代表大会第一次会议批准的国务院机构改革方案而组建的,是国务院组成部门。其主要职责包括对自然资源开发利用和保护进行监管,建立空间规划体系并监督实施,履行全民所有各类自然资源资产所有者职责等。

有权人的代理人或者代表人,有权代表/代理所有权人获得相应的补偿,然而,政府又是海域生态补偿的义务主体。这难道不是自己补偿自己的逻辑吗？实际上,政府接受或者获得相应的补偿,仅是其作为海域资源的所有权人代表,而非政府自身获得补偿。同时,政府作为补偿的义务主体,系基于其政府的本旨、功能与角色而产生的。国家承担生态补偿是消除贫困和降低不公平程度的有效方式。[①] 就政府所进行的补偿而言,被补偿的对象或者补偿的受益对象其实包括国家、集体经济组织以及海域资源有关的私人所有者。

（2）企业（主要是涉海产业的有关企业）

企业,尤其是涉海洋产业的企业,成为海域资源生态补偿的义务主体,与这些企业的经营行为有关。为避免将海域生态补偿义务主体过度泛化,这里的企业应当限定于其生产经营活动直接涉及海域资源的企业。也就是说,只要企业的生产经营活动直接涉及海域资源的开发利用,或者实施直接影响海域生态系统的其他经营性行为,则企业就应当成为这里的生态补偿义务主体。涉海产业的企业是这类企业的主要形态。同时,这里的企业也包括本国企业与外国企业。

在形式上,企业承担的补偿义务可以通过对应的税收机制以及海域污染生态修复费用等来实现。税收机制是针对企业的经营性行为,而海域污染修复费用则针对其具体的海域生态污染与损害行为。前者是针对企业的合法性经营行为,而后者主要是针对企业的违法性行为。[②] 如果企业在海域资源生态保护或者海域资源开发利用效率上有重大贡献或者改进,则可以考虑给予企业进行适当的税费减免。

由企业承担相应的海域资源生态补偿义务,可以避免企业把本应自己承担的海域污染或者资源减损的成本转嫁给社会,或者利用海域生态环境的外部经济性而"搭便车"。这种生态补偿义务的确立,将促使企业更加主动地减少海域资源的污染与破坏行为,积极提高海域资源的开发利用效率;此外,企业以生态补偿而支付或者缴纳的相关税费也可以成为国家海域资源生态补偿

---

① 曹明德、黄东东:《论土地资源生态补偿》,载《法制与社会发展》2007年第3期,第102页。

② 从侵权责任法角度来看,补偿与赔偿是两种具有不同法律意义的概念。补偿通常是针对不具有违法性或者否定性评价的行为,往往不具有道德上的可非难性;而赔偿是针对违法性行为,具有道德上的可非难性。可参见张新宝所著《侵权责任法》(中国人民大学出版社2013年版)一书在"第二章 侵权责任的归责原则"的论述。本文从广义上来讨论"补偿",即补偿包括赔偿。

资金的重要来源。

此外,企业也可以基于合同的约定承担相应的海域生态补偿义务。这种合同的约定,既可以来源于政府与企业的约定,也可以来源企业与海域资源的所有权人或者用益物权人的约定。

在现代社会,随着人类经济行为的扩张以及企业的社会责任理念的强化,企业将在海域资源生态补偿结构中扮演着越来越重要的角色。我国既要积极规范企业的海域资源的开发利用行为,督促企业积极履行海域资源生态补偿的义务,也要积极调动企业承担社会责任的积极性与主动性,充分发挥企业在海域资源生态方面的能动作用。

(3)公民

公民是社会活动最基础的行为主体。公民在进行社会活动,如果其行为直接涉及海域资源的开发或消费,或者海域生态的减损,则该公民也应当成为海域资源生态补偿的义务主体。比如,公民参加海洋旅游体育等休闲活动,则其应当支付相关的费用或者缴纳相关的税收。再如,公民购买海鲜产品,则其支付的价格中就应当包括海域生态补偿而形成的税费。还有,如果公民实施海域污染行为,则应当依法承担修复海域生态的法律责任。

当然,公民承担海域资源的生态补偿义务不宜泛化,比如,不宜直接将公民个人或家庭生活垃圾而缴纳的垃圾处理费或者排污费等纳入海域生态补偿内容。尽管这些费用可能确实与海域生态系统的维系有着或多或少、直接或者间接的关联,但这些费用仍应认为是对陆地生态的补偿,而非海域资源。如此认定的主要目的是为了避免公民因正常的生活而承担过多的自然生态保护义务。

与企业相似,公民同样可以基于合同的约定而成为海域生态补偿的义务主体,但是公民个人往往受限于精力与财力,对海域生态补偿义务的履行能力有限,故不应鼓励以合同的方式来为公民设定生态补偿义务。

(4)社会组织

社会组织是人们为了有效地实现特定目标而按照特定的宗旨、制度、系统建立起来的共同行动集体。这些组织,尤其是那些公益性社会团体的成员,往往有着特定的信仰、良好的伦理道德修养,对公益事业充满关心和热爱。在组织形式上,社会组织可以是法人,也可以是非法人组织。

作为海域资源生态补偿的义务主体,社会组织可以分为两类:第一类是指其活动直接涉及海域资源的开发利用或者其活动直接对海域生态产生减损影响的社会组织。这类社会组织与企业成为海域资源生态补偿的义务主体的性质与逻辑是相同的。第二类是指纯粹的涉海环境公益组织。比如,"中华环保联合会""上海仁渡海洋公益发展中心""蓝丝带海洋保护协会""自然之友""地球村"等,都属于此类的公益性组织。这类社会组织的活动通常不会直接涉及海域资源的开发利用,或者对海域资源的生态环境产生减损影响,其对海域资源的生态补偿主要是基于其公益性。这类组织的补偿经费往往是来源某些组织或者个人的捐助。

在性质上,第一类社会组织应当是海域资源生态补偿的法定义务主体;第二类社会组织应当是海域资源生态补偿的道德义务或者伦理义务主体。

当然,不论是哪一类社会组织,都可以基于合同约定而承担相应的海域生态补偿义务。通常而言,社会组织不是或者说不应该是海域资源生态补偿的主要义务主体。

(5)外国政府

在全球一体化的背景下,基于海域生态的全球性与有机性特点,海域资源的生态平衡及可持续发展问题已经不是单一国家能够妥善解决的,其需要全球各国的协力合作。

外国政府作为补偿的义务主体,主要是基于两种层面的考量。第一是外国政府对海域资源的开发利用或者其他损害海域资源的行为,已经直接或者间接影响到本国的海域资源生态系统的平衡,且该国必须对该行为负责。比如,2011年日本福岛核泄漏事件,就对中国、朝鲜、韩国、俄罗斯等海域资源造成损害性影响,日本政府就应当承担相应的补偿/赔偿义务。第二种是基于国家间代际补偿问题,即上代人的开发利用或者损害海域生态的行为对当代人的一种补偿,主要体现为发达国家对发展中国家以及不发达国家的一种补偿义务。

发达国家的"发达"主要是因为其发展较早较快,以及对不发达国家与发展中国家资源的不公平掠夺。发达国家在其早期的较快发展过程中已经对自然资源/海域资源的生态系统造成了较大的负影响。发达国家不能因其已经经历过自然资源/海域资源生态系统"负影响"的阶段而来指责不发达国家或者发展中国家在当下对自然资源/海域资源生态系统所造成的"负影响",也不能将其经济文化的发展与繁荣所对应的主要成本不公平地转嫁给不发达国家与发展中国家。所以,从海域资源生态的全球性特点以及人类命运休戚与共的理念出发,发达国家应当对海域资源的生态补偿担当起主要责任。发达国家不仅应当解决好国内海域资源生态的平衡与可持续发展问题,还应向发展中国家与不发达国家提供与其经济能力相适应的资金、物质、技术等方面的补偿,以协助这些国家落实与保障海域资源生态系统的良性运作。

当然,在主权原则下,一国的国内法往往难以制约外国政府的各种行为。所以,确认外国政府作为海域资源生态的补偿义务主体以及该补偿义务的履行,需要依赖国际法或者国际公约。

从自然资源生态的跨国补偿来看,国际社会已经做出了许多努力,并取得了一定的成果。比如,1992 年 6 月在巴西里约热内卢召开"地球高峰会议"通过的重要文件《21 世纪议程》就明确规定:发达国家每年应拿出其国内生产总值的 0.7% 用于官方发展援助。[①] 此后,在联合国组织召开的系列国际会议中,各国又相继通过了《进一步执行〈21 世纪议程〉方案》《约翰内斯堡可持续发展宣言》《可持续发展问题世界首脑会议执行计划》《我们希望的未来》等文件。从目前来看,这些文件的实际执行情况并不理想,但这种国际努力值得赞许,未来值得期待。

2.海域资源生态补偿客体

海域资源生态补偿的客体是指海域资源的生态补偿法律关系中,围绕海域资源的生态利益维护与促进而进行的补偿行为或补偿内容所共同指向的对象,也是海域资源"生态补偿法律关系主体的权利和义务所指向的共同对象"。[②] 直观地说,海域资源生态补偿的客体就是海域资源的生态系统平衡及其可持续发展。[③] 当然,这种生态系统的平衡以及可持续发展问题最终还要落实到人与人之间的关系,也就是补偿客体最后还是要转换为补偿的对象,也即需要特定的主体来承受这种补偿内容。

基于海域生态系统的平衡及其可持续发展建立在海域资源生态的现状维持并不断改进品质的基础,我们其实可以根据海域资源生态将其补偿客体细化为以下三项内容。

第一,海域所对应的土壤与水质的优良保持。这是因为海域对应的底土、水质等是其他海域资源的承载体,也是海域资源最为重要的资源形态。离开了海域所对应的土壤与水质,其他海域资源便失去其存在的根据。目前,我国海域的土壤与水质遭到损害,是当前海域生态环境保护的突出问题。在我国

---

① 尤艳馨:《我国国家生态补偿体系研究》,河北工业大学 2007 年博士学位论文,第 47 页。

② 曹明德:《对建立生态补偿法律机制的再思考》,载《中国地质大学学报(社会科学版)》2010 年第 5 期,第 31 页。

③ 也有学者认为补偿的客体,就是补偿的对象。贾欣:《海洋生态补偿机制研究》,中国海洋大学 2010 年博士学位论文,第 113 页。

东南部地区工业发达的一些省市,海域的土壤与水质遭到损害的情况最为严重。在笔者所在的城市,海域土壤与水质遭到损害的情况就比较典型。在二十多年前,这座城市周边的海域水质的清澈见底,是天蓝色的;很多居民经常在夏天的傍晚下海游泳。但是,近些年来,这座城市周边的海域水质是浑浊的,是灰色的;基于对水质的担忧,现在很少有人入海游泳。

第二,海域水生野生动植物资源生存及其优良品质保障。作为海域中的生命体,海域野生动植物资源的生存及其品质状况与人类的关联,实际上比任何其他形态的海域资源都来得紧密些。这不仅是因为这些海域野生动植物资源是我们重要的食材来源,更因为这些野生动植物的生存与品质保持状况能够直接体现或者反映人类的生存环境与生存品质。从补偿的角度来,这里海域水生野生动植物生存及其优良品质保障,主要包含两个层面的内容:第一层面的内容是指对海域水生野生动植物的栖息地、独特的生态环境、食物、水源等必要的生存要素进行保护。这是一种现状维持问题。第二层面的内容是指为保护海域水生野生动植物的生存品质而采取的积极改进措施,如修建相应的隔离带或者隔离网,或者迁居居民,建设珍稀海域水生动植物保护区。

第三,海域矿产资源、能源资源、化工资源等开发利用效率的改进与提升。这些海域资源开发利用效率的提高,都能够有效地保障或者促进海域资源的生态平衡及其可持续发展。比如,矿产资源开发技术提高,进而减少对海域其他资源形态的生态影响;再如,海洋潮汐能、温差能等能源资源的开发利用,进而减少对天然气、石油、煤炭等污染性较高资源的依赖。

3.海域资源生态补偿的对象

海域资源生态补偿的对象是指因向社会提供海域生态环境服务、提供海域生态产品、从事海域生态环境建设、使用绿色环保技术或者因保护海域资源生态而在生活、工作、财产或者发展等方面遭受诸多不利的影响,而依照法律规定或者合同约定等应当得到物质、技术、资金补偿或税收优惠等的地区、社会组织、企业和个人。这些主体之所以被列为被补偿的对象,主要是因为其对海域资源生态做出特殊贡献或者遭受特定的权益减损。[①] 具体而言,海域资源生态补偿对象主要有以下五类:

---

① 有学者主张被补偿对象主要是"利益"受损者、受害者以及"特别牺牲者"。笔者以为,这种对补偿对象的界定,有其合理性,但是范围过于狭窄。黄秀蓉:《海洋生态补偿的制度建构及机制设计研究》,西北大学 2015 年人口、资源与环境经济学博士学位论文,第118 页。

(1)海域生态环境的建设者

依法从事海域生态环境建设的单位和个人应当得到相应的经济或实物补偿。这主要是为了鼓励更多的企业与个人,积极投身于海域资源生态的建设、修复与促进工作中。

(2)因海域生态保护而受到"负影响"的地方政府和居民

海域资源生态保护有很多的形式与手段。比如,退渔还海、淘汰海洋落后产能、设立海域生态功能区等,都属于此类的海域资源生态保护方式。

海域生态功能区是对海域生态环境保护具有重要意义的地理单元。[①] 根据我国《中华人民共和国海域使用管理法》以及《近岸海域环境功能区管理办法》等规定,在该特定的海域区域范围内,经济建设要服从于海域生态环境保护,海域生态环境保护的标准往往高于非功能区,或对海域生态环境保护有着特殊的要求或者限制。比如,在该区域内,工业企业的设立需要满足特定的海域生态保护设定的准入门槛;有些海域资源的开发受到限制甚至禁止开发。比较典型的例子有海南万宁海洋生态自然保护区、辽宁省大连市老偏岛海洋生态自然保护区、广东南澎列岛海洋生态自然保护区、韭山列岛海洋生态自然保护区等。在这些特定海洋保护区内,为了保护特定的海域资源(如金丝燕、墨鱼、乌贼、马鲛鱼、金枪鱼、旗鱼、鲳鱼、鲥鱼、带鱼、龙虾、鲍鱼、海胆、紫菜等各种各类名贵海产品与珍稀野生动植物,以及海洋生态系统),避免水质与土壤的破坏,基本停止了一切重工业的经济开发和利用。

显然,这些特殊海域区域所实施的一些系列海域生态保护特别措施,必定对这些区域的经济发展等产生一定的制约性影响。比如,这些地方政府的财政收入也大大减少,相应的财政投入却可能保持着增加与上升态势。这种情况或将进一步影响这些地方的教育、医疗、交通和其他公益事业的发展。同时,居民在就业、择业等方面也将受到影响,生活水平或者质量也可能受到了"负影响"。对此,有关政府应该给该区域范围内的地方政府和居民相应的资金、优惠政策、技术等补偿,对他们丧失的经济发展机会或者所付出的代价给予补偿。

(3)海域资源开发区内的单位和居民

海域资源开发区主要是指对海域资源,如海盐、海底天然气、海底石油、海

---

① 青岛市海洋与渔业局:《〈中华人民共和国海域使用管理法〉释义——海洋功能区划》,http://www. qingdao. gov. cn/n172/n24624151/n24627375/n24627389/n27207614/151117203317866451.html。2018 年 4 月 15 日访问。

洋鱼类等进行开发利用的特定区域。对于当地政府来说,这种海域资源的开发利用有利于增加财政收入,吸收就业,促进经济的增长。但是,对于位于海域资源开发区的单位和居民来说,他们或将因这种海域资源的开发而受到潜在或实质性危害。如某些开发区的原住民和单位,因海域资源的工业性开发而被迁移,或因大量涉海工业企业的迁入而导致周边生产、生活环境变差、生活质量下降等。这些受到影响的单位和居民应当应该政府或有关受益单位的补偿。

(4)合同的一方当事人

以合同约定的方式来进行海域资源生态补偿,是生态补偿的重要形式。这也是市场机制在海域资源生态补偿的有效运用。这种机制因其协商与自愿等优点而受到广泛欢迎。其实,只要当事人之间就海域资源生态补偿达成的合同约定,在不存在损害国家利益、社会公共利益或者第三人利益的前提下,就应该被鼓励。

其实,就水资源的保护与补偿问题,我国已经有一些成功的实践实例。比如,2001 年,位于浙江省金华河上游地区且水资源丰富的东阳市与下游水资源紧缺的义乌市达成了水资源贸易协议,东阳市根据协议的约定向义乌市提供特定水资源的使用权,并因此而成为被补偿的对象。

(5)国家

海域资源生态补偿具有国际性特征。这是因为一国海域资源的减损或者破坏,往往影响或者制约其他国家海域资源的质量与可持续发展。所以,国家既可以是补偿的义务主体,也可以是被补偿的对象。当其他国家的海域资源开发与利用行为对本国的自然生态环境造成损害时,本国就应该得到其他国家的生态补偿。或者,本国为了保护或者促进其他国家的生态利益而减少了本国海域资源的开发与利用以及与此相关的发展机会,则本国应得到其他国家兑付的相应的生态补偿。

其实,基于人类共同发展的角度,发展中国家或者不发达国家也应当得到发达国家给予的相应生态补偿,以有效地帮助这些国家提高自然资源/海域资源的开发利用效率。

4.海域资源生态补偿的方式

海域资源生态补偿的方式是海域资源生态补偿得以实现的形式与途径。从补偿的义务主体来看,补偿方式就是其需要付出何种形式的代价。对于被补偿的对象而言,就是其能够获得何种形式的利益或者服务。

按照生态补偿的手段与补偿物的差异,可以将补偿方式分为货币补偿、实物补偿、智力补偿和政策补偿等五种。(1)货币补偿,这是最常用的,也是最主要的补偿方式。常见形式有支付补偿金、征收税金、减免税费或退税费、支付补贴、财政转移支付、支付贴息、加速折旧和支付复垦费等。这种补偿方式的最大优点就是直观明确,便于履行以及度量。(2)实物补偿,即给予补偿对象一定的物质或者产品(如生产工具、办公设备等,但货币除外)、劳力,甚至土地使用权/海域用益物权,以改善其生活条件与生产环境,增强其生活质量与生产能力。实物补偿的优势在于能够以看得见的形式来补偿被补偿的对象,但其不足在于不便履行,难以度量。(3)智力补偿,即向补偿对象提供智力服务,包括无偿的技术咨询、协助受补偿者提高生产技能和管理水平、为其培养或者输送各级各类人才等。(4)政策补偿,即上级政府赋予下级政府或各级政府赋予特定区域范围的企事业单位、社会团体组织或者公民一定权力或让其享受某些特殊政策,该受补偿者在授权范围内具有制定政策的优先权或享有特定的优惠待遇。比如,对遭受特定损害的企业实行减免退税政策优惠,即属于此类的补偿形式。(5)项目补偿,是指补偿者通过在受补偿者所在地区从事一定工程项目的开发或建设等方式进行补偿,如生态移民、异地开发等。在这五种补偿方式中,货币补偿、智力补偿和项目补偿应当被优先考虑。其中,智力补偿与项目补偿具有"授人以渔"的价值,最能解决被补偿对象的长远问题,其意义超过了补偿本身。[①]

依照补偿方式与海域资源形态之间的对比性,可以将海域资源生态补偿区分为同质补偿与异质补偿。所谓同质补偿,是指当海域生态受到破坏时,"应当采用与原生态环境相同的方式进行补偿"。而所谓异质补偿,就是"采取与原生态环境类似的方式"或者其他替代性方法来进行补偿。[②] 前文所述的货币补偿、实物补偿、智力补偿等,都属于异质补偿。在理论上讲,同质补偿肯定优于异质补偿。前者补偿更加完整、全面,其政策的接受度以及环保的实效理应高于后者。[③] 这是由补偿的目的与本旨所决定的。然而,在实践操作上,同质补偿几乎不可行。比如,某特定海域的海水被污染了,那么,在最原初的意义上,同质补偿就是使用与原海域水质相同的海域来替换被污染的海水,但

---

① 尤艳馨:《我国国家生态补偿体系研究》,河北工业大学 2007 年博士学位论文,第50 页。

② 任永安、邹爱勇:《浅析矿产资源开发生态补偿制度》,载《政法论丛》2010 年第 4期,第 100 页。

③ 任永安、邹爱勇:《浅析矿产资源开发生态补偿制度》,载《政法论丛》2010 年第 4期,第 100 页。

这几乎不可操作。所以，从操作性考虑，补偿方式还是应当主要考虑异质补偿。

依照补偿方式实现空间的差异性，可以将补偿方式区分为现地补偿与异地补偿。现地补偿就是在海域资源生态遭受减损的原定区域直接兑现或者实现补偿内容。异地补偿是指在受到海域生态遭受减损区域以外的其他区域来兑现或实现补偿的内容。比如，因为海域资源生态保护而对利益相关的居民进行迁居，就属于典型的异地补偿。德国《联邦矿山法》规定，对因开矿占用的森林、草地实行等面积必须异地恢复。^① 这似乎也是对异地补偿方式的确认。现地补偿与异地补偿应当说各有优缺点，在选择上，应当根据具体情况来确定。

5.海域资源生态补偿的标准

海域资源生态补偿的标准是指在特定的社会经济条件和社会公平观念下，对海域资源生态补偿对象进行补偿的依据与准则，以确保生态补偿的公平、可靠、稳定与有效率。

从补偿的义务主体来看，生态补偿标准是指其应当承担多少量的补偿义务，如应当支付多少的补偿金、缴纳多少比例的税金、提供多少量的技术服务等。从被补偿的对象来看，补偿标准实际上就是解决其应当获得多少的利益的问题，比如其应当获得多少的货币支持，应当获得多少量的技术支持等等。这也就是说，海域资源生态补偿标准的确定，必须公平地均衡兼顾补偿义务主体的承受能力与被补偿对象的利益诉求。

海域资源生态补偿标准的确定，还必须考虑其可度量可计算的问题。如果不可度量不可计算，就难以确定所谓的标准问题。在这一意义上，这里的补偿标准主要是针对货币补偿、实物补偿、项目补偿与智力补偿。政策补偿在可以量化的情况下才有所谓的标准问题。比如被补偿对象因享受税收优惠而被减免的金额。

按海域资源生态补偿标准是否有法律明确规定为标准，可将其分为法定补偿标准和约定补偿标准。法定标准是法律有明确的规定，不允许各方当事人（如补偿义务主体与补偿对象等）以各种方式任意地提高或降低的生态补偿标准。比如我国《侵权责任法》明确海洋污染的损害赔偿标准以及《环境保护

---

① 任永安、邹爱勇：《浅析矿产资源开发生态补偿制度》，载《政法论丛》2010 年第 4 期，第 100 页。

税》确定的征税标准等,都可以认为是法定补偿标准。[①] 约定补偿标准则主要是由双方协商确定,以海域资源生态产品在市场上的价格作为主要的调节手段。如因排污权而产生的交易价格即属于比较典型的约定补偿标准。

在严格意义上讲,最公平的生态补偿标准应当是根据海域资源"生态价值变化量"来确定。但因很多的海域资源及其生态服务功能没有市场价值或者市场价格,或者难以准确地获取相关的市场价值或市场价格,所以在实践操作上,我们往往是将机会成本、修复成本等作为确定补偿标准的重要参考依据。[②]

(1)海域资源生态保护者的直接投入和机会成本

海域资源生态保护者为了保护海域资源生态,必定需要投入一定的人力、物力和财力,以及其他各种各样的物质资源。比如,海域资源生态保护设施的建设投资状况;对海域资源生态保护开展相关的宣传、教育、科研等资金投入;因使用绿色节能产品、技术而发生的费用支出等。那么,我们在确定生态补偿标准时,就应当将这些投入纳入生态补偿标准的计算之中。

机会成本,通俗来说,就是海域资源生态保护者利用一定的时间或者资源实施海域资源生态保护时,相对应地失去了利用这些资源生产或者创造其他最佳替代品或者服务的机会。比如,因保护海域资源生态而丧失发展机会的居民生活水平和政府财政收入减少部分,可以纳入机会成本。

从理论上讲,海域资源生态保护者的直接投入与机会成本之和应该是海域资源生态补偿的最低标准。

(2)海域资源开发利用者的开发利用规模及其获利状况

海域资源的开发利用者对海域资源的开发利用,往往能够给其带来经济利益。因此,在确定海域资源生态补偿的标准中,我们应当将海域资源开发利用者开发利用规模及获利状况作为重要的参考依据。

开发规模是从海域资源生态受开发利用的影响程度来考虑,而获利状况则综合考虑企业开发利用的影响程度以及其社会责任的承担因素。一般来说,海域资源的开发规模越大,对海域资源生态的影响就越大。获利状况越好,通常意味着效益越好,而且对应的开发规模也越大。如果开发规模很小,即使企业的开发利用效率极高,利润率极高,但总额获利状况仍然会很有限。社会责任的承担意味着企业在利用公共物而获得相应的利益时,应当承担社

---

① 如前文所述,本文将补偿概念涵括赔偿。

② 贾欣、王森:《海洋生态补偿机制的建构》,载《中国渔业经济》2010 年第 1 期,第 18 页。

会公平与共同发展的责任。企业获利越多,则应当承担的社会责任越大,其应当支付的补偿内容就应当越多。

(3)海域资源的损失状况以及生态修复成本

如果某一生态损害行为直接导致海域资源的价值减损,该减损的情况就应当被作为确定补偿标准的重要内容。比如,某船舶损坏而发生油污泄露,导致附近海域养殖渔民所养殖的鱼类死亡。那么,该渔民对鱼类养殖的直接经济投入(如购买鱼苗、获得海域养殖权/海域承包经营权的费用、饲料费用)、养殖的时间与人力投资、可预期的增值状况等,都应当被纳入补偿范围。

生态修复成本是针对海域生态的修复而产生的成本。如前述的船舶油污污染,除了可能造成附近海域养殖渔民遭受损害外,也可能损害公共海域的海水水质、海域底土品质、海域生物生存环境,乃至损害人们在该海域进行休闲娱乐的福利。这时候采取特定措施,比如雇请专业人员进行油污吸除而发生的人工费用、技术费用等,都应当被纳入补偿的范围。生态修复成本还要考虑海域生态修复的可能以及修复周期等问题。比如,船舶油污损害导致附近海域生物死亡,则即使油污已经吸除,也并不意味着该海域的生态已经修复,只有经过多年的培育与保护才有可能恢复到原有的生态。这种多年的培育与保护成本也应当纳入修复成本范畴。

综合而言,确定海域资源生态补偿标准,需要综合考虑我国和不同地区的客观实际情况,特别是各地区的经济发展水平以及生态破坏的程度性差异。此外,海域资源生态补偿标准还必须保障具有动态调整的机制。这也就是说,我们应根据海域资源生态保护和经济社会发展的阶段性特征,在海域资源生态补偿标准方面保持着适时调整。

(三)海域资源生态补偿的运行机制

1.海域资源生态补偿运行机制的基本模式

海域资源生态补偿的运行机制就是海域资源生态补偿各组成要素之间相互影响、相互作用的基本规范。运行机制实际上就是要解决海域资源生态补偿各个要素如何相互作用的问题,进而达到海域资源实现海域资源生态的维护与可持续发展的目标。

海域资源生态补偿的运行机制,可以根据其运行的目标导向性差异而区分为事前机制与事后机制。事前机制主要是指在海域资源生态被损害之前就进行补偿运作的机制。比如在海域资源的开发利用之前,就提前由专业性的独立评估机构进行损害性评估,并依此来确定补偿标准与补偿方式,且实际兑现补偿的补偿模式。事先补偿主要适用于两种情境:第一种是"落实型";第二种是"防患于未然型"。前者比如在滩涂围垦中,必须有相应的生态补偿方案,且进行有效论证后,将补偿涉及的补偿方式与内容(如货币、实物、技术等)落实到位,才能进一步实施滩涂围垦开发。[①] 后者如海域补偿金的储备、有关税费的预征预缴。事后机制主要适用于不同利益主体之间就海域资源生态利益配置失衡后,即海域资源生态减损后而进行补偿的机制。比如,发生海域污染行为,导致渔民养殖的鱼类死亡。污染行为人/责任人对渔民的损失状况进行补偿/赔偿。事先机制的优点在于"防患于未然",能够有效减少相关的纠纷与争议,但是其不足在于针对性相对较多,容易导致"搭便车"与"寻租"等投机行为。比如,在事先"落实型"情境下,许多的利益关联者可能为了获得不当的补偿而故意或者串通制造一些虚假现象提供虚假信息。在实践中,在拆迁补偿前许多人搞"突击建设""表现建设",进而"骗取"拆迁补偿款就是明证。事后机制的优点是针对性强,但是这种机制运行于"损害发生"或者"利益失衡"的状态下,容易导致无谓的浪费,甚至激化矛盾。因为我国的海域生态补偿机制运行期限不长,实践与理论积累均有所欠缺,所以在实践中,事后运行机制常常是主导模式。从应然性上考量,我们的生态补偿运行机制,不应当仅仅局限于"末端的被动式应对"机制,而应当涵括"源头—过程—结果"这些环节,保证海域资源生态补偿的"全过程性"。[②]

根据其运行的阶段性不同,海域资源生态补偿的运行机制还可以区分为生态补偿的启动机制、生态补偿的执行机制与生态补偿的监督机制。启动机制主要是指海域生态补偿基于何种原因或者何种事由而发生。根据海域生态补偿设定的基本动因,生态补偿的启动主要有两种情境。第一种是基于某种特定的行为,比如,发生了海域资源的开发利用行为、海域资源的污染损害行为、海域资源的消费行为等。第二种是基于某种特定的事件,可能与人的行为有关,也可能与人的行为无关。比如,因海啸而导致船舶油污泄露事件,因地震而发生海域有关航运设施的损毁等。生态补偿的执行就是要解决补偿义务主体应当以何种方式在怎样的期限内将补偿内容兑现给被补偿对象的问题。生态补偿的执行机制关系着补偿义务主体是否履行补偿义务、如何履行补

---

① 黄秀蓉:《海洋生态补偿的制度建构及机制设计研究》,西北大学 2015 年人口、资源与环境经济学博士学位论文,第 128 页。

② 黄秀蓉:《海洋生态补偿的制度建构及机制设计研究》,西北大学 2015 年人口、资源与环境经济学博士学位论文,第 130 页。

义务,以及以怎样的方式与途径来履行补偿义务,是整个补偿运行机制的核心。生态补偿的监督机制主要涉及补偿义务主体履行补偿义务是否合法、是否妥适等问题,包括内部监督与外部监督两个内容。比如,某企业在开发利用海域资源过程中是否履行了生态补偿义务,可以由企业内部系统来进行监督,也可以由政府相关部门或者社会公众来监督。前者就是内部监督,后者就是外部监督。通常而言,外部监督的质量与效果要优于内部监督。但是,外部监督的不足就是在于监督的介入途径有限,且往往面临信息不对称的窘境。

根据其运行的主导主体与属性的不同,海域资源生态补偿的运行机制可以区分为政府补偿机制和市场补偿机制。政府补偿,是指以政府为主体,采取管制、补贴、税收优惠、利率优惠、转移支付等手段进行海域资源生态补偿的机制。它是一种以命令、控制式为主导的海域资源生态补偿方式。在这一补偿方式中,各级政府既是海域资源生态环境的管理者,又是海域资源生态的建设者与组织者。它们既要调节不同主体之间的资源余缺,协调不同利益群体的利益与冲突,稳定社会秩序,又需克服企业作为补偿义务主体时所面临的局限性和困难。市场补偿是指市场交易主体在法律框架内,利用经济手段,通过市场行为与市场手段修复、改善海域资源生态,实现生态利益均衡化的机制。市场补偿机制包括市场主体的自我补偿与市场外部补偿两种基本样态。自我补偿就是市场主体通过内部系统与会计核算来实现生态补偿的模式。比如,市场主体通过建设海域环保设施或应用海域环保技术来提高生产效率,减少污水排放,进而达到减少自身补偿义务内容的目的。市场外部补偿就是通过市场其他主体的货币支付、实物给付、技术输出等来对生态利益受损的市场主体进行补偿的机制。有效而充分的市场能够有效地将生态补偿的成本最小化,充分发挥补偿的有效性与市场的激励性等优势。关于政府补偿机制与市场补偿机制的取舍问题,颇有争议。在当前状态下,我国应当优先考虑以政府为主体和主导的补偿运行机制。这是基于两个方面的原因:第一,海域资源生态具有公共物属性,容易出现市场失灵。第二,我国海域生态补偿具有特殊性。"我国生态补偿从时间上看比较紧迫,从空间上看涉及广大地域,从强度上看牵动多方利益……中国推行的是一种'自上而下'的改革,这样的环境决定了中国现在和将来相当长的时间内生态补偿立法与制度运作仍然将是一个行政话语主导的时代。"①从长远发展来看,市场补偿机制应该是我国海域资源生

①　曹明德、黄东东:《论土地资源生态补偿》,载《法制与社会发展》2007年第3期,第99页。

态补偿未来发展的主要方向。

在以政府为主导的补偿运行机制中,生态补偿的形式涵括货币补偿、实物补偿、项目补偿、智力补偿与政策补偿。但是,货币补偿与政策补偿应当是其中最为重要的两种补偿形式。

货币补偿包括财政转移支付与生态补偿专项金。财政转移支付是政府把以税收、国债等形式筹集的财政资金在上下级政府之间、同级政府之间以及不同性质的项目之间进行转移支付的行为。政转移支付是基于中央和地方财政之间的纵向不平衡和各区域之间的横向不平衡而产生的,是国家为了实现区域间各项社会经济事业的协调发展而采取的财政措施。它是最主要的区域补偿政策,也是各国缩小区域经济发展差距实践中最普遍使用的一种政策工具。① 根据我国的实践,中央政府对地方政府的转移支付方式有税收返还、专项补助、过渡期转移支付补助、各项结算补助和其他补助等。财政转移支付的资金主要来源有税收与发行国债。生态补偿专项金是政府开展海域资源生态补偿的重要形式。目前,我国已经建立的直接或间接涉及海域资源生态补偿的专项基金主要有:(1)农业综合开发土地复垦资金,用中央财政资金对因各项生产建设造成挖损、塌陷、压占等破坏的土地进行复垦的项目进行扶持。由国土资源部组织实施。从海域资源的生态补偿角度,如果农民利用海域滩涂进行农业生产,则可能适用于该项专项基金。② (2)中央环境保护专项资金,支持重点流域/区域环境污染综合治理项目等。如果海域资源的开发利用涉及前述的区域污染综合治理等项目,则可以使用该专项基金。(3)农村能源综合建设项目资金,主要用于农村能源开发、生态循环农业模式推广等的项目支出。③ (4)中央森林生态效益补偿基金,目的是对重点公益林管护者发生的营造、抚育、保护和管理支出给予一定补助,补偿范围包括重点公益林林地中的有林地,以及荒漠化和水土流失严重地区的疏林地、灌木林地、灌丛地。④ 在

---

① MBA 智库百科:《财政转移支付制度》,http://wiki.mbalib.com/wiki/%E8%B4%A2%E6%94%BF%E8%BD%AC%E7%A7%BB%E6%94%AF%E4%BB%98%E5%88%B6%E5%BA%A6. 2017 年 4 月 12 日访问。

② 参见原国土资源部《农业综合开发土地复垦项目管理暂行办法》(国土资发〔2000〕414 号)。

③ 参见原农业部《农村能源综合建设项目资金管理办法》(农财发〔2018〕3 号)。

④ 参见中共中央、国务院《关于加快林业发展的决定》(中发〔2003〕9 号)、财政部与颁布原农业部的《中央森林生态效益补偿基金管理办法》(财农〔2004〕169 号)与《中央财政森林生态效益补偿基金管理办法》(财农〔2007〕7 号)相关规定。

海域的开发利用中,海域森林的营造、抚育与保护管理将直接涉及该项基金,比如红树林。红树林是生长在热带、亚热带低能海岸潮间带上部,受周期性潮水浸淹,以红树植物为主体的常绿灌木或乔木组成的潮滩湿地木本生物群落,是生长于陆地与海洋交界带的滩涂浅滩,是陆地向海洋过度的特殊生态系。目前,浙江、福建、广西等涉海省市,均有较大面积的红树林。通常而言,海域资源生态补偿专项金的资金主要来源于政府财政预算(如税金、排污费、倾倒费等),[①]也包括社会捐赠(如国际组织、外国政府、单位、个人和国内单位、个人的捐款或援助),甚至可以包括生态福利彩票的销售收入。

在补偿机制实现过程中,政府的政策补偿可以以公共政策或者产业政策形式来实现,也可以法律文本或者其他规范性文件的形式来实现。在政策的属性上,可以是实施鼓励性政策,也可以是限制性或者禁止性政策。鼓励性政策即鼓励有利于海域资源生态保护的经营性活动。比如,实行不征税政策或者减免退税政策,制定产业鼓励目录,实行高新技术支持政策等。限制性与禁止性政策,就是以政策形式对不利于海域资源生态的经营活动进行限制或者禁止。比如,对海域资源的开发利用设定主体准入门槛,设定排污标准,实行海域生态保护区政策,实行禁渔期政策等。

海域资源生态的市场补偿主要是针对公共属性较弱的生态要素。其补偿形式包括货币补偿、实物补偿、智力补偿以及项目补偿。在实践操作中,比较有代表性的货币补偿形式就是排污权交易、绿色保证金以及缴纳生态税费。(1)排污权是指排污单位按照国家或者地方规定的污染物排放标准,以及污染物排放总量控制要求,经核定允许其在一定期限内排放污染物的种类和数量。[②] 排污权交易主要是指市场主体之间通过货币交换或者技术支持等方式相互调剂各自的排污量,从而达到减少排污量、保护环境的目的。比如,排污权交易受让方通过技术手段帮助出让方削减排放,从而取得供交易的富裕排放指标;再如,两个或多个排污单位共同出资建造污染物集中处理设施,削减排污后的富裕指标用于交易,收益由出资金者按一定比例分享。在广义上还

---

① 《中华人民共和国环境保护税法》第 27 条明确规定:“自本法施行之日起,依照本法规定征收环境保护税,不再征收排污费。”而《环境保护税法》自 2018 年 1 月 1 日实施。所以,自 2018 年 1 月 1 日起,凡是适用《环境保护税法》而缴纳环境保护税的情形,都不再征收排污费。但是,不适用《环境保护税法》的情形,仍应当按照《海洋环境保护法》第 12 条的规定缴纳相应的排污费或者倾倒费。

② 参见财政部、国家发展改革委、环境保护部于 2015 年 7 月颁布的《排污权出让收入管理暂行办法》(财税〔2015〕61 号)第 3 条规定。

包括政府出让排污权。(2)绿色保证金,即规定企业按照其可能造成的自然环境/海域资源的污染程度在年初或某项目建设之前缴纳一定的对自然资源/海域资源环境污染的保证金,如果到年末或项目运行过程中造成的海域资源环境危害超过了一定标准,那么这笔保证金就自动地被充公并入海域资源生态保护与污染治理的专项基金中去;反之,则可申请退回。(3)缴纳生态税费指为促进生态可持续发展而提供经济诱因的税收。① 部分发达国家征收的生态税有二氧化硫税、水污染税、噪声税、固体废物税和垃圾税等。从我国目前的相关规定来看,环境保护税、资源税、消费税、增值税、耕地占用税、海域使用金以及"排污费、水土保持补偿费、森林植被恢复费、土地复垦费、矿产资源补偿费、探(采)矿权使用费和探(采)矿权价款"等,共同构成了我国自然资源开发利用生态补偿税费体制。② 环境保护税就是针对在我国领域和我国管辖的其他海域,直接向环境排放应税污染物的企业事业单位和其他生产经营者而征收的一种生态税。③ 资源税是以各种应税自然资源为课税对象,为了调节资源级差收入并体现国有资源有偿使用而征收的一种税。④ 消费税、增值税等也直接或者间接涉及生态税收。比如,消费税是针对特定的消费品的消费行为,如鞭炮焰火、成品油、实木地板等进行征税。这就隐含对特定资源消耗进行生态补偿的意义。(4)生态标记制是一种特殊形式的市场补偿形式。生态标记制指在政府或者相关权威机构的认证下,市场主体在其产品或者服务使用该认证标记的一种机制。一般来说,经认证的、以环境友好方式生产出来的有关海域资源产品,在市场上有较好的价格以及较好的吸引力。所以,可以认为这是消费者以绿色认证的方式来购买(支付)海域资源生态环境服务。这种支付方式的关键是要建立能够赢得消费者充分信赖的认证体系。因我国海域污染比较严重,绿色生态标记认证制在海域资源市场化中应该有广阔的应用市场。

---

① 有学者认为:生态税是一种政府补偿机制。尤艳馨:《我国国家生态补偿体系研究》,河北工业大学 2007 年博士学位论文,第 57 页。笔者以为,生态税在形式上是以政府的名义来征收并进入政府的财政性资金系统,用以生态补偿,但这种补偿实质上是由市场主体来承担补偿义务,而政府仅仅是一种管理者或者代理人的角色,故应当认定为一种市场补偿机制。

② 朱燕、王有强:《论矿产资源开发生态补偿税费制度的完善》,载《税务研究》2016 年第 7 期。"海域使用金"的性质比较特殊,它既是一种交易对价,也包含着生态补偿金。

③ 征税依据即 2016 年 12 月颁布并于 2018 年 1 月 1 日实施的《环境保护税法》。

④ 征税依据即《中华人民共和国资源税暂行条例》。该条例经 1993 年 12 月 25 日中华人民共和国国务院令第 139 号发布,根据 2011 年 9 月 30 日《国务院关于修改〈中华人民共和国资源税暂行条例〉的决定》修订,2011 年 9 与 30 日国务院令第 605 号发布。

第五章

立法、实践与海域资源市场化的制度创新

一、我国海域资源市场化的政策与立法

(一)海洋经济及资源市场化政策

作为有着五千多年灿烂文明的国度,作为一海陆兼备的大国,我国先民自古就有着海域资源的开发利用活动。比如在先秦时期,我国沿海地区就掌握了"煮海为盐"的方法,而"渔盐之利"和"舟楫之便"是那个时代海洋开发的基本政策。[①] 当然,限于海洋技术的不足以及对海洋的误解,我国在相当长的时期内并没有积极的海洋/海域资源的开发利用政策,而"重陆轻海""海禁"是其中最核心的两个关键词。

上个世纪 80 年代,是我国海洋经济政策史上的一个重要时期。[②] 在这一时期,政府工作报告以及党中央的相关政策性文件尽管鲜有直接涉及海洋经

---

① 黄凤兰、王溶嫄、程传周:《我国海洋政策的回顾与展望》,载《海洋开发与管理》2013 年第 12 期。

② 有学者指出,自新中国成立初到改革开放前,我国的海洋观念与海洋政策是"海洋是海防的前线"。刘新华、秦仪:《论中国的海洋观念和海洋政策》,载《毛泽东邓小平理论研究》2005 年第 3 期,第 70 页。这也就意味着在这一时期,我国不可能有海洋经济与海域资源开发利用的积极性政策。

济政策内容，[①]但是市场化是这一时期我国政府最重要的课题之一。这与我国当时实施改革开放，推进社会主义市场经济体制改革的政策有重大关系。之所以说这一时期是我国海洋经济政策的一个重要期，是因为这一时期我国密集地颁布了一系列的涉海法律法规以及规范性文件，而这些法律法规文件为我国海洋经济以及海域资源的开发利用奠定了基本的法律框架。比如，1982 年 1 月，国务院颁布《中华人民共和国对外合作开采海洋石油资源条例》；1982 年 8 月，第五届全国人民代表大会常务委员会第二十四次会议通过《中华人民共和国海洋环境保护法》；1983 年 9 月，第六届全国人民代表大会常务委员会第二次会议通过《中华人民共和国海上交通安全法》；1983 年 12 月，国务院颁布《中华人民共和国海洋石油勘探开发环境保护管理条例》与《中华人民共和国防止船舶污染海域管理条例》；1985 年 3 月，国务院颁布《中华人民共和国海洋倾废管理条例》；1986 年 1 月，第六届全国人民代表大会常务委员会第十四次会议通过《中华人民共和国渔业法》；1987 年 8 月，国务院颁布《中华人民共和国航道管理条例》；1988 年 6 月，国务院颁布《中华人民共和国防止拆船污染环境管理条例》；1989 年 1 月，国务院颁布《铺设海底电缆管道管理规定》等。不过，这些法律法规以及规范性文件都隐含着我国在海洋/海域经济政策方面的基本态度，即行政监管意识强，服务性与市场化意识薄弱。这也就是说，我国的海洋/海域政策在国家的经济政策体系中尚未上升到其应有的高度。

进入 21 世纪，尤其是 2012 年以来，"海洋强国"成为我国海洋/海域经济政策的主旋律。2008 年 2 月，我国公布《国家海洋事业发展规划纲要》（以下简称《规划纲要》）。该规划纲要正确地指出："我国是海洋大国，海洋问题事关国家根本利益……海洋对保障国家安全、缓解资源和环境的瓶颈制约、拓展国民经济和社会发展空间，将起到更加重要的作用。"《规划纲要》明确提出了"海洋经济发展向又好又快方向转变，对国民经济和社会发展的贡献率进一步提高"等发展目标，也设定了海洋资源可持续利用、海洋环境和生态保护、海洋经济统筹协调等方面的重点任务，并明确了管理协调、依法行政、人才战略、提高

---

① 有学者经过统计发现：1980 至 1986 年，我国政府工作报告涉及海洋政策的表述不超过 0.3％，1987 年的政府工作报告中没有任何关于海洋政策的表述，1988 年海洋政策占的施政比重上升到 0.62％，1989 年这一比重又归为零。1992 年该比重仅为 0.07％，1993 年海洋政策所占施政比重为 0.58％，1994 年则又未涉及任何海洋政策。张海柱：《政府工作报告中的海洋政策演变——对 1954—2015 年国务院政府工作报告的内容分析》，载《上海政法学院学报》2016 年第 17 卷第 3 期，第 107～108 页。

能力、加大投入和增强海洋意识等方面的具体保障措施。

2012 年 3 月,党的十八大报告明确提出了"提高海洋资源开发能力,发展海洋经济,保护海洋环境,坚决维护海洋权益,建设海洋强国"的宏伟目标。同时,十八大报告也深刻地指出"深化改革是加快转变经济发展方式的关键。经济体制改革的核心问题是处理好政府和市场的关系,必须更加尊重市场规律,更好发挥政府作用"。在生态文明制度建设方面,要"深化资源性产品价格和税费改革,建立反映市场供求和资源稀缺程度、体现生态价值和代际补偿的资源有偿使用制度和生态补偿制度"。十八大报告高瞻远瞩的战略部署,对我国壮大海洋经济,拓展蓝色经济空间,促进海洋社会福祉必将产生积极而深远的影响。

2013 年 1 月,我国发布《国家海洋事业发展"十二五"规划》。规划根据十八大提出的建设海洋强国宏伟目标,结合新形势,对新时期海洋事业发展作了全面深入的部署。规划确定了"十二五"时期及 2020 年我国海洋经济的主要目标,包括"海洋科技自主创新能力和产业化水平大幅提升。海洋开发布局全面优化,海域利用集约化程度不断提高。陆源污染得到有效治理……海洋经济宏观调控的有效性和针对性显著增强……海洋法律法规体系日益健全"。

2013 年 11 月,我国公布《中共中央关于全面深化改革若干重大问题的决定》。该决定进一步明确我国将"紧紧围绕建设美丽中国深化生态文明体制改革,加快建立生态文明制度","推进公共资源配置市场化","健全自然资源资产产权制度和用途管制制度","实行资源有偿使用制度和生态补偿制度。加快自然资源及其产品价格改革,全面反映市场供求、资源稀缺程度、生态环境损害成本和修复效益……建立吸引社会资本投入生态环境保护的市场化机制,推行环境污染第三方治理"。

2016 年 3 月,我国公布《国民经济和社会发展第十三个五年规划纲要》。该规划纲要再一次强调"我国要坚持陆海统筹,发展海洋经济,科学开发海洋资源,保护海洋生态环境,维护海洋权益,建设海洋强国",要"健全现代市场体系",健全市场要素,推进价格形成机制改革,推进公平竞争。

2016 年 12 月,国家发展改革委、国家海洋局正式印发《全国海洋经济发展"十三五"规划》。该规划突出问题导向和需求牵引,确立了"十三五"时期海洋经济发展的基本思路、目标和主要任务。同时,国家海洋局与有关部门也印发了海洋有关的系列规划政策文件。如《全国海水利用"十三五"规划》《海洋可再生能源发展"十三五"规划》《全国科技兴海规划(2016～2020)》《全国渔业发展第十三个五年规划(2016～2020 年)》《中国制造 2025——能源装备实施方案》《"十三五"海洋领域科技创新专项规划》等。①《全国海水利用"十三五"规划》《海洋可再生能源发展"十三五"规划》为推进海水规模化开发利用,实现海洋能的关键突破等方面制定了目标,明确了重点任务。《全国渔业发展第十三个五年规划(2016～2020年)》《中国制造2025——能源装备实施方案》等对于压减近海捕捞强度、发展深水油气勘探开发装备和海洋能装备等方面都具有重要指导作用。

2017年10月,党的十九大报告再次强调,我国要"坚持陆海统筹,加快建设海洋强国","加快完善社会主义市场经济体制","建立市场化、多元化生态补偿机制""坚持新发展理念……使市场在资源配置中起决定性作用"。

2018年3月,国务院政府工作报告明确提出我国政府的工作任务,包括"完善产权制度和要素市场化配置机制","加快技术、土地等要素价格市场化改革,深化资源类产品和公共服务价格改革","壮大海洋经济,坚决维护国家海洋权益"。

显然,在我国政府一系列涉海政策、规划、措施的影响下,我国海洋经济持续发展,海域资源开发利用效率有效优化,质量效益稳步提升。可以说,我国涉海政策从点到面、从面到线全方位促进了我国海洋经济持续高效健康发展。

(二)海域资源市场化法制

海域资源市场化离不开法制的规范、保障与促进。经过几十年的探索,我国已经初步形成了以《海域使用管理法》与《物权法》为轴心,以《民法通则》《民法总则》《渔业法》《矿产资源法》《水法》《合同法》《环境保护税法》等为补充的海域资源权属及市场化的法制体系。这些法律规既为我国海域资源市场化提供了坚实的制度性保障,也为我国进一步的制度建设与创新提供了丰富的制度积累。

1.《海域使用管理法》的相关规定

作为直接涉及海域的专门性法律,《海域使用管理法(2001)》是我国关于海域资源权属配置及其市场化方面最系统化的法律规范,是我国目前各地开展海域资源市场化摸索的最主要法律依据。《海域使用管理法》对海域、海域权属配置、海洋功能区划、海域使用的申请与审批、海域使用权的流转以及初始价格(即海域使用金)都作出了明确规定。

---

① 《海洋可再生能源发展"十三五"规划》明确指出,海洋能包括海洋潮汐能、潮流能、波浪能、温差能、盐差能、生物质能和海岛可再生能源等。

《海域使用管理法》第 2 条对作为法律客体的海域进行了界定:"本法所称海域,是指中华人民共和国内水、领海的水面、水体、海床和底土。本法所称内水,是指中华人民共和国领海基线向陆地一侧至海岸线的海域。"

第 3 条与第 6 条是关于海域权属及其配置的原则性规定,即"海域属于国家所有,国务院代表国家行使海域所有权。任何单位或者个人不得侵占、买卖或者以其他形式非法转让海域。单位和个人使用海域,必须依法取得海域使用权"。"国家建立海域使用权登记制度,依法登记的海域使用权受法律保护。"

第 19 条至第 26 条是关于海域使用权的性质及其一级市场流转方式的规定。第 19 条规定:"海域使用申请经依法批准后,国务院批准用海的,由国务院海洋行政主管部门登记造册,向海域使用申请人颁发海域使用权证书;地方人民政府批准用海的,由地方人民政府登记造册,向海域使用申请人颁发海域使用权证书。海域使用申请人自领取海域使用权证书之日起,取得海域使用权。"第 20 条规定,海域使用权除依照《海域使用管理法》第 19 条规定的方式取得外,也可以通过招标或者拍卖的方式取得。第 23 条规定:"海域使用权人依法使用海域并获得收益的权利受法律保护,任何单位和个人不得侵犯。海域使用权人有依法保护和合理使用海域的义务;海域使用权人对不妨害其依法使用海域的非排他性用海活动,不得阻挠。"第 25 条规定,海域使用权涉及的用途及其最高期限分别为养殖用海十五年,拆船用海二十年,旅游娱乐用海二十五年,盐业矿业用海三十年,公益事业用海四十年,港口、修造船厂等建设工程用海五十年。根据这些规定,我们可以看出:(1)海域使用权是涉及海域空间资源而创设的一种权利,具有综合性;其针对的海域用途非常广泛,涵括养殖与工程建设等。(2)与土地承包经营权、建设用地使用权等相比,海域使用权的最高期限较短。(3)海域使用权在一级市场的流转方式主要是行政审批(或者核准)、招标以及拍卖。(4)海域使用权的权利人负有生态义务。

第 27 条至第 30 条主要涉及海域使用权在二级市场的流转规范。第 27 条规定:"因企业合并、分立或者与他人合资、合作经营,变更海域使用权人的,需经原批准用海的人民政府批准。海域使用权可以依法转让。海域使用权转让的具体办法,由国务院规定。海域使用权可以依法继承。"第 30 条规定:"因公共利益或者国家安全的需要,原批准用海的人民政府可以依法收回海域使用权。"根据这些规定,海域使用权在二级市场的流转方式包括转让、合资或合作经营、继承、合并分立、征收等。① 值得注意的是,《海域使用管理法》未对海域使用权的出租和抵押作出明确的规定,而第 27 条所涉的"海域使用权转让办法"至今未颁布。国家海洋局 2002 年 6 月 6 日发布的《海域使用权证书管理办法》第 16 条规定:"未经批准,海域使用权证书所代表的海域使用权不得转让、出租和作价入股。"也就是说,经过批准的,海域使用权可以出租和作价入股。国家海洋局 2006 年 10 月 13 日又发布了《海域使用权管理规定》,其第 2 条"海域使用权的申请审批、招标、拍卖、转让、出租和抵押,适用本规定"和第 37 条"海域使用权有出售、赠与、作价入股、交换等情形的,可以依法转让"的规定,进一步丰富了海域使用权在二级市场的流转方式。

第 33 条至第 36 条是关于海域使用金的规定。这是对海域使用权在一级市场流转的市场对价的基本规定。第 33 条规定:"国家实行海域有偿使用制度。单位和个人使用海域,应当按照国务院的规定缴纳海域使用金。海域使用金应当按照国务院的规定上缴财政。对渔民使用海域从事养殖活动收取海域使用金的具体实施步骤和办法,由国务院另行规定。""根据不同的用海性质或者情形,海域使用金可以按照规定一次缴纳或者按年度逐年缴纳。"第 35 条是关于免缴海域使用金的规定,如军事用海、公务船舶专用码头用海等免缴海域使用金。第 36 条涉及减缴或免缴的规定,如公用设施用海、养殖用海等,可以申请减缴或免缴。关于海域使用金缴纳标准与缴纳时限等方面的规定,主要是财政部、国家海洋局于 2006 年 7 月颁布的《海域使用金减免管理办法》(财综〔2006〕24 号)以及 2007 年 1 月颁布的《关于加强海域使用金征收管理的通知》(财综〔2007〕10 号)。比如,《关于加强海域使用金征收管理的通知》明确,"海域使用金统一按照用海类型、海域等别以及相应的海域使用金征收标准计算征收。其中,对填海造地、非透水构筑物、跨海桥梁和海底隧道等项目用海实行一次性计征海域使用金,对其他项目用海按照使用年限逐年计征海域使用金。使用海域不超过 6 个月的,按年征收标准的 50％一次性计征海域使用金;超过 6 个月不足 1 年的,按年征收标准一次性计征海域使用金。经营性临时用海按年征收标准的 25％一次性计征海域使用金。对于一次性计征的海域使用金,用海单位和个人一次性缴纳确有困难的,经海洋行政主管部门批准后,可以采取分期缴纳方式,但最后一次缴纳海域使用金的期限不得超

---

① 因企业合并、分立或者与他人合资、合作经营变更海域使用权人的,实际上仅仅涉及海域使用主体的变更,不涉及海的位置、范围、用途、使用方式等的变化。这在本质上是海域使用权流转中比较特殊的情况。

过项目用海的施工期限"。考虑到各地农业填海造地用海、盐业用海、养殖用海具体情况不同,有关海域使用金征收标准暂由沿海各省、自治区、直辖市财政部门和海洋行政主管部门制定,并报财政部、国家海洋局备案后实施。为提高海域资源配置效率,除国家重点建设项目用海、国防建设项目用海等情形外,依法推行海域使用权配置市场化……以招标、拍卖方式取得海域使用权的项目用海,海域使用金征收金额按照招标、拍卖的成交价款确定。海洋行政主管部门会同同级财政部门制定海域使用权招标、拍卖方案时,招标、拍卖的底价不得低于按照用海类型、海域等别、相应的海域使用金征收标准、海域使用面积以及使用年限计算的海域使用金金额。

2.《物权法》《渔业法》《矿产资源法》《水法》等相关规定

作为调整与规范财产归属及其流转形态的专门性法律,我国《物权法(2007)》对海域及其资源的权属配置作了比较全面的规定。《物权法》第39条至第40条规定:"所有权人对自己的不动产或者动产,依法享有占有、使用、收益和处分的权利。所有权人有权在自己的不动产或者动产上设立用益物权和担保物权。用益物权人、担保物权人行使权利,不得损害所有权人的权益。"第41条规定:"法律规定专属于国家所有的不动产和动产,任何单位和个人不能取得所有权。"第46条规定:"矿藏、水流、海域属于国家所有。"第118条规定:"国家所有或者国家所有由集体使用以及法律规定属于集体所有的自然资源,单位、个人依法可以占有、使用和收益。"第119条规定:"国家实行自然资源有偿使用制度,但法律另有规定的除外。"第120条规定:"用益物权人行使权利,应当遵守法律有关保护和合理开发利用资源的规定。所有权人不得干涉用益物权人行使权利。"第122条规定:"依法取得的海域使用权受法律保护。"第123条规定:"依法取得的探矿权、采矿权、取水权和使用水域、滩涂从事养殖、捕捞的权利受法律保护。"

根据《物权法》上述规定,在文义上,我们可以做如下理解:(1)《物权法》将海域与矿藏、水流进行区分,也即海域与矿藏、水流之间不存在种属关系或者包含与被包含的关系。(2)海域的空间资源,即特定的海域只能为国家专属所有,而不能为集体所有。但是滩涂除外。(3)除了海域空间资源外,其他类型的资源,包括滩涂、水流、矿藏、野生动植物资源,属于国家所有或者集体所有。(4)海域资源,包括滩涂、水流、矿藏、野生动植物资源可以设定用益物权或者担保物权。如果一旦设定用益物权或者担保物权,则意味着海域资源具有流传的法理基础。(5)海域使用权是一项独立的用益物权,是不动产物权,与建设用地使用权、土地承包经营权等是并列关系；[①]"探矿权、采矿权"（矿业权）、取水权和"使用水域、滩涂从事养殖、捕捞的权利"（渔业权），在性质上也应当属于"用益物权"，因为这些权利也被明确列入"第三编用益物权"的框架中。[②]（6）"探矿权、采矿权、取水权和使用水域、滩涂从事养殖、捕捞的权利"与"海域使用权"应属于并列关系，否则，在法律条文中没有单独列明的必要。（7）海域资源可以创设海域使用权、探矿权、采矿权、取水权和使用水域、滩涂从事养殖捕捞的权利（承包经营权）等派生性权利/用益物权。（8）从海域资源的这些派生性权利/用益物权性质来看，这些权利均可以以抵押、买卖、赠与、互换、入股、出租等方式进行流转与市场化运营。

关于海域物权能否设定担保物权问题，主要依据体现在《物权法》第180条以及《不动产登记暂行条例实施细则（2016）》。根据《物权法》第180条"债务人或者第三人有权处分的下列财产可以抵押：……（七）法律、行政法规未禁止抵押的其他财产"这一规定，我们可以认为许多海域物权都得以设定担保物权，但具体的操作仍应参照相关的法律与行政法规。毫无疑问的是，海域使用权可以设定抵押权。《不动产登记暂行条例实施细则（2016）》第65条明确对海域使用权进行抵押的，可以申请办理不动产抵押登记。

与《物权法》第123条相对应的，是我国《渔业法（2008年修订）》《矿产资源法（1996年修订）》《水法（2016年修订）》的相关规定。

《渔业法》第2条规定：我国"内水、滩涂、领海、专属经济区"以及我国"管辖的一切其他海域从事养殖和捕捞水生动物、水生植物等渔业生产活动，都必须遵守本法"。第10条规定，国家鼓励全民所有制单位、集体所有制单位和个人充分利用适于养殖的水域、滩涂，发展养殖业。第11条规定："……单位和个人使用国家规划确定用于养殖业的全民所有的水域、滩涂的，使用者应当向县级以上地方人民政府渔业行政主管部门提出申请，由本级人民政府核发养殖证，许可其使用该水域、滩涂从事养殖生产。……集体所有的或者全民所有由农业集体经济组织使用的水域、滩涂，可以由个人或者集体承包，从事养殖

---

① 这也可以从国务院《不动产登记暂行条例》第5条的规定得以印证。第5条规定："下列不动产权利……（七）海域使用权……"

② 孙宪忠教授认为："渔业权是对全民或集体所有的水域进行排他支配、利用、收益的权利；这种对他人之物进行使用、收益的权利，其法律性质应该是用益物权。"《物权法》虽然只作出了"依法取得的使用水域、滩涂从事养殖和捕捞的权利受法律保护"这种原则性的表述，但确立了渔业权独立物权的地位。孙宪忠：《〈物权法〉：渔业权保护的新起点——谈渔业权制度建设的意义及其内涵》，载《中国渔业报》2007年4月23日第001版。

生产。"第 23 条规定:"国家对捕捞业实行捕捞许可证制度。……捕捞许可证不得买卖、出租和以其他形式转让,不得涂改、伪造、变造。"《渔业法实施细则》第 2 条规定,"内水"是指中华人民共和国领海基线向陆一侧的海域和江河、湖泊等内陆水域。从海域物权角度来看,这些规定体现了至少四点立法态度:(1)渔业权不仅涉及海域,还涉及内陆水域;渔业权不应当是一种纯粹的"海域物权"。(2)海域存在属于集体所有的可能性。(3)"使用水域、滩涂从事养殖、捕捞的权利"应当获得行政许可或者向集体经济组织承包。(4)作为"渔业权"重要组成部分的"捕捞权利"是不能设定担保物权的,否则就违反了"不得以其他形式转让"的规定。(5)涉及海域资源而形成的养殖的权利与捕捞的权利,在市场化流转方面还存在一些制度障碍。

《矿产资源法》第 2 条明确规定,在我国领域及管辖海域勘查、开采矿产资源,必须遵守该法。第 3 条规定:"矿产资源属于国家所有……地表或者地下的矿产资源的国家所有权,不因其所依附的土地的所有权或者使用权的不同而改变。……勘查、开采矿产资源,必须依法分别申请、经批准取得探矿权、采矿权,并办理登记;但是,已经依法申请取得采矿权的矿山企业在划定的矿区范围内为本企业的生产而进行的勘查除外。"第 6 条规定,除合并、分立等情形外,探矿权、采矿权不得转让。《矿产资源法实施细则》(1994)第 6 条规定:"探矿权,是指在依法取得的勘查许可证规定的范围内,勘查矿产资源的权利;采矿权,是指在依法取得的采矿许可证规定的范围内,开采矿产资源和获得所开采的矿产品的权利。"从《矿产资源法》来看,矿产资源属于国家所有,且不因属于独立的物权客体,不因其所依附的土地所有权或者使用权而改变其独立的所有权客体属性;探矿权与采矿权包括陆地与海域的矿产资源;这两种权利也是需要获得行政许可;采矿权、探矿权不能直接设定担保物权。

《水法》第 2 条规定:"在中华人民共和国领域内开发、利用、节约、保护、管理水资源,防治水害,适用本法。本法所称水资源,包括地表水和地下水。"第 3 条规定:水资源(包括地表水和地下水)属于国家所有……农村集体经济组织的水塘和由农村集体经济组织修建管理的水库中的水,归各该农村集体经济组织使用。第 7 条规定:"国家对水资源依法实行取水许可制度和有偿使用制度。但是,农村集体经济组织及其成员使用本集体经济组织的水塘、水库中的水除外。"第 48 条规定:"直接从江河、湖泊或者地下取用水资源的单位和个人,应当按照国家取水许可制度和水资源有偿使用制度的规定,向水行政主管部门或者流域管理机构申请领取取水许可证,并缴纳水资源费,取得取水权。但是,家庭生活和零星散养、圈养畜禽饮用等少量取水的除外。实施取水许可制度和征收管理水资源费的具体办法,由国务院规定。"第 80 条规定:"海水的开发、利用、保护和管理,依照有关法律的规定执行。"从这些规定来看,《水法》所创设的取水权原则上不涉及海域,而有关的法律应主要指《渔业法》《海域使用管理法》。但《物权法》第 123 条所涉的取水权是否就完全等同于《水法》中的取水权则颇有疑问。若参照《水法》,并结合《物权法》关于用益物权的规定,海水资源似乎应得以设定"取水权"。

3.《宪法》《民法通则》《民法总则》等相关规定

我国《宪法》第 9 条规定:"矿藏、水流、森林、山岭、草原、荒地、滩涂等自然资源,都属于国家所有,即全民所有;由法律规定属于集体所有的森林和山岭、草原、荒地、滩涂除外。"从这一规定来看,我国《宪法》并没有直接规定海域的财产性及其归属状态。但这一规定间接涉及了海域及其资源的归属问题。比如,海域包含矿藏资源与海水资源;我国海域行政监管场域下的海域还包含滩涂(即海滩)。从文义解释来看,海域所包含矿藏资源、水流资源与滩涂资源属于国家所有(全民所有),但是,若法律由专门规定的,则某些滩涂属于集体所有。①

我国 1986 年实施的《民法通则》没有直接列举哪些财产或者资源属于国家所有,但强调"国家财产属于全民所有","国家财产神圣不可侵犯,禁止任何组织或者个人侵占、哄抢、私分、截留、破坏"。② 对于集体所有的财产,《民法通则》却有列举式规范,即第 74 条规定属于劳动群众集体所有的财产包括:"(一)法律规定为集体所有的土地和森林、山岭、草原、荒地、滩涂等;(二)集体经济组织的财产;(三)集体所有的建筑物、水库、农田水利设施和教育、科学、文化、卫生、体育等设施;(四)集体所有的其他财产。"同时,《民法通则》第 81 条规定:"国家所有的森林、山岭、草原、荒地、滩涂、水面等自然资源,可以依法由全民所有制单位使用,也可以依法确定由集体所有制单位使用,国家保护它的使用、收益的权利;使用单位有管理、保护、合理利用的义务。国家所有的矿藏,可以依法由全民所有制单位和集体所有制单位开采,也可以依法由公民采挖。国家保护合法的采矿权。公民、集体依法对集体所有的或者国家所有由集体使用的森林、山岭、草原、荒地、滩涂、水面的承包经营权,受法律保护。承

---

① 严格来讲,全民所有不能直接等同于国家所有。但考虑到我国的特殊语境,本文将两者等同视之。

② 参见《民法通则》第 73 条的规定。但是,关于国家所有的客体,第 81 条等条文有间接涉及。

包双方的权利和义务,依照法律由承包合同规定。国家所有的矿藏、水流,国家所有的和法律规定属于集体所有的林地、山岭、草原、荒地、滩涂不得买卖、出租、抵押或者以其他形式非法转让。"从这一条规定来看,就海域资源及其市场化问题,我们至少可以有以下六点基本认识:(1)滩涂、水面等自然资源(含海域资源)的所有权,归国家所有或者集体所有。(2)滩涂、水面等自然资源(含海域资源)可以由全民所有制企业使用,也可以由集体所有制单位使用。(3)滩涂、水面等自然资源,可以创设承包经营权,由公民或者其他单位、组织来享有与行使。(4)对于国家所有的矿产资源(含海域中所蕴含的矿产资源),可以创设采矿权,由公民或者其他单位、组织来享有与行使。(5)使用单位对滩涂、水面等自然资源(含海域资源),有管理、保护、合理利用的义务。(6)如果海域资源属于国家所有,则不得买卖、出租、抵押或者以其他形式非法转让。除此之外,《民法通则》第三章"法人"以及第四章"民事法律行为及代理"等规范,也可以成为市场主体及海域资源市场交易行为的重要规范依据。

于 2017 年 3 月颁布的,将作为我国未来民法典总则编的《民法总则》,对海域资源的权属并没有针对性规定,仅明确"民事主体依法享有物权"。之所以不做针对性规定,其主要原因应该是《物权法》,即《物权法》已经对物权归属做出了详细规定,而《物权法》将在我国未来的民法典中扮演"物权编"的角色,与"总则编"并列,故《民法总则》没有必要再重复规定。值得注意的是,《民法总则》第三章"法人"、第四章"非法人组织"、第六章"民事法律行为"对《民法通则》的相关内容作了重大修改。比如,《民法总则》将法人区分为"企业法人、机关事业单位法人和社会团体法人",但是,《民法总则》则将法人区分为"营利法人、非营利法人、特别法人"三种类型。再如《民法通则》规定法律行为有效应当具备的条件是:"(一)行为人具有相应的民事行为能力;(二)意思表示真实;(三)不违反法律或者社会公共利益。"但《民法总则》规定的法律行为有效要件是:"(一)行为人具有相应的民事行为能力;(二)意思表示真实;(三)不违反法律、行政法规的强制性规定,不违背公序良俗。"[1]作为民事主体与法律行为的基本规范,《民法总则》这三章的内容将是海域资源市场主体及其交易行为的重要法律依据。此外,《民法总则》第 9 条规定:"民事主体从事民事活动,应当有利于节约资源、保护生态环境。"这是我国民法体系从民事基本原则的角度,强调民事主体从事民事活动必须遵循绿色生态原则。这种对民事活动设

---

[1]　详见《民法通则》第 55 条以及《民法总则》第 143 条。关于法律行为的无效、可撤销等内容,两者也有重大变化。

定生态义务,也必然适用于海域资源市场化行为。

4.《海洋环境保护法》与《环境保护税法》等相关规定

《海域环境保护法》与《环境保护税法》并不直接涉及海域资源的权属配置及其市场流转方式,却是海域资源市场化的重要立法。这两部法律直接涉及海域资源开发利用的生态义务以及生态补偿,进而将影响海域资源的市场流转方式与交易价格。

2016年修订的《中华人民共和国海洋环境保护法》对海洋环境监督管理、海洋生态保护、生态补偿、防治陆源污染物对海洋环境的污染损害、法律责任等内容作出了明确规定。比如,该法第12条规定:"直接向海洋排放污染物的单位和个人,必须按照国家规定缴纳排污费。依照法律规定缴纳环境保护税的,不再缴纳排污费。向海洋倾倒废弃物,必须按照国家规定缴纳倾倒费。根据本法规定征收的排污费、倾倒费,必须用于海洋环境污染的整治,不得挪作他用。具体办法由国务院规定。"第24条规定:"国家建立健全海洋生态保护补偿制度。开发利用海洋资源,应当根据海洋功能区划合理布局,严格遵守生态保护红线,不得造成海洋生态环境破坏。"第39条规定:"禁止经中华人民共和国内水、领海转移危险废物。"第42条规定:"新建、改建、扩建海岸工程建设项目,必须遵守国家有关建设项目环境保护管理的规定,并把防治污染所需资金纳入建设项目投资计划。在依法划定的海洋自然保护区、海滨风景名胜区、重要渔业水域及其他需要特别保护的区域,不得从事污染环境、破坏景观的海岸工程项目建设或者其他活动。"

2013年,国家海洋局颁布《海洋生态损害评估技术指南(试行)》。该指南对海洋生态损害调查、海洋生态损害对象、范围与程度确定、海洋生态损害价值计算等内容作出了详细规定。比如,该指南规定:"海洋生态损害价值采用基于生态修复措施的费用进行计算,即将海洋生态系统恢复到基线水平所需的费用作为首要和首选的海洋生态损害价值计算的方法;同时,还应包括海洋生态损害发生至恢复到基线水平的时间内(即恢复期)的损失费用。对于无法修复的情形,则通过替代工程的费用来计算海洋生态损害的价值损失。"海洋生态损害价值计算内容,包括:(1)清除污染和减轻损害等预防措施费用。该费用主要包括:①应急处理费用主要包括应急监测费用、检测费用、应急处理设备和物品使用费、应急人员费等;②污染清理费用包括污染清理设备的使用费、污染清理物资的费用、污染清理人员费、污染物的运输与处理费用等。(2)海洋生物资源和海洋环境容量等恢复期的损失费用。(3)海洋生态修复费用。(4)监测、试验、评估等其他合理费用。该指南为我国海洋生态补偿提供了重要的技术性支撑。

2016 年 12 月,我国第十二届全国人民代表大会常务委员会第二十五次会议通过了《中华人民共和国环境保护税法》。这是我国环境生态补偿立法的一个重要里程碑。《环境保护税法》对纳税人、计税依据、应纳税额、征收管理等作出了明确规定。比如第 2 条明确规定,"在中华人民共和国领域和中华人民共和国管辖的其他海域,直接向环境排放应税污染物的企业事业单位和其他生产经营者为环境保护税"的纳税人,都应当依照该法规定缴纳环境保护税。为了进一步增加环境保护税的可操作性,国务院于 2017 年 12 月 25 日颁布《中华人民共和国环境保护税法实施条例》。该实施条例在计税依据、税收减免、征收管理等方面进一步进行了明确。环境保护税是排污费改税的产物,是落实税收法定的结果。① 征收环境保护税的主要目的是通过课税来促进环境保护,但是环境保护税需要依据税收征管法,比排污费的征管更加严格;同时,环境保护税仅仅是生态补偿的一种形式,不可能完全解决生态补偿与生态保护的全部问题。

此外,《海域使用管理法》关于海域使用金的收取、使用等也都涉及海域资源的生态补偿。比如,国家海洋局与财政部共同制定的《中央海岛和海域保护资金使用管理办法(2009)》第 4 条明确规定所征收的海域使用金设专项资金,用于提高海洋生态环境质量,修复整治,改善海域、海岛和海岸线使用功能,优化海洋经济发展等。各省市也基本都有配套性规范,如广东省于 2015 年颁布的《广东省省级海域使用金管理办法》第 7 条进一步明确在所征收的海域使用金中提取专项资金,扶持承担海洋综合管理任务的各级政府、海洋与渔业主管部门及直属企事业单位,主要用于海域和海岛管理、海洋生态保护(主要包括海域、海岛、海湾和海岸带整治修复及保护、海洋资源环境监测与体系建设等)、海洋执法、海洋公益等方面。

5.其他法律法规及规范性文件

除了前述的主要法律法规外,海域资源市场化还涉及方方面面的内容。这既是由海域资源的特殊性所决定的,也是由市场的特质所决定的。在我国当前法律体系下,直接或者间接涉及海域资源的开发利用或者市场交易行为规范的法律法规有:《海上交通安全法(2016 年修订)》《专属经济区和大陆架法(1998 年实施)》《港口法(2015 年修订)》《海岛保护法(2009 年修订)》《合同

---

① 　杨志勇:《开征环保税,助力打赢治污攻坚战》,载《经济参考报》2018 年 4 月 18 日第一版。

法(1999 年实施)》《对外合作开采海洋石油资源条例(2011 年修订)》《海洋石油勘探开发环境保护管理条例(1983 年实施,2016 年公布修订草案)》《水生野生动物保护实施条例(2013 年修订)》《海洋倾废管理条例(2017 年修订)》《航道管理条例(2008 年修订)》《不动产登记暂行条例(2014)》《防止拆船污染环境管理条例(2016 年修订)》《铺设海底电缆管道管理规定(1989 年实施)》《水下文物保护管理条例(2011 年修订)》《渔港水域交通安全管理条例(2017 年修订)》《防治海岸工程建设项目污染损害海洋环境管理条例(2017 年修订)》《防治海洋工程建设项目污染损害海洋环境管理条例(2006 年实施)》《防治陆源污染物污染损害海洋环境管理条例(1989 年实施)》《海上交通事故调查处理条例(1990 年实施)》《外商参与打捞中国沿海水域沉船沉物管理办法(1992 年实施)》《自然保护区条例(2017 年修订)》《航标条例(2011 年修订)》《涉外海洋科学研究管理规定(1996 年实施)》《国际海运条例(2013 年修订)》等。比如,《港口法》《海上交通安全法》《航道管理条例》《铺设海底电缆管道管理规定》都涉及海域空间资源的开发与利用问题。再如,《合同法》涉及市场交易行为的规范。还有,《涉外海洋科学研究管理规定》涉及海洋生物资源的开发与利用问题;《海洋倾废管理条例》《防治海洋工程建设项目污染损害海洋环境管理条例》《防治陆源污染物污染损害海洋环境管理条例》等涉及海域生态保护以及生态补偿责任的规定。

在海域资源及其市场化方面,我国行政规章以及规范性文件与技术标准也有众多的相关规定。比如,《海洋石油勘探开发环境保护管理条例实施办法》《海洋倾废管理条例实施办法》《铺设海底电缆管道管理规定实施办法》《海洋行政处罚实施办法》《海底电缆管道保护规定》《委托签发废弃物海洋倾倒许可证管理办法》《关于开展勘定省县两级海域行政区域界线工作有关问题的通知》《关于沿海省、自治区、直辖市审批项目用海有关问题的通知(国办发〔2002〕36 号)》《关于国土资源部〈报国务院批准的项目用海审批办法〉的批复(国函〔2003〕44 号)》《关于进一步加强自然保护区海域使用管理工作的意见(国海函〔2006〕3 号)》《海域使用权管理规定(国海发〔2006〕27 号)》《海域使用权登记办法(国海发〔2006〕28 号)》《关于加强围填海规划计划管理的通知》《关于加强海域使用金征收管理的通知》《关于加强围填海造地管理有关问题的通知》《海上风电开发建设用海管理暂行办法》《海域使用权管理规定》《关于加强区域建设用海管理工作的若干意见》《关于全面实施以市场化方式出让海砂开采海域使用权的通知(国海管字〔2012〕895 号)》《国务院关于促进海洋渔业持续健康发展的若干意见(国发〔2013〕11 号)》《国务院办公厅关于进一步推进排污权有偿使用和交易试点工作的指导意见(国办发〔2014〕38 号))《排污权出让收入管理暂行办法(财税〔2015〕61 号))《关于进一步规范海域使用论证管理工作的意见(国海规范〔2016〕10 号))》等。①

二、海域资源市场化的地方性实践

近年来,国务院先后批准了一系列沿海地区发展规划。我国已经形成了包括环渤海、长三角、珠三角在内的三大海洋经济区以及由广西北部湾经济区、江苏北部湾经济区、海峡西岸经济区、山东沿海和辽宁沿海经济带组成的涉海经济区战略布局。作为海洋经济不可或缺的重要一环,我国相关省市在相关法律法规的框架下纷纷开展与海域资源市场化配置相关的具体实施工作。如前文所述,基于《海域使用管理法》的里程碑意义,我国各省市基本就是围绕着海域使用权展开实践与摸索,并取得了丰富的实践经验与制度积累。据不完全统计,自 2002 年我国颁布《海域使用管理法》以来,我国沿海至少有11 个省、自治区、直辖市制定涉及海域使用权的地方法规或者行政规章,并进行市场化实践摸索。

(一)福建省海域资源市场化实践

福建省位于中国东南沿海,与我国台湾隔海相望,海岸线长度居全国第二位,是海洋大省。基于福建省的特殊地理位置以及优越的政策支持②,福建省按照“统筹安排、先易后难、分步实施、稳步推进”的原则,因地制宜地开展海域资源市场化的摸索工作。经过十多年的摸索,福建省在海域资源市场化方面已经实现了从点到面、从小到大的良好态势。③ 海域资源市场化已成为福建省促进海洋经济发展的重要手段,是海峡蓝色经济试验区建设和海洋生态文明建设的重要支撑内容。比如,在“十二五”期间,福建海洋生产总值年均增长13％以上,由 2012 年的 4483 亿元提高到 2017 年的 9200 亿元,占全省 GDP

①　刘赐贵:《管好海域资源构建生态文明——写在〈中华人民共和国海域使用管理法〉实施十周年之际》,载《中国海洋报》2012 年 3 月 12 日第 001 版。

②　比如,2009 年 5 月,国务院出台《关于支持福建省加快建设海峡西岸经济区的若干意见(国发〔2009〕24 号)》,2014 年国家海洋局颁布《关于进一步支持福建海洋经济发展和生态省建设的若干意见》等,都属于政策优势。

③　陈忠禹:《海域资源市场化配置的实践与探索——以福建省为例》,载《山西高等学校社会科学学报》2016 年第 4 期,第 44 页。

比重由 22.8％上升到 28.5％,占全国海洋生产总值比重从 9.0％上升到 11.9％,海洋生产总值规模列全国第三位。① 福建省海洋生产总值的逐年稳步提升,与福建省在海域资源市场化的不断摸索与努力是分不开的。

就海域资源市场化而言,福建省的摸索实践主要有以下特征:

1.以政策为导向,以制度为规范与促进海域资源市场化

据不完全统计,为规范与促进海域资源的市场化配置,福建省先后制定与海域资源市场化相关的地方性法规规章及有关规范性文件超过 50 份。这些法规规章主要有:《福建省海域使用管理条例(2006)》(2012 年修订)、《福建省海域使用权抵押登记办法(闽海渔〔2006〕463 号)》(已废止)、《福建省港口条例(2007)》、《福建省招标拍卖挂牌出让海域使用权办法(闽海渔〔2007〕35 号)》(已废止)、《福建省实施〈中华人民共和国渔业法〉办法(2007 修订)》、《福建省海域采砂临时用海管理办法(2009)》、《福建省渔业捕捞许可申请与审批暂行办法(2009)》、《福建省填海项目海域使用权证书换发国有土地使用证实施办法(试行)(2010)》、《福建省人民政府关于促进海洋渔业持续健康发展的十二条措施(2013)》、《福建省招标拍卖挂牌出让海域使用权办法(闽海渔〔2013〕145 号)》(已废止)、《福建省海域使用权抵押登记办法(闽海渔〔2013〕146 号)》(已废止)、《福建省养殖用海承包管理办法(闽海渔〔2013〕147 号)》、《福建省海域使用权和无居民海岛使用权抵押登记办法(2013)》、《福建省招标拍卖挂牌出让海域使用权管理办法(试行)(2015)》、《福建省人民政府关于进一步深化海域使用管理改革的若干意见(闽政〔2014〕59 号)》、《关于全面推进海域资源市场化配置的实施意见(2015)》、《关于印发投资项目用地、用林、用海预审并联审批工作流程(试行)的通知(2015)》、《关于规范海域资源招拍挂出让工作流程的通知(2015)》、《关于加强海底油气管道监管工作的通知(2015)》、《福建省招标拍卖挂牌出让海域使用权管理办法(试行)(2015)》、《福建省海域收储管理办法(试行)(2015)》、《福建省闲置海域处置办法(试行)(2015)》、《福建省海洋产业用海控制指标(试行)(2015)》、《中国(福建)自由贸易试验区招标拍卖挂牌出让海域使用权管理办法(2015)》、《福建省海洋产业用海控制指标(2015)》、《关于加强海域采沙用海管理的意见(2015)》、《关于加快我省淡水渔业转方式调结构的指导意见(闽海渔〔2016〕219 号)》、《关于进一步加强海砂开采用海管理的通知(闽海渔〔2017〕60 号)》、《关于推进渔业转

---

① 刘春荣:《凝聚共识通力合作,推动海洋经济跨越发展》,载《福建日报》2018 年 4 月 7 日第 3 版。

方式调结构转型升级发展的实施意见(闽海渔〔2017〕90 号)》《福建省海岸带保护与利用管理条例(2018)》等。

福建省各地市也根据各自的情况制定了相关的规范性文件。比如,漳州市先后出台了《漳州市开展海域资源市场化配置工作的实施意见(2009)》《漳州市海域使用权管理办法(试行)(2012)》《漳州市海域采砂管理规定(2014)》《漳州市关于进一步推进海域资源市场化配置工作的意见(2015)》《漳州市关于规范海域采砂临时用海海域使用市场化配置工作的通知(2015)》等文件;莆田市先后制定了《莆田市海域使用权抵押登记实施办法(2009)》《莆田市海域使用权转让出租管理暂行规定(2009)》《莆田市海域使用权抵押贷款工作指导意见(2009)》《莆田市海域使用权招标拍卖挂牌出让管理办法(2014)》《莆田市海洋与渔业局关于加强海域资源公开出让交易备案管理的通知(2015)》《莆田市海域海岛储备管理办法(试行)(2015)》《莆田市海洋与渔业局关于推进海域使用权抵押贷款工作的通知(2016)》等文件;宁德市先后制定了《宁德市开展海域资源市场化配置工作实施意见(2009)》《关于进一步优化用海审批流程提高用海审批效率的意见(宁海渔〔2016〕126 号)》等文件;福州市制定了《关于规范村委会养殖用海二次发包的实施意见(2009)》《福州市海域采砂临时用海使用权挂牌出让方案(2012)》《关于进一步深化海域使用管理改革的若干意见(2016)》等文件;厦门市出台了《厦门经济特区公共资源市场配置监管条例(2011)》《厦门市人民政府关于全面推进海域资源市场化配置的意见(2017)》等文件。

从这些地方性法规或者规范性文件的制定与实施来看,其主要目的应该是在我国相关法律法规的基本框架下,根据福建省的具体情况进一步明确具体的操作细则,增强可操作性。但是,这些地方性法规或规范性文件也包含着众多的制度创新与制度摸索。比如,2006 年开始实施的《福建省海域使用管理条例》明确规定了海域使用权的市场化流转问题。该条例第 25 条明确规定:"海域使用权在使用期限内可以依法继承、转让、抵押、出租。沿海农村集体经济组织或者村民委员会依据《中华人民共和国海域使用管理法》第二十二条规定取得的海域使用权,应当优先承包给本集体经济组织成员用于养殖生产,经本集体经济组织成员的村民会议三分之二以上成员或者三分之二以上村民代表同意,也可以依法转让、出租。对减缴、免缴海域使用金的项目用海,转让海域使用权的,应当依法补缴海域使用金;出租海域使用权的,应当按照国家和省的规定缴纳一定比例的出租收益。继承、转让、抵押、出租海域使用权的,应当向原登记机关办理登记手续。法律、法规另有规定的除外。"除了规定海域使用权可以继承与转让外,该条例进一步明确了抵押与出租的市场流转方式。因我国 2002 年实施的《海域使用管理法》对此并未明确,因此,这是我国较早明确海域使用权可以出租与抵押的地方性法规,对推进海域使用权抵押贷款的健康发展意义深远。再如,福建省 2006 年颁布的《福建省海域使用权抵押登记办法(闽海渔〔2006〕463 号)》(已废止),对海域抵押权抵押登记的登记机关、登记申请材料、抵押登记审查时限、抵押变更、抵押注销等内容作出了规定,是我国就海域使用权抵押登记进行规范的最早尝试。再如,《福建省海域收储管理办法(试行)(2015)》《福建省闲置海域处置办法(试行)(2015)》《中国(福建)自由贸易试验区招标拍卖挂牌出让海域使用权管理办法(2015)》等文件,对海域收储范围、海域收储的程序、海域闲置的认定、海域闲置的处理、自贸区海域使用权的流转等方面做出了明确规定,其中海域收储抵押登记制、海域动态监视监测管理制、审批备案制等内容,都是"海域使用权流转的重要发展与制度创新"。①《福建省海洋环境保护条例》明确将"谁污染谁治理,谁开发谁保护"纳入规范体系,为海域生态补偿制度的践行提供重要基础。

2.不断深化海域资源市场化配置的内容与领域

福建省在市场化的海域类型上,逐步从单一的渔业用海拓展至非渔业用海;在海域资源的配置领域上,从海域资源向海砂、无居民海岛等海洋资源延伸。比如,2003 年,长乐市成功招标出让全国首宗围海养殖用海的海域使用权;2005 年,厦门开展了福建首例非渔业用海——游艇码头项目海域使用权挂牌拍卖试点;2009 年福建省首例填海项目使用权在福州连江成功拍卖;②2011 年,莆田市开展了全省首例海域采砂临时用海海域使用权挂牌出让工作;③2013 年 10 月,泉州市首例海域采砂临时用海使用权公开挂牌竞价出让

---

① 福建省出台《中国(福建)自由贸易试验区招标拍卖挂牌出让海域使用权管理办法》主要有三个方面的转变:一是全部以招标拍卖挂牌方式出让海域使用权的管理方式,充分发挥了市场在海域资源配置中的决定作用,进一步转变政府职能;二是进一步减政放权,由自贸区片区管委会审批;三是实行备案制,注重事中事后管理。陈楠:《闽自贸区海域使用权将以招标拍卖挂牌方式出让》,http://fj.qq.com/a/20150516/009064.htm,2018 年 3 月 25 日访问。

② 郭立锋:《福建首宗填海项目使用权在连江拍卖》,http://fj.leju.com/news/2014-09-12/08114445542.shtml,2018 年 4 月 5 日访问。

③ 周超:《福建召开全省海域资源市场化配置工作推进会,要求:力争做到六个100%》,载《中国海洋报》2012 年 11 月 16 日第 A1 版。

成功;2014 年 7 月,福州市以挂牌方式成功出让罗源湾滨海新城游艇码头项目用海;2017 年 7 月,漳州市古雷石化园区回填料海砂开采海域使用权成功挂牌出让。[①]

3.市场流转方式的多样化与阳光化

在海域资源一级市场上,福建省尝试从单一的招投标方式向招拍挂等多元化方式并用转变,从"净海"出让方式发展到探索海域资源收储、前期开发后再进行配置等。[②]根据福建省 2012 年的工作部署,福建省沿海有条件的县(市)应力争做到六个"百分百公开招拍挂",即:沿海各县必须 100% 设立海域资源市场配置的动态管理台账;原有承包合同到期,重新发包养殖用海项目必须 100% 实行公开招拍挂;新开发的养殖项目必须 100% 实行公开招拍挂;海砂临时用海必须 100% 实行公开招拍挂;经营性开发利用无居民海岛必须 100% 实行公开招拍挂;对非养殖用海,除特定的、有限制条件的用海项目之外,逐步实现 100% 公开招拍挂。[③] 根据《中国(福建)自由贸易试验区招标拍卖挂牌出让海域使用权管理办法(2015)》的规定,福建自贸区管辖海域的海域使用权将全部以招标拍卖挂牌方式出让。2016 年开始,福建省积极推进海域使用权出让的网络公开工作,通过"制度+科技"模式,扎紧制度笼子,让权力在阳光下运行。[④]

在海域资源二级市场流转方面,福建省也积极尝试或推进抵押、出租、出资入股等市场流转方式。比如,2011 年,厦门海投腾龙码头有限公司成功以海域使用权出资入股,并获得许可。这是福建省首次将"蔚蓝色的海水'变身'注册资本"。[⑤] 2016 年,福建省推出了"海洋经济创新发展区域示范项目企业助保金贷款业务",扶持现代海洋企业发展。同年,邮储银行莆田秀屿区支行

[①] 林裕生:《漳州市古雷石化园区回填料海砂开采海域使用权成功挂牌出让》,http://www.fjof.gov.cn/xxgk/hydt/jcdt/201707/t20170724_798486.htm,2018 年 4 月 15 日访问。

[②] 杨林、陈书全:《海域资源市场化配置的方式选择与制度推进》,经济科学出版社 2013 年版,第 83 页。

[③] 刘林:《福建海域资源实行市场化配置》,载《中国渔业报》2012 年 11 月 19 日第 001 版。

[④] 陈凤霖:《刘新组长到宁德福州调研海域使用权出让网上公开工作》,http://www.fjof.gov.cn/jggk/stld/lx/hdbd_85/201703/t20170307_717495.htm,2018 年 4 月 15 日访问。

[⑤] 郑璜、郑美玲、杨露:《海域使用权首次成为注册资本》,载《福建日报》2011 年 3 月 31 日第 003 版。

为莆田市蒲盛水产科技有限公司发放莆田市首笔海域使用权抵押贷款,金额60万元。这是莆田市海域使用权抵押贷款"零的突破"。① 再如,自2009年莆田市出台《莆田市海域使用权转让出租管理暂行规定(2009)》的两年内,莆田市就海域使用权已经招标出租35宗,面积近8.07平方千米,成交金额752.98万元。② 目前,福建省海域资源在二级市场的流转已经实现常态化。

4. 积极推进海域资源市场化交易平台

为确保海域资源市场化配置公开、公平、公正,福建省各地市着手建立海域使用权交易平台。例如,2010年,漳州在漳浦县设立了海域收购储备中心和海域使用权交易中心,挂靠在漳州市国有资产产权(物权)交易中心,实行统一发布信息、统一交易平台、统一交易规则、统一管理监督,确保海域资源进场规范交易。③ 这是福建首个涉海域使用权的交易平台,是漳州市在规范海域使用管理和市场交易、促进海域资源合理利用、拓展和深化海域资源市场化配置等方面作出的一次积极探索。④ 此后,福州、莆田等地相继设立海域资源交易平台,积极拓展海域资源二级市场的流转。

2014年,国家海洋局发布《关于进一步支持福建海洋经济发展和生态省建设的若干意见》。该意见第3条明确指出:"鼓励和支持福建建设'海洋产权交易中心';交易中心建成后承担全国大宗海域、海岛及其他海洋资源的招拍挂工作。"这是福建省在推进海域资源市场化配置的重大政策突破。2017年10月26日,福建海洋产权交易服务平台在海峡股权交易中心启动。这意味着福建省涵括全省的海域资源产权交易平台正式运作,为成立中国(福州)海洋产权交易中心,全面承担全国性的海洋产权交易业务奠定坚实基础。据介绍,该平台可开展海域使用权、无居民海岛使用权、海砂开采用海海域使用权、海洋排污权、海洋知识产权、涉海企业产权(股权)等交易服务。⑤

---

① 莆田市海洋与渔业局等:《莆田市实现首例海域使用权抵押贷款》,载《福建法治报》2016年09月01日第3版。

② 杨智锦、赵德龙:《福建莆田试行招标确权推进市场化配置,以"新"求"活"盘活海域资源》,载《中国海洋报》2011年08月09日第1141期第A3版。

③ 陈忠禹:《海域资源市场化配置的实践与探索——以福建省为例》,载《山西高等学校社会科学学报》2016年第4期。

④ 张文艺、杨增玄:《福建首个海域收购储备中心和交易中心成立》,载《中国海洋报》2010年9月10日第1197期第A2版。

⑤ 毛小春:《福建海洋产权交易服务平台启用》,载《福州晚报》2017年10月27日第13235期第A07版。

(二)浙江省海域资源市场化实践

浙江省位于长江三角洲南翼、东南沿海中部,海域辽阔,海洋资源非常丰富,海岸线长度和海岛数量均居全国首位。据统计,浙江省范围内的海域面积约4.45万平方千米,全省海岸线总长约 6700 千米,潮间带面积约 2200 平方千米,海岛 4300 余个,海域渔场面积 22.27 万平方千米,近海最佳可捕量占到全国的 27.3％,重要湾区为杭州湾、象山港、三门湾、台州湾、乐清湾、瓯江口等,有杭绍甬人文自然综合旅游资源带、浙南沿海旅游资源区和舟山海岛旅游资源区等丰富旅游资源。[1]

作为全国经济最为活跃的经济大省之一,浙江省始终重视海域资源对经济增长的贡献,积极推进海域资源的市场化配置。概而言之,浙江省在海域资源市场化方面的实践主要体现在以下两个方面:

1.建章立制,规范海域资源/海域使用权的市场化流转

为了更好地规范与促进海域资源市场化,浙江省先后制定了系列地方性法规或者规范性文件。主要有:《浙江省渔业管理实施办法(1989)》(废止),《浙江省海域使用权申请审批管理办法(浙海渔管〔2002〕45 号)》(失效)、《浙江省渔业管理条例(2005)》(2013 修正)、《浙江省海域使用金征收管理办法(2006)》、《关于做好自然保护区海域使用管理工作的通知(浙海渔管〔2006〕2号)》(废止)、《浙江省重要经济价值的野生水产种苗调运管理暂行办法(浙海渔政〔2006〕54 号)》、《浙江省海域使用管理办法(2006)》(废止)、《浙江省自然保护区管理办法(2006)》(2017 修正)、《浙江省港口管理条例(2007)》、《浙江省水域滩涂养殖证管理办法(试行)(浙海渔业〔2007〕1 号)》、《浙江省渔业捕捞许可办法(2009)》(2015 年修正)、《浙江省港口岸线管理办法(2010)》、《浙江省海域使用管理条例(2012)》、《浙江省无居民海岛开发利用管理办法(2013)》(2017 修正)、《浙江省海域使用管理条例(2013)》(2017 修正)、《浙江省海域价格评估规范(试行)》(废止)、《浙江省招标拍卖挂牌出让海域使用权管理暂行办法(2013)》、《中共浙江省委浙江省人民政府关于修复振兴浙江渔场的若干意见(浙委发〔2014〕19 号)》、《浙江省海洋与渔业局关于进一步加强海洋综合管理推进海洋生态文明建设的意见(浙海渔发〔2017〕1 号)》、《浙江省海洋与渔业局关于加强渔船管控实施海洋渔业资源总量管理的若干意见

---

[1]　参见浙江省发展和改革委员会、浙江省海洋与渔业局制定的《浙江省海洋主体功能区规划》(2017 年 4 月)。

（浙海渔发〔2017〕6 号）》、《浙江省海洋与渔业局关于进一步加强海洋综合管理推进海洋生态文明建设的意见（2017）》、《浙江省海域价格评估规范（2017）》和《浙江省海域基准价核定规程（2017）》等。

与福建省制定系列的地方性法规或者规范性文件相同的是，浙江省的这些地方性法规或者规范性文件的主要目的之一，是在国家相关法律法规的框架内对有关问题进行细化，以增加其可操作性与针对性。这些规定在对有关问题进行细化的过程中也有许多的制度创新。比如，早在 2006 年，《浙江省海域使用管理办法》就已经明确规定：海域使用权人在批准的海域使用年限内，可以将通过有偿方式取得的海域使用权转让、出租、抵押、继承或作价入股；但海域没正当理由闲置 2 年或者因公共利益、国家安全以及国家和省重点工程建设需要的，则将被收回使用权。[1] 再如，《浙江省海域使用金征收管理办法（2006 年）》第 3 条规定："海域使用金包括海域出让金、海域转让金和海域租金。"第 9、10 条规定："按年度缴纳海域使用金的用海项目，转让人转让海域使用权时，受让人应当缴纳剩余使用年限的海域使用金；抵押人抵押海域使用权时，应当一次性缴纳抵押期限内的海域使用金。""招标、拍卖或者挂牌出让海域使用权的，应当按招标、拍卖或者挂牌出让成交价款的相应比例征收海域使用金。招标标底、拍卖或者挂牌出让保留价不得低于按本办法规定的海域使用金最低征收标准核算的数额。"这些规定实际都明确海域使用权可以转让、出租、招标、拍卖等方式进行流转。还有，《浙江省海洋与渔业局关于进一步加强海洋综合管理推进海洋生态文明建设的意见（浙海渔发〔2017〕1 号）》再次提出要："完善海岛保护与利用机制，优化无居民海岛资源配置"，"提高海洋生物资源利用效率……支持发展远洋渔业，开发大洋资源，拓展过洋作业。鼓励通过'资源—产品—废弃物—再生产品'循环利用模式，开展海洋生物精深加工和废弃物再利用……"，"积极推进海洋非生物资源开发利用。鼓励开发海洋新能源，探索潮流能、潮汐能规模化开发"。2017 年 8 月浙江省在沿海滩涂正式推行"滩长制"。滩长的主要任务包括全面取缔海滩违禁渔具、"三无"渔船，加强入海排污口和农药清滩行为监管，加强对非法占用海滩和非法造、修、拆船舶监管，加强岸线管理和整治修复。[2] 这是海域资源生态保护的重要机制创新。

---

① 宗新建：《浙江民资投向海域资源，新规明确海域使用权可继承或入股》，载《第一财经日报》2006 年 8 月 17 日第 A05 版。

② 陆健：《浙江沿海滩涂推行"滩长制"》，载《光明日报》2017 年 8 月 8 日 第 07 版。

与福建省的探索有所不同的是,浙江省并未制定明确的"海洋资源/海域资源/海域使用权市场化配置"的针对性文件。

2.建设海域资源的市场服务平台,推进海域资源市场化

为了积极推进海域资源市场化配置,浙江省积极建构规范有序的海洋产权一二级市场服务平台。比如,2010 年 3 月,浙江省海洋渔业船舶交易服务中心正式成立。该交易中心的服务范围包括:为渔民提供渔船交易场所、提供技术咨询、信息服务、价格评估、证件代办、交易结算、纠纷调解等内容。这是我国第一家涉及海洋渔业资源交易的平台。[①]

2011 年 11 月,宁波成立了象山县海洋产权交易中心。该交易中心主要负责对该县海域、海岛等海洋产权的使用、交易及流转等行为进行监督与管理,确保海洋产权有偿使用制度和公平交易原则的有效落实。专门针对海洋产权设立交易中心,在全国范围内属于最早的海域资源市场化重要尝试之一。

2013 年,舟山市成立舟山市海域海岛使用权储备(交易)中心,其职责包括"对规划开发利用的海域海岛适时进行收购储备;做好储备海域海岛的前期开发、收购、资金测算平衡和出让前的准备工作;作为全市实施海域使用权、无居民海岛使用权公开出让、交易的指定场所和统一信息发布平台,具体实施海域海岛使用权的'招拍挂'出让工作;负责海域、海岛使用权的二级市场转让交易"。[②] 2014 年,舟山市成立舟山市海洋资源收储有限公司,为舟山市海域海岛使用权储备(交易)中心配套。

此外,浙江省产权交易所(2003 年 12 月成立)以及浙江省公共资源交易服务平台都可以为海域资源市场化提供发挥重要作用。比如,浙江省公共资源交易服务平台主要的职能包括:积极建立全省统一的招投标信息网络、积极构建全省统一的招投标信用体系与招标投标统一平台建设等。

在政策以及政府服务体系的共同作用下,浙江省海域资源市场化取得显著成绩,市场化规模不断增大,市场化程度不断深入。比如,2009 年,瑞安市东海燃料公司用价值达 500 多万元的企业码头和海域使用权作抵押,从农行瑞安支行贷款 250 万元,成为温州市首例海域使用权抵押贷款。[③] 2012 年 4

---

① 佚名:《国内首家省级渔业船舶交易服务中心在浙江成立》,http://jiuban.moa.gov.cn/zwllm/zwdt/201003/t20100311_1445010.htm,2018 年 4 月 6 日访问。

② 参见《舟山市海域海岛使用权储备(交易)中心建设方案(2013)》《关于设立舟山市海域海岛使用权储备(交易)中心的批复(舟编〔2013〕11 号)》。

③ 尤成勇、潘芳芳、陈敏:《两亩多海域使用权,贷走 100 万!》,http://www.wzrb.com.cn/article318011show.html,2018 年 4 月 6 日访问。

月,嘉兴港独山港务有限公司以其拥有的 5 万吨级化学泊位及配套项目共近 474 亩的海域使用权作抵押,向中国工商银行平湖支行办理了 2 年的融资协议,融资额约 1.3 亿元。此举开创了嘉兴港海域使用权抵押融资的先河。2012 年 10 月,浙江省工商局与中国建设银行浙江省分行合作,首次在工商注册等领域开放海域使用权,并确立舟山市为海域使用权出资、价值评估创新合作的试点城市。[1] 同年,舟山市出台《海域使用权出资公司登记管理暂行办法》,对海域使用权出资对象、出资条件、出资评估和验资、变更登记、出资设立公司和增加公司注册资本,以及海域使用权出资材料真实性责任和企业登记机关登记、出资行为法律责任等方面作出了具体规定。2015 年,嘉兴港海盐码头有限公司成功以其拥有的码头工程财产和 9.1513 公顷海域使用权为抵押,向中国农业银行股份有限公司海盐支行融资 2.0794 亿元。[2] 这是浙江省首例抵押融资金额超过 2 亿元的项目。浙江省 2016 年管辖海域新增确权登记用海面积 3431.99 公顷(5.15 万亩),核发海域使用权证书 154 本,包括产业用海 3239.97 公顷(4.86 万亩)。其中:宁波市 1383.01 公顷,占全省的 40.30%;舟山市 718.23 公顷,占全省的 20.93%;温州市 434.50 公顷,占全省的 12.66%;台州市 817.57 公顷,占全省的 23.82%;嘉兴市 78.68 公顷,占全省的 2.29%。[3] 2017 年全省实现海洋生产总值约 7600 亿元,增长 12.6%。[4]浙江省海洋经济的增长率远高于全国经济的平均增长率。毫无疑问,海域资源的市场化是海洋经济高速发展的重要贡献因素。

(三)江苏省海域资源市场化实践

作为海域资源的大省以及经济发达的沿海省份,江苏长期重视海域的资源的开发与利用问题。为了加快推进海域资源的开发利用,全面落实海域资源的生态效益,促进海洋经济社会的发展,江苏省在海域资源市场化方面也进

---

① 刘春香等:《宁波市海域使用权市场流转体系研究》,浙江大学出版社 2017 年版,第 98~99 页。

② 杨颖慧、黄士林:《首例海域使用权抵押贷款融资达 2 亿元》,载《嘉兴日报》2015 年 2 月 4 日。

③ 浙江省海洋与渔业局:《关于发布 2016 年浙江省海域使用管理公报的通知》,ht-tp://www.zjoaf.gov.cn/zfxxgk/gkml/zcfg/jfwj/2017/03/28/2017032800011.shtml. 2017 年 4 月 25 日访问。

④ 南希:《书写蓝色大篇章 2017 浙江海洋经济总值达 7600 亿元》,http://biz.zjol.com.cn/zjjjbd/ycxw/201801/t20180119_6405622.shtml,2018 年 4 月 6 日访问。

行了多种方式多种渠道的尝试与努力。具体而言，可以表现在以下四个方面：

1. 政策引导与海域资源市场流转的规范化建设

相比于福建省、浙江省，江苏省关于海域资源市场化的法规或者规范性文件数量较少，主要有：《江苏省实施〈中华人民共和国渔业法〉办法(1988)》(废止)、《江苏省渔业管理条例(2003)》(2018.3 修正)、《江苏省海域使用管理条例(2005)》、《江苏省内河水域船舶污染防治条例(2005)》、《江苏省海洋环境保护条例(2007)》(2016 修正)、《江苏省港口条例(2008)》、《江苏省海域使用权抵押登记暂行办法(苏海规〔2009〕1 号)》、《关于推进海域使用权抵押贷款工作的意见(2009)》、《江苏省国有渔业水域占用补偿标准基数和等级系数(试行)(苏海法〔2010〕5 号)》、《江苏省渔业安全生产管理办法(2012)》、《江苏省国有渔业水域养殖权流转管理办法(2014)》、《江苏省海洋产业发展指导目录(试行)(2015)》、《江苏省海洋经济创新示范园区认定管理办法(试行)(2015)》、《关于加快推进海洋与渔业法治建设的实施意见(苏海法〔2015〕9 号)》、《江苏省海域使用权"直通车"制度的通知(2015)》、《连云港市海洋牧场管理条例(2016)》、《江苏省"十三五"海洋事业发展规划(2017)》和《海洋渔业资源调查与探捕项目资金管理办法(2017)》等。这些法规与规范性文件，主要涉及海域使用权、渔业权(养殖权)的市场流转以及有关生态监管与补偿问题。

相比较而言，江苏省比较有创新意义的规定是《江苏省海洋产业发展指导目录(试行)》《江苏省国有渔业水域养殖权流转管理办法》《关于建立海域使用权"直通车"制度的通知》。《江苏省海洋产业发展指导目录(试行)(2015)》对海洋产业区分为鼓励类、限制类与淘汰类。鼓励类共有十三大类，具体包括拥有自主知识产权的海洋生物新药开发和生产；满足我国重大、多发性疾病防治需求的通用名海洋生物药物首次仿制研发和生产；低成本藻类生物质燃料生产技术与开发应用(海洋能源)；潮汐能、波浪能、海流能、海水温差能、海水盐差能等海洋能利用技术与开发应用(海洋能源)；海洋石油和天然气、海底煤矿和金矿等资源的勘探与开发等。限制类包括新建及改扩建原料含有尚未规模化养殖的濒危海洋动植物的产品生产；新建三氯化磷、氯酸钠、氢氧化钡、氯化钡、氯化胆碱生产装置等 10 个具体项目。落后生产工艺装备，如使用氯氟烃(CFCs)作为雾气剂、推进剂、抛射剂或分散剂的海洋生物医药用品生产工艺，以及落后产品，如采用整体造船法建造的钢制运输船舶、单壳油船等被列为淘汰类。这种对海洋产业设定发展指导目录，对海域资源开发利用效率的提高以及促进海域资源生态可持续发展具有重要意义。《江苏省国有渔业水域养殖权流转管理办法》则对养殖权在二级市场的流转做出了详细规定。这是养殖权市场流转做出明确规范的重要创新实践。《关于建立海域使用权"直通车"制度的通知》对于简化用海建设项目审批手续,有效缩短用海建设项目审批周期,提高用海建设项目审批效率,维护海域使用权人的合法权益具有重要意义。

2.海域资源的一级市场流转实践

《江苏省渔业管理条例(2003)》第 12 条规定:"在规划确定用于养殖的国有水域和滩涂从事养殖生产的单位和个人,应当向县级以上地方人民政府渔业行政主管部门提出水域、滩涂水产养殖使用权申请,由本级人民政府批准后,核发水产养殖证,许可其使用该水域和滩涂从事养殖生产。核发水产养殖证按国家有关规定执行。养殖生产者不得超过水产养殖证许可的范围从事生产。县级以上地方人民政府在核发水产养殖证时,应当优先安排当地的专业渔业生产者。"第 13 条规定:"……国有水域、滩涂养殖使用权取得,除按法律规定通过申请、审批外,也可以采用招标等方式进行。"第 14 条规定:"集体所有的水域和滩涂,可以由本集体经济组织内部的成员承包从事水产养殖,也可以由本集体经济组织以外的单位或者个人承包从事水产养殖。在同等条件下,本集体经济组织成员享有优先承包权。由本集体经济组织以外的单位或者个人承包从事养殖生产的,必须经村民会议三分之二以上成员或者三分之二以上村民代表的同意,并报乡(镇)人民政府批准。取得集体水域和滩涂承包经营权的养殖单位和个人,可以向所在地的县级以上地方人民政府申请领取水产养殖证,有关人民政府应当予以注册登记,并发给水产养殖证。"根据这些规定,就渔业权/养殖权而言,其一级市场的流转方式包括行政审批、招标、承包等方式。

《江苏省海域使用管理条例》第 12 条规定:"海域使用申请实行分级审批的原则";第 22、23 条规定:"对依法应当实行有偿使用的项目用海,同一宗海域有两个以上的单位或者个人申请海域使用权的,可以采用招标、拍卖等方式出让海域使用权。""招标、拍卖方案由对海域使用申请有审批权的地方人民政府的海洋行政主管部门制订,并征求有关部门意见,报本级人民政府批准后组织实施。单位和个人参加招标和拍卖,不受单位住所地和个人户籍所在地的限制。"从法规的条款来看,海域使用权最主要的获得方式就是行政审批,同时包括招标、拍卖方式。

从实践操作来看,就海域使用权而言,江苏省自 2008 年开始明确采用市场化配置。2008 年江苏省"两沙"海管办以公告形式通知各地,明确凡是新申请的海域使用权将走市场路线,以招拍挂形式进行确权。2009 年 12 月,江苏

省沙竹根沙海域管理委员会办公室在南通召开海域使用权出让招标会。这是
江苏省省管海域第一次实现海域使用权招标出让,标志着江苏省省管海域以
行政审批确权方式顺利过渡到市场化配置方式。[①]

3.海域资源二级市场流转实践

《江苏省渔业管理条例(2003)》第 13 条规定,依法取得的国有水域和滩涂
养殖使用权,可以转让、出租;但水域和滩涂管辖权有争议的违反水产养殖证
管理规定的等情形之一的,不得转让、出租。对于养殖权的其他流转方式,条
例并没有进一步明确规定。但是,2014 颁布的《江苏省国有渔业水域养殖权
流转管理办法》第 2 条明确规定养殖权的流转,包括转让、互换、入股、继承、出
租、抵押或者其他合法形式。[②] 此外,该管理办法对流转的基本原则以及有关
登记手续的办理等作出了明确规定。从海域渔业权流转流转角度,该管理办
法具有开创性意义。

海域使用权二级市场的流转方式,主要体现在《江苏省海域使用管理条
例》第 25、26 条中。第 25 条规定:"依法取得的海域使用权在海域使用权期限
内可以依法继承、转让、出租。但依照海域使用管理法第二十二条取得的海域
使用权不得出租、转让;转让、出租依照海域使用管理法第十九条规定取得的
海域使用权的,应当经批准该海域使用权的人民政府批准……""已批准使用
的海域,……连续二年未开发利用的,由批准该海域使用权的人民政府收回海
域使用权。"从这两条规定来看,海域使用权在二级市场的流转方式主要是继
承、转让、出租,而不包括其他方式。但是,2009 年出台的《关于推进海域使用
权抵押贷款工作的意见》《江苏省海域使用权抵押登记暂行办法》则进一步明
确了抵押这种流转方式,因为海域使用权的价值评估是金融机构确定贷款额
度的主要参考依据。江苏省明确海域使用权的价值评估,可以由抵押人与抵
押权人双方约定的方式进行,也可以由抵押权权人委托其认可的评估机构进
行。在尚未建立海洋价值专业评估机构的情况下,海域使用权价值评估主要
是由具有资质的土地价值评估机构等承担。海域使用权抵押贷款额度,一般
不超过评估值的 60%。同时,江苏省积极推动海域使用权价值评估资质核准
机制,完善海域使用权价值的评估体系。

---

① 刘春香等:《宁波市海域使用权市场流转体系研究》,浙江大学出版社 2017 年版,
第 106 页。

② 《江苏省国有渔业水域养殖权流转管理办法》第 2 条明确:"本办法适用于本省行
政区域和管辖海域内国有渔业水域养殖权(以下简称养殖权)的流转。"

在实践方面,江苏省在海域资源二级市场流转方面取得了积极效果。比如,2004 年 6 月,中国农业银行启东支行率先闯"禁区",在抵押 461 公顷海域证的前提下,向启东连兴港水产开发公司放贷 570 万元。这是全国首笔海域使用权抵押贷款由此诞生。2008 年以来,南通市有关部门先后建立全国首家海域使用权市场交易服务中心、省内首个海域储备机构——南通市海域储备中心,后者以"做市商"的身份,托底海域使用权流转。如今,海域使用权抵押贷款业务在南通普遍展开。中国工商银行、中国农业农行以及如东、启东、海门等地的农商行,均先后出台相关授信细则。迄今为止,南通市有 10 多家银行机构开办海域使用权抵押贷款业务,遍及大型、股份制、城商、农商和村镇银行。[①] 2013 年,如东市在全省率先出台《如东市海域使用权出资登记暂行办法》。该暂行办法明确规定了以海域使用权作价入股的条件与程序。2013 年 8 月,江苏洋口港投资开发有限公司成功办理了海域使用权出资登记,以 1.697公顷海域使用权作价 2800 万元人民币入股成立新公司。这是江苏省首例海域使用权出资登记。[②]

4.交易平台建设与市场动态监测实践

交易平台建设与市场动态监测是政府在海域资源市场化过程中的重要服务内容。早在 2006 年,连云港就建立了具有地方特色的市、县、乡三级联动海域使用动态监视监测管理系统。2007 年,连云港市成立了连云港市海域物权管理中心。该中心的主要工作是:对海域物权进行全面、科学、完整的登记管理,对全市海域使用情况进行归纳整理;紧密结合海域自然属性、社会属性和地方社会经济发展动态,实施海域分等定级管理,按照市场经济规律、自然规律和涉发展需求对还要进行科学储备与调拨等。[③] 这是我国《物权法》颁布后,我国成立的首家对海域权属进行登记管理的专门机构。[④]

2009 年 3 月,在连云港市海籍管理调查测量站、海域使用动态监视监测中心、海域使用权属管理中心三个单位的基础上,连云港市重新整合成立副处

---

① 周建江、管颢生:《南通创新破解沿海开发"融资难",海域使用权抵押贷款逾 80 亿》,载《南通日报》2013 年 12 月 26 日第 A04 版。

② 王逸男:《南通办理全省首例海域使用权出资登记》,http://news2.jschina.com.cn/system/2013/08/05/018158594.shtml,2018 年 3 月 23 日访问。

③ 杨林、陈书全:《海域资源市场化配置的方式选择与制度推进》,经济科学出版社 2013 年版,第 89～90 页。

④ 王佩杰:《连云港成立海域物权管理中心》,http://js.xhby.net/system/2007/07/16/010086110.shtml. 2017 年 3 月 2 日访问。

级事业单位"连云港市海域使用保护动态管理中心",增挂"连云港市海州湾海湾生态与自然遗迹海洋特别保护区管理处"。该中心目前具备海洋测绘丙级资质,拥有 DGPS、全站仪、测深仪、水准仪、海流仪等各类海洋仪器,已经开展了滨海新区、港口集团、徐圩片区、赣榆港区、赣榆新城等围填海项目的动态监视监测工作,在服务海洋管理和海洋执法工作中发挥了重要的技术支撑作用。①

2010 年 2 月,江苏省南通市成立了南通市海域使用权市场交易服务中心。该中心的业务范围包括:负责海域使用权出让、转让、出租、抵押等交易条件的初审,海域使用权属交易鉴证等业务;受海洋行政主管部门和其他单位或个人委托,依法组织实施海域使用权招标、拍卖及挂牌出让、转让、出租、抵押等交易活动;承担全市海域的测量、评估、调查与勘测,南通海域使用面积核定、海域勘测定界等工作。2015 年,南通市还成立了南通市海籍调查测量中心,其业务范围包括:全市确证发证范围内的海籍调查测量、海域使用论证评估、普查登记、数据管理等。

在不断的摸索中,江苏省提出"3＋1"立体监管创新机制,即三种监测手段,一种监测模式。三种监测手段分别是:利用江苏省遥感信息动态解译系统,通过不同时期的遥感影像对比、提取和解译,对处理分析后发现的疑点疑区进行监测;利用远程视频监控系统,实施监测重大项目用海施工进度;利用江苏海域使用审批管理系统,对用海界址、施工范围及与周边红海重叠情况进行监测。一种监测模式是:省市县三级监管队伍以整体联动、协同配合的模式,对重大用海项目实施高效率监视监测。②

(四)山东省海域资源市场化实践

山东省临黄海和渤海,是我国的沿海大省。山东省海岸线北起鲁、冀两省交界的漳卫新河河口,南至鲁、苏两省交界的绣针河河口,总长 3345 千米,约占全国的 1/6。毗邻海域面积 15.95 万平方千米,拥有海岛 589 个,潮间带滩涂面积 3200 多平方千米;2/3 以上海岸为基岩质港湾式海岸;辖有着名的黄河三角洲湿地生态系统。海洋自然资源禀赋条件优越,近海海洋生物、能源矿

---

① 江苏省海洋与渔业局:《连云港市海域使用保护动态管理中心简介》,http://www.jsof.gov.cn/art/2010/10/25/art_341_63324.html.. 2017 年 3 月 2 日访问。

② 杨林、陈书全:《海域资源市场化配置的方式选择与制度推进》,经济科学出版社 2013 年版,第 89 页。

产资源富集,资源丰度指数居全国首位。其中海洋生物种类繁多,具有经济价值的生物资源达 400 多种。山东半岛已探明储量的海洋矿产有 53 种,储量居全国前三的海洋矿产有 9 种。海上风能、潮汐能、波浪能、地热资源等新型能源储量丰厚,开发潜力巨大。山东省海洋经济发展良好,对国民经济和社会发展的支柱作用日益显著。比如,2017 年,山东省海洋生产总值达 1.4 万亿元,约占全省国民生产总值的 19.9%。其中,水产品总产量达 924 万吨,渔业经济总产值突破 4000 亿元。海洋渔业、海洋盐业、海洋生物医药业、海洋电力业、海洋交通运输业增加值均居全国首位,海洋工程建筑、海洋化工、海洋油气等产业规模位居全国前列,智慧海洋、海洋新能源、海洋新装备等新兴产业和海洋港口运输、滨海旅游等服务业发展迅速,形成了较为完备的海洋产业体系。①

相比于福建省与浙江省等省市而言,山东省在海域资源的市场化配置方面的工作推进相对较晚。但是,近年来,山东省在海域资源的市场化配置方面的进展迅猛,有许多创新性实践。

1.政策导向与海域资源管理及市场流转的规范化

政策规划类文件主要有:《山东省海洋功能区划(2011—2020 年)》(2017局部修改)、《山东省海洋事业发展规划(2014—2020 年)》、《山东省海洋生态文明建设规划(2016—2020 年)》、《山东省海岸线保护规划(2016)》、《山东省海洋生态文明建设规划(2016—2020 年)》、《山东省"十三五"海岛保护规划(2016)》、《山东省海洋主体功能区规划(2017)》和《山东省新旧动能转换重大工程实施规划(2018)》。目前正在进行《山东省海岸带综合保护与利用总体规划》的编制工作。

地方性法规或者规范性文件主要有:《山东省海域使用管理条例(2003)》、《山东省海洋环境保护条例(2004)》(2016 年修正)、《山东省海域使用金减免管理管理暂行办法(2007)》、《山东省海域使用申请审批管理暂行办法(2008)》、《山东省海洋环境保护规划(2008—2020)》、《山东省海洋与渔业厅关于为扩大内需促进经济平稳较快发展做好海洋服务保障工作的意见(2009)》、《山东省省级海域使用金支出项目管理暂行办法(2009)》、《省级海域使用金项目资金绩效考评暂行办法(2009)》、《山东省海洋生态损害赔偿和损失补偿评估方法(2009)》、《山东省海洋生态损害赔偿费和损失补偿费管理暂行办法

---

① 李振青:《行业发展概况》,http://www.hssd.gov.cn/jggk/hygk/201804/t20180410_1253150.html,2018 年 4 月 15 日访问。

(2010)》、《关于加强养殖用海管理的若干意见(鲁海渔〔2011〕142号)》、《山东省海洋产业发展指导目录(2013)》、《山东省县级海域使用规划管理办法(2013)》、《山东省人工鱼礁管理办法(鲁海渔函〔2013〕616号)》、《山东省海洋特别保护区管理暂行办法(2014)》(已废止)、《山东省渔业船舶管理办法(2014)》、《用海建设项目海洋生态损失补偿评估技术导则(2015)》、《山东省无居民海岛使用审批管理暂行办法(2015)》(已废止)、《山东省无居民海岛使用权招标拍卖挂牌出让管理暂行办法(2015)》(已废止)、《山东省无居民海岛使用审批管理办法(2016)》、《山东省无居民海岛使用权招标拍卖挂牌出让管理办法(2016)》(有效期至2020年5月4日)、《山东省海域使用权招标拍卖挂牌出让管理暂行办法(2016)》(有效期至2018年10月25日)、《关于加快推进全省海洋生态文明建设的意见(2016)》、《山东省人民政府办公厅关于划定黄海海洋生态红线和建立实施全省海洋生态红线制度的通知(2016)》、《山东省海洋生态补偿管理办法(2016)》、《山东省海洋保护区分类管理实施意见(2016)》、《山东省海域动态监管工作管理办法(2016)》、《山东省海域动态监管工作方案(2016)》、《山东省用海项目控制指标体系(试行)(2016)》、《山东省海洋保护区分类管理实施意见(2016)》、《山东省加强渔船管控实施海洋渔业资源总量管理方案(鲁海渔〔2017〕168号)》、《关于规范水生野生动物行政许可事项的通知(2017)》、《休闲海钓渔船试点管理暂行办法(2017)》、《海洋牧场平台试点管理暂行办法(2017)》、《关于加强莱州湾特定区域海域管理的若干意见(2017)》、《关于推进长岛海洋生态保护和持续发展的若干意见(2017)》等。

从上述这些法规与相关文件来看,在海域资源市场化方面,2016年是山东省的一个重要转折点。在这一年内,山东省制定并实施的有关文件超过15份,可见程度之密集。具有代表性的文件有《山东省无居民海岛使用权招标拍卖挂牌出让管理办法(2016)》《山东省海域使用权招标拍卖挂牌出让管理暂行办法(2016)》《山东省海洋生态补偿管理办法(2016)》等。山东省的相关文件还有一个特点,就是对生态补偿方面的规定相当突出。有针对性的规范文件,如《山东省海洋环境保护条例(2004)》《用海建设项目海洋生态损失补偿评估技术导则(2015)》《山东省海洋生态补偿管理办法(2016)》等。

最具有首创意义的是2013年制定的《山东省海洋产业发展指导目录》。其分为鼓励类、限制类与淘汰类,涵盖海洋生物、海洋装备制造、海洋化工、海洋能源矿产、海洋工程建筑、海洋渔业、海洋运输物流、海洋文化旅游、涉海商务服务和金融服务以及海洋环境保护、公共安全和应急产品10个产业类别,共183项产业内容。这是我国首个海洋产业发展指导目录,填补了我国海洋产业发展指导性政策的空白,对我国各省市海洋产业结构调整与优化升级以及重点产品与技术发展方向具有重要指导与参考作用。[①]

2. 海域中资源交易平台建设

在早期,山东省主要是通过其他产权交易平台来实现海域资源的市场化配置。2014年12月,烟台海洋产权交易中心(也即山东产权海交中心)获批。2015年3月,青岛国际海洋产权交易中心挂牌成立。这两个产权交易中心主要从事以海域、海岛等使用权,海砂、矿产等海洋资源开采权及渔船、轮船等为标的的产权交易业务,以及海洋知识产权、涉海金融资产权益等作为交易品种的交易业务。这两个产权交易中心的成立并运营为山东省进一步推进市场化出让海域资源提供了重要载体。

2018年2月,根据山东省人民政府与国家海洋局签订的《支持山东省新旧动能转换重大工程战略合作框架协议》,烟台海洋产权交易中心被列为省部共建海洋产权交易平台,其目标是建设成为北方海洋产权交易中心,促进海域和海岛使用权、涉海知识产权等各类海洋产权依法有序流转,实现海洋资源的优化配置,打造区域性海洋产权交易和流转服务平台。[②]

3. 海域资源一级市场流转的实践

自《海域使用管理法》实施以来,山东省海域使用权主要采用申请审批的方式出让。山东省在海域市场化出让方面也进行了探索,但青岛、烟台、威海、潍坊等地对部分养殖用海积极进行市场化出让,即"招拍挂"出让的实践摸索,并取得了良好效果。因海域使用权的"招拍挂"出让都是针对养殖用海,而构筑物用海、填海仍采用申请审批的方式出让,这种状况也制约了海域资源的配置效率。为确保海域资源配置的公平公正,维护国家对海域资源的有关权益,2016年,山东省在经过一年的试验(即《山东省无居民海岛使用权招标拍卖挂牌出让管理暂行办法》)后,正式实施《山东省无居民海岛使用权招标拍卖挂牌出让管理办法》与《山东省海域使用权招标拍卖挂牌出让管理暂行办法》。这是山东省首次制定省级层面上的海域和无居民海岛资源市场化出让管理办法,有力地推进了海域海岛资源市场化配置,填补了山东省在海域海岛资源市

---

① 王建:《我国首个海洋产业发展指导目录发布,十类海洋产业将获鼓励》,http://www.mlr.gov.cn/xwdt/hyxw/201301/t20130129_1179419.htm,2018年4月16日访问。

② 佚名:《山东产权海交中心升级为省部共建海洋产权交易平台》,http://www.sohu.com/a/221347269_99960487,2018年4月16日访问。

场化出让方面的制度空白,实现了申请审批与市场化出让"两条腿"走路。[①]
按照《山东省海域使用权招标拍卖挂牌出让管理暂行办法》,山东省以下海域
类型都将采取"招拍挂"方式出让:同一海域有两个或者两个以上用海意向人
的;因海域闲置、欠缴海域使用金、无人继承、到期后未申请续期等原因被地方
政府收回海域使用权后再次出让的;区域用海规划范围内,除国家和省重点建
设项目、重点民生工程、非经营性公共基础设施和规划编制时已确定拟建项目
外,其他的经营性开发利用海域。对于海域使用金,在出让价款中,公示费、公
告费、利益相关者补偿费、海域测量费、海域价值评估费等出让前期费用部分
缴入本级库,不参与各级分成,剩余部分作为海域使用金按 3∶2∶5(中央∶
省∶省以下)的分成比例缴入相应级次国库。养殖用海项目海域使用金由市
县两级分成,分成比例按照各市规定执行。据统计,2016 年,全省范围内共确
权海域面积 131234.5986 公顷,其中经营性用海项目 130559.5112 顷,公益性
用海项目 675.0874 公顷;发放海域使用权证书 1516 本,其中经营性项目
1491 本,公益性项目 25 本。[②]

从《山东省无居民海岛使用权招标拍卖挂牌出让管理办法(2016)》《山东
省海域使用权招标拍卖挂牌出让管理暂行办法(2016)》设定有效期来看,山东
省在海域资源市场化方面仍在摸索前行中。

4.海域资源二级市场流转的实践

2003 年 9 月,山东省颁布《山东省海域使用管理条例》。这是我国《海域
使用管理法》颁布后的第一部海域使用管理方面的地方性法规。该管理条例
对海域使用权的出租和抵押作出了任意性规定:"海域使用权人在海域使用年
限内,可以依法转让、出租、抵押海域使用权。但法律法规另有规定的除外。
转让、抵押海域使用权的,应当依法办理登记手续。"在我国《海域使用管理法》
对海域使用权出租与抵押未做规定的情况下,《山东省海域使用管理条例》的
规定就具有开创性意义。

关于海域使用权的抵押贷款问题,山东省于 2011 年 5 月制定了《山东省
海域海岛使用权抵押贷款实施意见》。该实施意见明确要求山东省各级各有
关部门要充分认识到推进海域、海岛使用权抵押贷款的重要意义,还明确指
出:"山东省要加强海域、无居民海岛使用权价值评估制度建设;在国家建立有
关价值评估标准之前,海域、无居民海岛使用权价值由抵押权人自行评估或委

---

① 山东省海域与渔业厅:《2016 年山东省海域海岛管理公报》。

② 山东省海域与渔业厅:《2016 年山东省海域海岛管理公报》。

托具备相关资质的第三方独立中介机构(主要是土地价值评估机构)进行评估,评估价值可参考相邻或相近陆地价值。评估结果作为贷款发放额度的依据。""各级政府和有关部门要抓紧建立海域、无居民海岛使用权流转平台,大力培育相关交易中介机构,并采取有效措施,加强对海域、无居民海岛使用权流转交易活动的监管,规范市场交易行为,为开展海域、无居民海岛使用权抵押贷款业务提供良好环境。"

2012 年,威海市出台《威海市海域使用权抵押授信管理规定》,规定海域使用权人在批准的海域用途和使用年限内,可以依法转让、出租其海域使用权。养殖用海海域使用权进行抵押时,附属养殖设施共同估价抵押。2013 年10 月,威海市出台《威海市海域使用权转让出租管理办法》。该办法明确规定:海域使用权人在批准的海域用途和使用年限内,可以依法转让、出租其海域使用权;海域使用权转让、出租的,其固定附属用海设施随之转让、出租。固定附属用海设施转让、出租的,其使用范围内的海域使用权随之转让、出租。

从有关统计来看,山东省海域资源在二级市场的流转取得了重要成绩。比如,在 2014 年前三季度,威海市便办理海域使用权抵押贷款 92 宗,抵押面积 4.22 万公顷,抵押金额突破 20 亿,达到 20.55 亿元,创下威海市海域使用权抵押贷款历史新高。[①] 再如,2016 年,山东省共办理海域使用权抵押登记的证书数量 442 本,抵押海域面积 62543.7211 公顷,抵押金额 3556180.7721 万元。其中,建设填海造地抵押登记的证书数量 20 本,抵押海域面积 445.8333公顷;抵押金额 2804804.54 万元。2016 年,山东省共办理海域使用权变更登记的证书数量为 845 本,面积为 98870.2452 公顷。其中,转让 371 本,面积50268.9398 公顷;继承 2 本,面积 16.63 公顷;转移 3 本,面积 379.8 公顷;续期 367 本,面积 41421.0198 公顷。[②]

5.海域资源生态补偿的实践

山东省在海域资源生态保护与生态补偿方面的实践是一大亮点。比如,早在 2004 年,山东省即颁布《山东省海洋环境保护条例》;2009 年,山东省出台《山东省海洋生态损害赔偿和损失补偿评估方法》。此后又先后出台《山东省海洋生态损害赔偿费和损失补偿费管理暂行办法(2010)》《用海建设项目海洋生态损失补偿评估技术导则(2015)》《山东省海洋生态补偿管理办法

---

① 刘洁、崔维程:《威海海域使用权抵押贷款超 20 亿》,载《齐鲁晚报》2014 年 10 月21 日第 A10 版。

② 山东省海域与渔业厅:《2016 年山东省海域海岛管理公报》。

(2016)》等文件。

2013 年以来,山东省率先在渤海实施了海洋生态红线制度。2016 年初,黄海海洋生态红线划定方案获批,山东省海洋生态红线制度建立。目前,山东全省海域共划定海洋生态红线区 224 个,生态红线区总面积 9669.26 平方千米,占全省管辖海域总面积的 20.44%。同时,严格开发活动环境准入条件,严格实施海洋生态损失补偿和损害赔偿制度,倒逼海洋产业结构调整,对围填海等海洋开发活动累计征收生态损失补偿费 6 亿多元。[①]

三、海域资源市场化的问题与制度创新

(一)我国海域资源市场化的问题与困局

1.以行政权为主导的海域资源法制体系不符合市场的基本逻辑与机理

海域资源市场化配置是一项开拓性工作。这是因为国际上鲜有相关的法制经验可供借鉴。在很多国家的法制体系中,海域资源(包括空间资源等)被视为公物,被纳入行政法规范范畴。而根据传统的行政基本法理,行政权或者行政公物是不能任意进入市场的。这也就造成国际上鲜有国家进行海域资源市场化配置的法制实践。

诚然,基于海域资源的公共物属性,海域资源的法制规范无法脱离行政法。比如,海洋功能规划、海域资源的开发利用、海域资源生态监管等环节都必须要有行政法的适用。尽管如此,海域资源市场化的基本逻辑与基本原理,仍应当是建立在民商法的体系上。离开民商法体系,海域资源市场化将失去最重要的前提。

从当前我国海域资源市场化实践来看,不论是法制体系,还是市场化的推进,都是以行政权为主导。比如,作为我国海域资源法律体系中最重要的法律《海域使用管理法》,就是典型的行政法。该法律的核心内容都是在强调海域使用的行政监管问题。《海域使用管理法》中的"管理法"三个字的设定更是直白地表述着它的基本逻辑——立法的指导思想就是要加强管理,是行政管理,而非市场行为规范。从该法的内容上看,义务性与强行性规范占有很大篇幅,

---

① 王守信:《创新思路凝聚力量,全面推进山东海洋生态文明建设》,载《大众日报》2016 年 6 月 8 日第 6 版。

而对海域使用权人的权利权能未作详细的规定。[①] 再如,各省的相关地方性法规或者规范性文件毫无例外,都是行政法制规范,围绕着行政监管而展开的。即使是在各省有效推进的海域使用权或渔业权的市场流转,不论是一级市场的"招拍挂",抑或是二级市场的抵押、入股,都是在行政权的积极主导下进行的。在海域资源市场化的初始阶段,以行政力量来进行市场化推进与培育确实有其合理性,也有其积极意义。但是,这种缺乏市场原始驱动的实践不仅不符合市场的基本逻辑与原理,更可能会导致市场化越来越失去市场的本质。

同时,海域资源相关法律体系的散发性,也将在一定程度上阻碍海域资源的市场化配置。尽管我国已经颁布施行《海域使用管理法》,但是该法仅涉及海域的空间资源,没有涉及其他的海域资源形态。而其他资源形态的法律规范散见于《渔业法》《矿产资源法》等法律规范中。像海洋能源资源、海水化学资源、海域遗传基因资源等都缺乏更针对性法律规范。即便是海域空间资源,《海域管理法》所设定的海域使用权也存在着法律性质逻辑混乱等问题。这种状况都不利于我国海域资源市场化的深入推进。

2.海域资源及其产权设定不明晰,妨碍其市场化流转

我国《宪法》《物权法》等法律明确规定了海域的所有权归属问题,即海域为国家所有。然而,进一步的问题是:何为海域?何为海域资源?海域是仅针对海域的底土,还是涵括该海域所隐含的资源,如矿产资源、海水资源、野生动植物资源呢?被物权化的海域范围是否涵括内水、领海、专属经济区和大陆架?

从《物权法》的相关规定来看,海域仅仅是海域,而不包括海域所隐含的丰富的资源。否则,《宪法》《物权法》等没有必要出现"矿藏、水流、海域属于国家所有"这样的表述。然而,《海域使用管理法》明确指出海域使用权涉及海域的"水面、水体、海床和底土",而海域使用权的用途包含养殖、旅游、盐业、矿业、建设工程等。这似乎又昭示着海域使用权涵括了海域所隐含的丰富资源。我国《物权法》第 46 条并没有进一步明确属于国家所有的"海域"应涵摄怎样的范围。《矿产资源法》第 2 条规定的"矿业权"涵括我国管辖的海域。这说明"矿业权"所涉及的海域应当包括我国享有主权的内水与领海,也涵括专属经济区与大陆架;在广义上,还可能涵括公海。《渔业法》第 2 条以及《渔业法实

[①] 刘金艳:《中国海域使用权法律制度研究》,复旦大学 2008 年硕士学位论文,第 30 页。

施细则》第 2 条则明确规定,渔业权涉我国"内水、滩涂、领海、专属经济区"以及我国"管辖的一切其他海域",而且"内水"还涉及内陆水域。与《矿产资源法》《渔业法》对海域的宏大界定不同的是,《海域使用管理法》规定海域使用权仅涉及"内水、领海",而且这里的"内水"不包括内陆水域。

对于海域生物资源、海洋能源资源、海水资源、海洋化工能源等海域资源来说,其权属结构如何? 我国《野生动物保护法》《水生野生动物保护条例》《野生植物保护条例》《森林法》《矿产资源法》《渔业法》等法律法规都有所涉及,但这些法律体系都无法明确前述资源的权属结构与状况。

尽管"海域使用权"的概念早在 1993 年 5 月颁布实施的《国家海域使用管理暂行规定》中就被提出,而且 2002 年实施《海域使用管理法》以及 2007 年实施的《物权法》更是在明确规定海域属于国家所有的基础上,明确了海域使用权的私权属性。但是,无论是《海域使用管理法》还是《物权法》,都没有对海域使用权的内涵作出进一步明确的界定,海域使用权人具体拥有哪些海域使用方面的权能不甚明确。在 2007 年《物权法》颁布之后,就海域使用权的私权性问题,我国学术界与实务界已经基本不再有疑问,但对海域使用权的性质和地位仍有争议。《物权法》只是在其用益物权编的一般规定中对海域使用权作了规定:"依法取得的海域使用权受法律保护。"这里,《物权法》仅仅用了短短的一个条文,并没有像对待建设用地使用权、土地承包经营权等传统物权那样对海域使用权进行专章规定。另外,《物权法》在第 123 条对矿业权、取水权以及渔业权也作了同样的规定,即"依法取得的探矿权、采矿权、取水权和使用水域、滩涂从事养殖、捕捞的权利受法律保护"。这里似乎把海域使用权和渔业权、矿业权作为同等性质的权利来对待。然而,这其中最重要的问题在于:海域使用权和渔业权、矿业权之间的具体界限在哪? 它们之间的区别在哪? 它们是否存在着权利的重叠以及调整范围的重叠? 如果有重叠,这种重叠的状况应如何协调? 因为从海域及海域资源的内涵来看,这种重叠的可能性是客观存在的。这些问题《物权法》均没有进一步的规定。如果根据《海域使用管理法》关于海域使用权针对海域用途的限定来看,我们很当然地得出"海域使用权包括海域探矿权、采矿权,也包括利用海域从事养殖、捕捞等权利"这样的结论。但是,根据《物权法》第 122 条与 123 条的规定,前述结论似乎又是错误的。

在我国现行法律规定的海域所有权/海域渔业权/海域矿业权的框架内,还有许多疑问:作为海域所有权能否设定担保物权? 依《物权法》第 180 条规定来看,这些海域物权似乎都可以设定担保物权,但是仔细分析,目前只有海

181

域使用权设定担保物权有明确依据,而海域所有权以及涉及海域渔业权、海域矿业权等其他类型的用益物权或者准物权似乎都无法设定担保物权。那么,既然海域使用权与(海域)探矿权、采矿权等权利存在交叉或者重叠的情况,为什么海域使用权得以设定担保物权,而其他性质相同或相似的权利却不能设定担保物权呢? 这其中的合理性与正当性在哪呢?

我国立法的上述逻辑与体系混乱状况,不利于人们准确理解海域使用制度,把握海域资源所有权或者海域用益物权的性质,也不利于保障他们的用海权益,进而将严重阻碍海域资源的市场化流转。

3.以行政权为主导的海域资源市场配置,对海域资源真正市场化产生极大阻滞

根据我国现行规定,海域资源市场流转配置,不论是一级市场,还是二级市场,几乎都离不开行政审批。以全国海域使用权一级市场流转为例,申请审批方式占据主导性。比如,2015 年我国批准海域使用申请并颁发海域使用权整数 3184 本,确权 228435.72 公顷;通过招标、拍卖、挂牌方式颁发的海域使用权证书为 422 本,确权海域面积 25177.41 公顷。[①] 即使是通过招标或拍卖方式设立海域使用权,在进行招标或拍卖活动之前,该招标或拍卖的方案同样也必须进行行政审批,非经行政批准的招标或拍卖方案,即使中标,中标人也不能取得海域使用权。再如,根据《海域使用管理法》第 27 条及《海域使用权证书管理办法》第 16 条的规定,海域使用权的转让、出租、作价入股等都需要经过批准。在海域使用权流转过程中,取得海域使用权的使用人对海域的使用应当符合海洋功能区划,并不能擅自改变海域用途。根据《海洋环境保护法》和《海上交通安全法》的相关规定,海域使用权的行使亦不得对海洋环境造成污染,不得妨碍海上交通安全。这些都是强制性的规定,海域使用权人必须遵守。

显然,海域资源确实有其特殊性。基于公共利益以及我国国情与政策,对海域资源的市场配置设定众多的法律边界,是具有合理性与正当性。然而,在海域资源市场化中行政权的"无孔不入",必然伴随着其难以克服的内生性局限。

(1)市场对行政权的不信任

市场建立在市场主体法律地位平等的基础,以意思自治、自己责任为轴心。这也就是说,市场崇尚尊重当事人的自主意志,强调行为人对自己行为负

---

① 国家海洋局:《2015 年海域使用管理公报》。

责。然而,市场的这种特质与行政权的特质是相冲突的。行政权是以双方主体地位的不平等与不对称性为根基,强调义务的遵从与公共利益的保障,强调行政意志对市场行为的评介意义与拘束作用。换言之,在行政权主导的行为生态中,行为人难以按照自己的意志去行为,难以以自己的行为去追求其希求的效果;行政意志在行为的形成与行为的效果等方面有着强大的影响力与制约力。正因为市场与行政权的不同特质,市场始终对行政权都保持着高度的戒备性,对行政意志保持着较高程度的不信任。

在我国《海域使用管理法》颁布之初,人们对海域使用权的法律性质就出现了许多的争议。这其实能够间接印证:以行政法律体系为主导建构起来的海域使用权,在其创设之初,就面临着人们的怀疑与不信任。这种不信任会传导到整个市场体系,进而阻滞海域资源市场化的深度拓展与推进。

(2)海域所有权主体与行政监管角色的混沌化

我国《宪法》《物权法》《海域使用管理法》均明确海域为国家所有,即全民所有。然而,政府作为海域所有权代表者角色以及政府作为海域开发利用管理者的角色,长期以来被"傻傻"地不予区分。我国对于海域资源的管理采取的是中央统一管理和中央授权地方分级管理相结合的模式,目的是充分发挥中央和地方的积极性。由中央和地方分别代表国家履行出资人职责,享有所有者权益。国务院海洋渔业行政等有关主管部门主要负责全国海域及海域资源开发利用的监督管理。沿海县级以上地方人民政府海洋渔业行政主管部门等根据授权,负责本行政辖区内海域资源(含渔业)开发利用的监督管理。这些行政主管部门的重要职责之一,还包括海域资源的一级市场配置,比如海域使用权的出让以及"招拍挂"等,都是由这些部门负责行政审批的。以行政审批为主导配置海域资源的一级市场,说明政府没有准确地区分其所有权代表者与公共管理权主体角色,也没有明晰两者的相关权责与界线,进而导致了政府在海域资源市场化过程中的主体性混沌化。这种状况导致了一些人以为海域使用权的出让就是一种典型的行政许可。[①] 这些情况更为设租、寻租等腐败行为的发生埋下了隐患。

---

① 笔者曾与一位友人(天津某著名高校讲授行政法学的老师)就海域使用权出让的性质发生争议。友人认为海域使用权的出让(包括招拍挂)是一种附条件的行政许可。笔者以为这是一种所有权权能分割而衍生用益物权/准物权的行为,而非行政许可。当然,从海域为公物的角度来看,海域使用权的出让为行政许可的观点也确有其合理性。

（3）行政主体缺乏追求市场化的内生性驱动

行政主体不能以经济利益最大化为目标,否则就违背了行政主体的本质以及根本宗旨。这也就是为什么行政主体的生存不依赖市场化经济活动的根源。[①] 这就导致行政主体缺乏追求市场效益的内生动力。

对于海域资源市场化而言,准确有效的市场信息是必要的。正常而言,海洋行政主管部门在审核海域资源使用或者经营者的申请时,需要充分掌握相关信息。然而,因信息费用和行政时限等方面的限制,审核部门的工作人员难以充分掌握域资源使用者或者经营者及相关海域的真实信息,导致海洋行政主管部门与海域资源的使用者或者经营者出现供求双方之间信息的不对称。这就存在着对海域资源使用者或者经营者选择的风险,使海域资源配置难以避免某些开发主体的非理性、不成熟和道德风险。[②]

此外,行政审批配置海域资源的成本较高。行政审批配置海域资源虽可省去招标、拍卖等市场化配置方式所产生的市场交易成本,但它需要建立起自上而下的庞大的行政运作系统,其机构设置和运行管理费用以及相关的组织协调、制度操作费用比较高。比较而言,这种行政配置而形成的费用,应该远高于市场化配置而产生的交易成本。

4.市场准入限定不明确

市场准入是指市场主体参与海域资源市场的可能性、程度、范围与规模。市场准入限定的主要目的是对参与海域资源市场的市场主体以及海域资源开发利用的领域等进行限定,进而保障社会公共利益以及促进海域资源的可持续发展。从海域资源生态补偿的角度来讲,这是一种事先预防性措施。

我国目前对海域资源市场主体资格方面没有直接规定,有所关联的是《海域使用管理法》第16条的规定。该条明确规定申请使用海域的申请人,应当提交包括"相关的资信证明"等方面的书面材料。但是,相关资信证明是哪些方面的资信证明,并不明确。我国最高人民法院推进的失信被执行人名单制度,在某种程度上是对市场主体参与某些市场领域或者实施某些行为的一种限定。同时,一些单位或者部门实施所谓的"黑名单"机制,在一定程度上也是

---

① 行政主体的生存与市场的密不可分的,存在着悖谬逻辑。市场越活跃,税制越好,行政主体的"生存基础"就越踏实。然而,市场越活跃也可能意味着行政主体的工作职责越多,"生存质量"越不理想。

② 于广琳:《推进海域资源市场化配置从源头防治腐败》,载《海洋开发与管理》2010年第2期,第72页。

对海域资源市场主体资格的限定。① 然而,最高人民法院的失信被执行人机制主要是对被执行人消费领域的约束,约束性较弱。而其他领域的"黑名单"机制,都面临着"过于任性""过度维护自身利益"的指责,其公平性、合理性与公信力都广受质疑。在合法性依据上,这些机制都面临着上位法缺位的问题。②

在海域资源开发领域,海洋功能区的设定以及海洋产业指导目录都能够有一定的市场准入效果。比如,2012 年 3 月国务院批准《全国海洋功能区划(2011—2020 年)》、2013 年 1 月山东省颁布《山东省海洋产业发展指导目录》和 2015 年江苏省颁布的《江苏省海洋产业发展指导目录(试行)》。然而,这些文件属于政策性指导文件,不具有可强制性,而且缺乏具体的操作细则。同时,全国性的海洋产业发展指导文件也未见身影。

4.海域资源的实际流转方式有限,影响了海域资源市场化配置的实质性效益

在二级海域资源市场,海域资源(含海域使用权、渔业权、海域矿产之采矿权、探矿权等)流转面临的一个重要问题就是,流转方式比较有限,且相关法律规定比较笼统,缺乏可操作性。对于海域资源(含海域使用权、海域渔业权、海域采矿权、海域探矿权等)的转让、继承、出租、出资、抵押等流转方式的具体规范,我国尚未以法律的形式进行明确。

在某种意义上讲,自 2015 年 3 月 1 日起施行的《不动产登记暂行条例》以及自 2016 年 1 月 1 日起实施的《不动产登记暂行条例实施细则》,对登记机关、登记职责、登记范围、登记程序等作出了明确规定。尤其是《不动产登记暂行条例实施细则》以专节(第七节)形式明确海域使用权的登记事宜。这对海

---

①　根据 2014 年国务院政府工作报告,我国将对违背市场竞争原则和侵害消费者权益的企业建立"黑名单"制度,让失信者寸步难行。早在 2007 年,春秋航空公司就曾将一些据称是"闹赔"的旅客拉入"黑名单"。2016 年 1 月,中国航空运输协会制定出台了《民航旅客不文明行为记录管理办法》,规定有十类不文明乘机行为的乘客将被航空公司列入"旅客黑名单",在信息保存期限内无法购买飞机票。陈华娟:《航空公司有权设置"旅客黑名单",但不可"任性"》,载《检察日报》2016 年 4 月 13 日第 6 版。2018 年 4 月,淄博市人民政府办公厅公布《关于加强电子商务领域诚信建设的实施意见》,拟将建立电子商务领域守信主体"红名单"制度,倡导电商市场主体诚信经营;建立电子商务领域失信主体"黑名单"制度,加大对"黑名单"电子商务平台及相关服务企业的监管力度。孔晓文:《淄博电子商务领域将建"红黑名单"制度》,载《淄博晚报》2018 年 4 月 20 日第 2 版。

②　王琳:《谁有权建立"航空黑名单"》,http://www.xinhuanet.com/air/2015-05/26/c_127840008.htm,2018 年 4 月 12 日访问。

域资源二级市场流转的规范与保障必然具有积极意义。然而,《不动产登记暂行条例》及其实施细则仍然缺乏针对性。这是因为条例仅是权属登记的规范,不能实质性规范市场流转方式;而且海域资源不仅包括海域空间资源的使用权(即海域使用权),还包括众多其他形态的资源。

诚然,近年来在海域资源的市场化方面,我国地方立法不断走向深化,且进行了很多有创造性的实践。如福建省出台的《福建省海域使用权抵押登记办法》、江苏省制定的《江苏省国有渔业水域养殖权流转管理办法》和舟山市颁布的《海域使用权出资公司登记管理暂行办法》等规范性文件,对海域资源二级市场的流转进行了明确规定,但这些都是一些省市的地方性实践,相关文件的法律效力层级低,严重制约其法律效益的发挥;同时,这些规范性文件主要是针对海域使用权在二级市场的流转规范,鲜有针对其他类型的海域资源市场化规定。

从相关统计数据来,海域资源二级市场流转基本限于转让与抵押,而其他的流转方式,如互易、赠与、出资入股、继承、夫妻/家庭分割等,都很鲜见。比如,根据山东省 2016 年海域使用管理公报,山东省 2016 年共办理海域使用权变更登记的证书数量为 845 本,面积为 98870.2452 公顷。其中,转让 371 本,面积 50268.9398 公顷;继承 2 本,面积 16.63 公顷;转移 3 本,面积 379.8 公顷;续期 367 本,面积 41421.0198 公顷。全省共办理海域使用权抵押登记的证书数量 442 本,抵押海域面积 62543.7211 公顷,抵押金额 3556180.7721 万元。因二级市场流转渠道不畅,海域资源(含海域使用权、海域渔业权、海域采矿权、海域探矿权等)实际流转效益并不理想。

5.可市场化的海域资源受限,市场化配置难以全面推进

尽管在数据上看,我国的海域资源异常丰富,但由于我国特殊的国情制约以及人们根深蒂固的一些传统观念的影响,如,对海域资源的市场化存在着较高的抵触情绪,我国真正可市场化的海域资源实际上受到很大制约而出现供给不足。同时,就海域空间资源而言,我国实行分地区管理,而各省市在海域资源管理及市场化规范方面又存在着众多的差异。这些都导致海域资源市场化配置的全面推进进程中存在着许多困难。

以福建省的海域使用权的相关情况为例。福建省是传统的渔业大省,养殖用海占海域使用总面积的 85% 以上。在传统渔区,90% 的养殖用海都是《海域使用管理法》实施前渔民已经使用的"生计海"。《海域使用管理法》实施后,根据养殖现状依申请直接确权给村委会,再由村委会分配给村民养殖使用,海域资源市场化配置将直接涉及很多渔民的生存与发展问题,推进工作难

度较大。同时,由于传统渔民"祖宗海""门前海"观念根深蒂固,直接影响养殖用海的市场化配置。此外,工业用海市场化配置也很难操作,工业用海大多涉及填海,一般都是各级政府招商引资的重点项目,主体特定,不具备采取市场化配置的条件。这样可真正用于市场化配置的海域资源很有限,直接制约着海域市场化配置工作的全面推开。

就海域使用权而言,使用权期限过短也是制约海域资源市场化的重要因素。根据《海域使用管理法》第 25 条的规定:"海域使用权最高期限,按照下列用途确定:(一)养殖用海十五年;(二)拆船用海二十年;(三)旅游、娱乐用海二十五年;(四)盐业、矿业用海三十年;(五)公益事业用海四十年;(六)港口、修造船厂等建设工程用海五十年。"这也就是说,在《海域使用管理法》的制度框架内,所谓的海域使用权的年限有可能低于 15 年,最长也不会超过 50 年。相比于我国《物权法》确定的土地承包经营权、建设用地使用权等用益物权的最长使用年限(30 年至 70 年)相比,《海域使用管理法》的制度框架下的海域使用权的使用年限明显偏短。在实践中,还存在着临时用海海域使用权,其期限仅为 3 个月。[①]

此外,海域资源收储工作仍处于起步与摸索阶段,也制约了海域资源的有效供给。这是因为海域资源的收储是海域资源市场化的重要前提,收储工作的状况对海域资源的供给有重大影响。[②]

6.全国统一、高效的海域资源市场平台尚未形成

透明、公开、高效的海域资源市场化交易平台,是全面推进海域资源市场化配置的基础性工程。虽然我国部分省市已初步成立海域资源市场交易平台,甚至正积极尝试建设成全国性或者大区域性的市场交易平台,[③]但至少到目前为止,全国性海域资源市场化交易平台尚未真正形成,无法实现海域资源市场化配置全国性统筹。

这种全国性海域资源市场交易平台的缺失,意味着我们尚未形成海域资源的全国性交易机制,也意味着我们在海域资源的储备、整理、开发、交易、抵

---

①　根据《临时海域使用管理暂行办法》(国海发〔2003〕18 号),临时用海的海域使用权仅为 3 个月,不得抵押、转让和出租。

②　杨林、陈书全:《海域资源市场化配置的方式选择与制度推进》,经济科学出版社2013 年版,第 112 页。

③　如,2017 年 10 月成立的中国(福州)海洋产权交易中心,其目标就是承担全国性的海洋产权交易业务。再如,根据山东省政府与国家海洋局于 2018 年 2 月达成的协议,烟台海洋产权交易中心的目标是建设成为北方海洋产权交易中心。

押、回收的过程中难以定期对海域资源交易情况调查摸底和统计分析，无法为搞好海域资源市场化的行政监管和一级、二级海域市场良性运行提供翔实的数据和信息。这种状况难以有效满足市场主体对海域资源市场化的交易需求，也不符合海域资源市场化的建设需要。

全国统一、高效的海域资源市场平台的缺位还表现为海域资源交易中介服务机构的不足。中介机构是市场要素之一，海域市场化配置工作必须要有与之相适应的综合性专业中介机构，应包括海域面积测量、融资担保、拍卖交易、信息服务、代理经纪及法律服务等中介机构。但是，即便是在海域资源市场化配置实践较为良好的福建、浙江等地方，相关的中介服务机构也是很鲜见，而且我国还没有相应的中介服务机构培育机制。这些都制约着海域资源市场化配置的实际效果。

7.海域资源价格评估工作难以适应海域资源市场化需求

海域价格评估是海域资源市场化配置工作中的重要一环。但是，目前我国海域资源价格评估工作尚处于起步与摸索阶段。虽然沿海各地大胆实践，积极推进海域使用权的出租、抵押、入股等市场化工作，但在操作层面上遇到的最大难题之一就是海域资源的评估作价问题。如前文所述，海域资源因其自身的自然特性，很难确定其价值。海域资源的评估定价涉及很多因素，包括海域资源的形态、资源禀赋、资源用途、区位条件、环境条件、交通状况、经济发展状况等。比如，我国海域使用权存在着养殖、拆船、旅游、娱乐、盐业、矿业、公益事业用海以及港口、修造船厂等建设工程用海情形。相同用途的海域使用权的市场定价还受到区位条件、海域资源开发利用的管理状况、环境状况和技术状况的影响。[①] 此外，市场供需与市场化政策的变动也会使海域资源的市场价值经常发生较大波动。不同类型用海的收益是不同的，相应的海域资源的价值也不相同。所以，海域资源(含海域使用权、渔业权、海域承包经营权等)价值评估是一项专业性较强的工作，要准确对特定海域使用权进行评估作价并不容易。

相比较于房产评估、知识产权评估等评估机构，我国具有海域资源价格评估资质的评估机构很少。在国家层面上，我国也尚未建立统一、完善的海域资源(含海域使用权、海域渔业权、海域探矿权采矿权等)价值评估资质管理制

---

① 于广琳：《推进海域资源市场化配置从源头防治腐败》，载《海洋开发与管理》2010年第2期，第72页。

度,缺少相应的法规制度、技术标准和规范作支撑。[①] 2013 年 10 月,国家海洋局颁布了《海域评估技术指引》,各省市也有部分的配套性规定,如山东省《海域使用权价值评估管理暂行办法》,而且不少资产评估机构、土地评估机构也纷纷涉足海域使用权的评估领域。这些都为海域资源评估的科学发展积累了宝贵经验。实践中,海域资源的使用者或者经营者在利用海域使用权进行抵押融资时,对海域使用权价值的评估,一般都是靠融资双方(银行或者海域资源的使用者或者经营者)协商确定,或者委托房地产评估机构等评估机构评估。但是,因海域资源评估系统性的制度规范缺失,许多评估机构在不具备相关专业知识与经验、缺乏相应技术设备的情况开展海域资源的评估,其评估的准确性、真实性和有效性难以保证。[②]

同时,海域资源评估专业技术人才较为匮乏。目前各个高校鲜有开设海域资源评估专业的课程或者有相对应的海域资源评估的人才培养,相关人才的评估经验不足。这些都制约着海域资源评估行业服务质量的提升。

以上诸多因素导致海域资源的产权化及市场化流转过程中,都难以体现其真实市场价格,也在一定程度上阻碍了海域资源交易市场的培育和发展。

8.缺乏海域资源市场化增值收益的规范机制,用海矛盾时有发生

随着蓝色经济快速发展,许多重要的海域资源市场价格不断攀升。也就是说,海域资源市场化必定有存在海域资源有重要增值的情况。那么,相关的问题就来了——海域资源在二级市场流转过程中其增值收益应如何规范与分配? 对于海域资源的交易双方来说,这种增值收益的规范与分配主要是涉及是否缴纳相应的税金以及如何缴纳的问题。对于各级政府来说,这种海域增值收益的规范与分配主要涉及不同省市不同层级政府之间如何规范与分配的问题。

对于在海域捕获或者养殖的动植物,如鱼、虾、贝类产品而言,其交易适用《增值税暂行条例(2008)》进行征税或者减免税,似乎并不存在疑问。根据《海域使用管理法》以及《上海市海域使用金征收管理办法(2008)》《浙江省海域使用金征收管理办法(浙政发〔2006〕71 号)》《广东省海域使用金征收使用管理暂行办法》《福建省海域使用金征收配套管理办法(闽政办〔2007〕153 号)》等

---

① 张海燕、李军建、陆辉:《海域使用权在企业增资扩股中可作价出资》,载《中国海洋报》2010 年 04 月 30 日第 5 版。

② 何健:《海域使用权流转法律问题研究》,浙江农林大学 2012 年硕士学位论文,第 26 页。

规定,海域使用金包括出让金、转让金与租金。① 这就意味着海域使用权在二级市场的流转需要缴纳海域转让金。然而,海域转让金的缴纳标准如何? 互易互换、投资入股、赠与等是否要缴纳海域出让金呢? 这些都颇有疑问。从各省市的相关规定来看,这些规定对海域转让价的界定都有所差异。比如,《上海市海域使用金征收管理办法(2008)》第 3 条规定:"海域转让金,是指海域使用权人转让海域使用权时,由转让人按转让海域使用权所得增值额的一定比例向国家缴纳的资金。"《福建省海域使用金征收配套管理办法(闽政办〔2007〕153 号)》第 5 条规定:"……海域转让金是指通过有偿出让形式取得的海域使用权转让给他人开发、利用时,就其所取得的增值额按规定的比例,向国家缴纳的海域使用权转让增值的部分价款。"《浙江省海域使用金征收管理办法的通知(浙政发〔2006〕71 号)》第 3 条规定:"海域转让金指海域使用权人在批准的海域使用年限内,转让其通过有偿方式取得的海域使用权(含连同海域设施一同转让)时,就其所取得的增值额按规定比例向国家缴纳的转让增值部分价款。海域增值额是指海域转让价款扣除转让人受让海域时支付的全部价款和该海域设施重置费后的余额。转让海域的价值和海域设施重置费,需经有资质的资产评估机构评估确定。"

此外,对于海域能源资源、化工能源资源、海洋生物遗传基因资源等,其交易增值问题是适用海域出让金机制,还是适用我国《土地增值税暂行条例(1993)》? 海域使用权不能类比于土地使用权缴税吗? 海域养殖权交易属于土地使用权交易吗? 海域能源资源交易、化工能源资源交易、海洋生物遗传基因资源交易,就其增值部分是否应当缴纳税金呢? 如要缴纳,又如何缴纳税金?

就海域资源二级市场流转过程中的增值收益如何规范与分配问题,缺乏科学、合理的规范标准,定然会阻碍海域资源市场化工作的深入推进。

9.海域资源市场流转监管机制不健全导致市场失灵现象频发

监督是规范权力的需要,也是防止腐败的需要。我国目前海域资源一级市场的配置是以行政审批为主导,所以,对海域资源市场化配置的监管就显得尤为重要。然而,我国现行的监管机制存在着众多的缺失。比如,政府与市场

---

① 比如,《福建省海域使用金征收配套管理办法(闽政办〔2007〕153 号)》第 5 条规定:"海域使用金包括海域出让金、海域转让金和海域租金。……(二)海域转让金是指通过有偿出让形式取得的海域使用权转让给他人开发、利用时,就其所取得的增值额按规定的比例,向国家缴纳的海域使用权转让增值的部分价款。"

的关系尚未完全厘清;在很多情形下,海洋行政主管部门集"决策、管理、操作"于一身,既是运动员,也是裁判员,交易不公和腐败现象极易发生。再如,有的海域使用者在申请使用海域时,在海域用途上往往申报收费较低的项目,或仅申报某一种海域用途,但实际上将该部分海域用于其他用途或多种用途,海洋行政主管部门由于人力、物力、技术等各方面的原因,不可能对所有的海域使用者一一进行监督检查,而仍然按申报时的海域用途收取海域使用金,最终损害的便是国家利益。[①]

此外,由于信息不透明、不对称等因素,海域资源(含海域使用权、渔业权、海域矿产之采矿权、探矿权等)的市场化方面存在着一些不正当或恶性竞争,背离了市场化本来目的的情况。对此,相关的行政主管部门也存在着监督监管无法到位的情形。

10.海域资源生态补偿制度不健全,落实不力

生态补偿是海域资源市场化的重要环节。如前文所述,就海域使用权市场化而言,我国已经基本建立起生态补偿法律体系。《海域使用管理法》《海域环境保护法》《环境保护税法》《中央海岛和海域保护资金使用管理办法(2009)》以及各省市的配套性规范,如广东省于 2015 年颁布《广东省省级海域使用金管理办法》,这些规范确立了海洋功能区规划、环境影响评价、"三同时"、许可证、征收排污费/环境保护税、限期治理、排污申报登记等具体的法律制度。这代表着我国海域资源生态补偿机制在不断地完善。然而,总体上来说,我国对海域资源生态补偿仍存在着以下问题:

(1)海域资源生态补偿制度在补偿义务主体、补偿范围、补偿对象、补偿标准等方面还存在着一些技术与规范障碍,在实施中也会引起矛盾和冲突。例如,我国相关法律法规或规范性文件都鲜有对生态补偿的义务主体做出明确规范,对相关主体的生态补偿义务主要是原则性的规定,导致各利益相关者无法根据法律界定自己在生态环境保护方面的责、权、利关系,进而护陷入"公共悲剧"的怪圈之中。再如,补偿标准的确定是生态效益补偿机制中的一大难点。由于不同地区的海域资源生态效应和环境服务的性质和程度差异较大,而且目前很多地区关于环境服务、水文服务、滩涂防护、海域水生物多样性保护等方面的基本数据都很缺乏,海洋资源生态效应的衡量存在一定难度。还有,就海域使用金使用而言,哪些主体应当纳入海域资源生态补偿的对象,我

---

① 　徐春燕:《海域使用管理法律制度研究》,大连海事大学 2006 年硕士学位论文,第26 页。

国各省市的规定又存在差异。有些省市直接不做规定,而有些省市则仅仅明确为"承担海洋综合管理任务的各级政府、海洋与渔业主管部门及直属企事业单位"。在跨省市的海域资源生态补偿过程中,因"利益争夺",确定补偿对象与补偿标准等方面的问题更加突出。

(2)海域资源生态补偿缺乏有效的激励和惩戒机制。如前文所述,因对海域资源生态补偿义务主体的设定不明晰,进而导致难以有效推进惩戒机制。在实践中,政府是补偿义务的主要主体,也是惩戒机制的主要实施主体,因此就会出现如何自己惩戒自己的困局。此外,对于如何进行有效的补偿激励,也缺乏明确规范。

(3)海域资源生态补偿的投融资渠道单一,难以保障生态保护与补偿的持续进行。目前,海域资源生态补偿的资金主要是依赖政府财政资金。其中,资金渠道以中央财政转移支付为主,而且以重大生态保护及其配套措施为主要形式。财政转移支付制也存在着众多的问题,比如,受中央和地方事权和支出责任划分不清晰的影响,转移支付结构不够合理;一般性转移支付项目种类多、目标多元、均等化功能弱化;专项转移支付涉及领域过宽,分配使用不够科学;一些项目行政审批色彩较重,与简政放权改革的要求不符;地方配套压力较大,财政统筹能力较弱;转移支付管理漏洞较多,信息不够公开透明等。①

(4)海域资源生态补偿方式简单,难以解决海域资源生态破坏的深层次问题。要想在海域资源开发利用过程中的生态建设取得良好的经济效果与社会效果,一方面有赖于精心组织的海域资源生态建设项目,治理和修复海域资源生态环境;另一方面需要改变当地人们的生产生活方式,减轻对海域资源的生态压力,包括产业结构调整、发展新的再生能源、发展新的产业、提供非农就业机会等。后者才是海域资源生态补偿面临的深层次问题 。所需投入和解决的难度都将远远超过前者。而当前实施的生态建设与补偿措施具有"三多三少"的特点,即企业获得的补偿多,公民个人获得的补偿少;直接物资、资金补偿多,产业扶持、生产方式改善少;生态建设多,相应的经济发展、扶贫、农村能源结构调整少。如果不致力通过调整地区的产业结构、改善人民的生产和生活方式来减轻海域资源的生态压力,所有海域资源的生态环境建设工程都难以真正奏效。

---

① 徐丽红:《转移支付制度改革"蓝图"已就》,载《中国财经报》2015 年 2 月 3 日第 001 版。

(二)海域资源市场化的制度创新

1.完善海域资源的产权化立法,厘清海域资源权属结构与状态

厘清海域资源权属结构与状态,并强化其私权性和财产性是海域资源市场化的重要条件。要厘清海域资源权属结构与状态,并强化其私权性和财产性,就必须进一步推进与完善海域资源的产权化立法。我们宜从以下方面推进海域资源产权化立法:

(1)海域、海域资源及其权属结构的确定

在《民法总则》《物权法》或者相关的实施条例与实施细则中,进一步明确海域的法律界定、海域资源的法律界定、海域资源所有权的归属、海域资源的派生性权利的法律性质等。考虑到《民法总则》或者《物权法》的体系化等问题,也可以由全国人大以授权立法的方式,授权国务院另行制定相应的行政法规。如前文所述,海域的范围宜限定为狭义的内水以及领海;而狭义内水限于最低低潮线以外向海一面的海域;海域所有权的控制范畴不应直接涵括海域所隐含的资源;海域所隐含的资源,如野生水生动植物资源、矿产资源等,单独成为物权客体;海域资源派生性权利确认为海域用益物权;海域资源权属结构为国家所有为主,集体组织与私人所有为辅。

(2)海域资源用益物权建制

如前文所述,对于海域空间资源的用益物权建制,宜采建构为:海域所有权—海域使用权—(海域)建设用地使用权、(海域)承包经营权、(海域)地役权等。对于涉海域的非空间资源的用益物权建制,大致沿用我国现行立法的基本体系,即对应的海域探矿权、海域采矿权、海域取水权、海域渔业权(在特定海域从事捕捞的权利)、海域娱乐权、海域取能权等。现有法律框架下的"海域使用权"术语需要重新界定。

在前述的建制思路下,我们应根据《民法总则》及《物权法》的基本原理和规则,修改《海域使用管理法》《渔业法》《水法》《矿产资源法》等法律,对海域使用权、渔业权、取水权、矿业权的权能内容、效力结构、流转方式等进行系统的整理与改进,将那些不符合《民法总则》与《物权法》基本规则的条文予以废弃,将涉及海域使用权、渔业权、取水权、矿业权等物权性的规定加以补充和完善,以使海域使用权、渔业权、取水权、矿业权等海域资源使用与收益的权利制度更加符合我国物权制度的一般规则。具体的改进思路是:废除"海域使用权"概念,以(海域)建设用地使用权、(海域)承包经营权、(海域)地役权等取代之;创设海域娱乐权、海域取能权;明确规定这些海域资源用益物权的权能内容、

权利变动(取得、变更与消灭)、权利保护期限等。比如,明确海域空间资源用益物权及于海域底土、水面空间与水上空间。再如,明确海域取能权是利用潮汐能、温差能等海域能源的权利。

此外,我们还应延长海域用益物权的保护期限。我国陆地用益物权市场化配置的成功与用益物权(尤其是建设用地使用权)保护期限较长不无关系。我国海域资源用益物权的市场化配置如要深入推进,其保护年限/使用期限应该适当加长。可以考虑参照《物权法》中确定的用益物权期限,使得相关用益物权的保护期限维持一致性。比如,海域娱乐权应参照建设用地使用权之商业、旅游、娱乐用地,设定为最高期限 40 年;海域渔业权参考土地承包经营权,设定为最高期限 30 年。①

(3)立法技术的选择

在立法技术上,我们可以有两种选择。第一种选择是在《物权法》"第二编所有权"以及"第三编用益物权"中以"专节"形式明确规范海域资源所有权结构以及海域资源用益物权具体类型。海域空间资源用益物权,如(海域)建设用地使用权、(海域)承包经营权、(海域)地役权等,可以直接参照适用陆地的建设用地使用权、土地承包经营权等基本规范。对于海域非空间资源的用益物权,如海域探矿权、海域采矿权、海域取水权、海域渔业权、海域娱乐权、海域取能权等,在《物权法》体例上与陆地的建设用地使用权、土地承包经营权等并列。第二种是在《物权法》中仅明确(海域)采矿权、(海域)探矿权、渔业权、(海域)土地承包经营权、(海域)建设用地使用权等权利的性质与法律地位。至于具体的规范性内容,可以通过制定相关单行法来规定。显然,我国现行的做法也基本是第二种思路。我们现在也宜继续按照这一思路,但是还应进一步厘清相关权利之间的逻辑关系。

同时,我国应积极吸收已成熟的理论成果和总结沿海各地实践经验,以《宪法》《民法总则》《物权法》等法律为基础,考虑制定具有可操作性的海域资源用益物权市场化条例,以国家立法的形式对海域资源市场主体、海域资源用益物权的流转条件、流转方式与程序、海域资源用益物权的价值评估、违约责任、生态补偿等重要问题进行规范。

---

① 根据《国有土地使用权出让和转让暂行条例》第 12 条的规定,按照土地的不同用途,土地使用权出让的最高年限为:(1)居住用地 70 年;(2)工业用地 50 年;(3)教育、科技、文化、卫生、体育用地 50 年;(4)商业、旅游、娱乐用地 40 年;(5)综合或者其他用地 50 年。每一块土地的实际使用年限,在最高年限内,由出让方和受让方双方商定。

2.海域资源用益物权一级市场配置的规范化

对于一级市场海域使用权的流转,我国《海域使用管理法》规定了行政审批、招标及拍卖三种方式,实践中还有挂牌交易方式。如前文所论述,行政审批方式存在妨碍流转、易滋生腐败等诸多弊端。从经济学的角度来看,更加市场化的招标、拍卖、挂牌方式也比审批方式更具优势,更有利于实现海域资源配置的高效率和高透明度。[①] 但是我们也不能因此认为,海域资源用益物权的创设与取得应一律采用招标、拍卖、挂牌方式。这是因为海域资源自身的自然特性及其对人类生存和经济社会发展的战略作用决定了海域资源的配置必须在国家宏观调控的指导下进行,行政审批方式设计的初衷就是希望能通过海洋行政管理机关行政权力的介入,使海域资源的配置能在坚持效率与公平兼顾和海域资源可持续利用的原则下,站在国家利益和海洋整体利益的立场上,把握全局,统筹安排,在地区之间、行业之间以及海域使用主体之间,科学、合理、公平地进行,从而规范海域资源使用秩序,避免国有资源性资产的流失。[②]

同时,正如有学者很早就指出的,海域资源一级市场天然不具有完全市场化的可能性。在大规模开发利用海洋的时代来临之前,我国近海海域多为渔民所占有,他们以海为生,海域是大多数渔民的生存保障。如果海域资源用益物权的创设与取得全部通过招标、拍卖等市场竞争的方式进行,就会损害一部分渔民的生存权利,引发众多的民生问题。而且目前许多沿海渔民"祖宗海""门前海"的传统意识依然比较浓重,"谁占有谁使用"的传统用海习惯一时也难以改变,所以在一定时期内,在那些传统渔区、渔村中,海域资源用益物权的初始配置还需要兼顾人人平等的原则,尽量使每个渔民成员都能得到大致相同的海域资源用益物权。另外,国家创设海域资源用益物权时也不能不考虑原海域资源开发利用者的实际情况,对于同时提出申请用海的,原用海人应有权优先获得相应的用益物权。[③] 在市场价格相同的情况下,沿海地区的用海人也应当比其他地区的开发者或者投资者优先获得使用与收益的权利。

实际上,招标、拍卖、挂牌方式和审批方式都有其适用性,也有各自的局限

---

① 汪磊、黄硕琳:《海域使用权一级市场流转方式比较研究》,载《广东农业科学》2010年第6期,第362页。

② 于广琳:《推进海域资源市场化配置从源头防治腐败》,载《海洋开发与管理》2010年第2期,第72页。

③ 郑贵斌、孙吉亭:《我国海域使用权的流转问题初探》,载《东岳论丛》1998年第5期,第56页。

性。由于海洋的战略地位和海洋资源利用的复杂性,国家在创设或出让海域资源用益物权时,基于对历史用海状况、产业政策、海洋功能区划、海洋环境保护等因素的考虑,不能不考虑海域资源开发者或者投资者的实际状况,不能完全摒弃行政审批的出让方式而一律采用招标、拍卖、挂牌的方式出让海域资源用益物权。总体来说,应根据海域资源禀赋、市场状况、用途等综合因素确定海域资源在一级市场的不同流转方式。为了优化海域资源用益物权的市场化配置,在一级海域市场采用行政审批方式来创设海域资源用益物权,必须基于国家和社会公共利益的需要;对于非基于国家和公共利益的海域资源用益物权的创设与取得采取招标、拍卖、挂牌等形式更理想。

从我国各地方海域资源一级市场的发展与实践情况来看,主要问题是现行法律法规及规范性文件对招标、拍卖、挂牌方式的规定比较原则性,欠缺可操作性;同时,行政审批的依据以及程序、监督等规范不明晰。比如,若他人对行政审批的结果不符,应如何进行法律救济? 能否进行诉讼救济? 行政审批的结果是否应当公开? 公开的程度以及范围如何? 这些规范都不够明确。所以,我们应进行以下制度改革与创新:

(1)国有海域资源进行招标、拍卖与挂牌交易的条件

对于经营性项目,除非经过论证属于应当纳入行政审批方式的以外,都应采用招标、拍卖或挂牌等出让方式。行政审批方式应限定在公益项目、国防建设项目、国家重大项目等特殊用海,以及基于渔民生计保障需要而进行的养殖用海或者捕捞用海的情形。

(2)国有海域资源招标、拍卖、挂牌交易的实施主体

海域作为重要的公共资源及其战略地位,决定了对其进行招标、拍卖等必然与一般性项目的招标拍卖活动有所区别。所以,海域资源用益物权的招标、拍卖、挂牌交易等实施主体具有法定性。

对于国有海域资源一级市场配置的实施主体应当是各级人民政府。但是,具体的操作应由我国国土资源行政主管部门来负责。这是因为根据《国务院关于机构设置的通知》(国发〔2008〕11号)等规定,国土资源行政主管部门的主要职责包括:①承担保护与合理利用土地资源、矿产资源、海洋资源等自然资源的责任。组织拟订国土资源发展规划和战略,开展国土资源经济形势分析,研究提出国土资源供需总量平衡的政策建议,参与国家宏观经济运行、区域协调、城乡统筹的研究并拟订涉及国土资源的调控政策和措施。编制并组织实施国土规划,制定并组织实施国土资源领域资源节约集约利用和循环经济的政策措施。②承担规范国土资源管理秩序的责任。起草国土资源法律

法规草案,制定部门规章并监督实施,制定地质环境保护的政策、规章,制定国土资源调查评价技术规程,拟订国土资源开发利用标准。指导地方国土资源行政执法工作,调查处理国土资源重大违法案件。③承担优化配置国土资源的责任。显然,国土资源主管部门的这些职责与海域资源用益物权的创设以及市场化处置,都是具有高度的重合性的。

值得注意的是,2018 年 3 月,根据第十三届全国人民代表大会第一次会议批准的国务院机构改革方案,国务院组建自然资源部,整合国土资源部的职责,国家发展和改革委员会的组织编制主体功能区规划职责,住房和城乡建设部的城乡规划管理职责,水利部的水资源调查和确权登记管理职责,农业部的草原资源调查和确权登记管理职责,国家林业局的森林、湿地等资源调查和确权登记管理职责,国家海洋局的职责,国家测绘地理信息局的职责,不再保留国土资源部和国家海洋局。这次改革对于明确国有海域资源一级市场配置的实施来说,具有重大意义。这次机构改革整合了众多部门有关国有资源的管理职责,可以避免多头打架的问题。在这次改革之前,我国国有海域资源一级市场配置的实施主体实际上都是由海洋与渔业行政主管部门实施。若将海域资源限于狭义的海域空间资源与海域生物资源,那么,该由海洋与渔业行政主管部门来实施是合理的。但是,海域资源及其市场化又不应当仅仅限于海域空间资源与海域生物资源。

其实,海域资源一级市场配置的实施主体也可以考虑由国有资产管理委员会来负责具体事宜。这是因为根据《国务院国有资产监督管理委员会主要职责内设机构和人员编制规定》以及《公司法》的规定,国有资产监督管理委员会的主要职责是:根据国务院授权,依照《公司法》等法律和行政法规履行出资人职责,指导推进国有企业改革和重组;对所监管企业国有资产的保值增值进行监督,加强国有资产的管理工作;推进国有企业的现代企业制度建设,完善公司治理结构;推动国有经济结构和布局的战略性调整。这些职责主要都与国有资产的管理有关。

(3)招标、拍卖、挂牌交易与国有海域资源的价格确定及其支付方式

海域资源的市场化,就意味着交易必须支付对价。对于国有海域资源价格的确定,笔者认为,应当由专业评估机构根据海域资源的类型、资源禀赋等来评估确定。其中,海域空间资源可以继续参照我国现行的海域使用金的征收标准。主要的依据是《海域使用管理法》《海域使用金减免管理办法(2006)》《关于加强海域使用金征收管理的通知(2007)》以及各省市的有关规定。

国有海域资源在进行招标、拍卖与挂牌交易过程中,其最后成交的底价不

得以专业评估价格或者依照现行海域使用金征收标准确定的金额。

对于支付方式,应以一次性支付为原则,以分期支付为补充。其中,一次性支付应当在成交确定后的一个月内支付完毕,而分期支付必须有充分的事实与理由,并获得相关主管部门的审核同意,且分期期限最多不得超过三年。将一次性支付确定为一个月,主要是为了给付款人相应的准备期;而三年时间的确定,主要是参考《民法总则》关于三年诉讼时效的规定。

(4)国有海域资源一级市场配置前的调查、论证与意见征求

国有海域资源一级市场配置前要对拟出让海域的四至范围、原使用情况、是否存在海域使用纠纷、海洋资源的类型(如地表、地下、矿产、天然气、石油等)等进行详细调查,并对其是否符合海洋功能区划、是否符合生态环境保护要求等方面进行科学论证。

相关的论证结论必须向社会公开,尤其是向利益攸关者进行公开,以接受社会监督。公开的方式包括政府公报、政府网站、新闻发布会以及报刊、广播、电视等便于公众知晓的方式公开。鉴于相关论证结论往往内容较多,可以优先考虑政府网站公开。

在调查论证的基础上,有关实施主体要制定国有海域资源一级市场配置方案,且配置方案要向有关部门和利益相关者征求意见。有关部门应当主要是指财政部门、国资委以及上级主管部门。而利益相关者则主要是指与该海域资源一级市场配置方案有直接影响的企事业单位与个人。比如,相邻海域的开发利用企业,在该海域进行开发利用的原开发者或者投资者,基于历史传统而在该海域从事养殖用海的渔民等。在意见征求期限内,没有收到书面意见的,则视为对行政机关确定的配置方案没有意见,但必须有充分证据证明相关部门与利益相关者已经确知该配置方案。意见征求期限不宜太短也不宜太长,宜根据海域资源配置方案涉及的范围广度等因素来确定。一般应以 1 个月至 3 个月为宜。

对相关的论证结论或者一级市场配置方案不服的利益相关者,或者认为相关论证结论与配置方案损害其利益的主体,都可通过行政诉讼方式来进行法律救济。救济的手段包括撤销论证结论、撤销市场配置方案、损害赔偿等。当然,若在一级市场配置方案实施完毕,则在救济的手段应当主要是生态修复与损害赔偿。考虑到交易秩序的稳定性以及用益物权人的利益,海域资源用益物权一旦创设完毕,不得随意撤销。

实际上,我国《海域使用管理法》等相关规定就有涉及意见征求等方面的规范。比如,《海域使用管理法》第 20 条规定:"海洋行政主管部门制订招标

拍卖方案后,应当征求同级有关部门的意见,并报有审批权的人民政府批准后组织实施。"但是,这一规定的主要问题就是对有关部门限定不清,且没有考虑到利益相关者以及征求意见期限等细节问题。

（5）海域资源用益物权续期的规范化

续期是指海域资源用益物权人基于其原设定的权利期限届满,而又有继续利用该海域资源的必要性或者需求,而向行政主管机关提出海域资源用益物权续展,由行政主管机关依法进行审核的过程。目前,我国关于续期的规范依据是《国海域使用管理法》第 26 条以及《海域使用权管理规定（国海发〔2006〕27 号）》。对于续期的规范化主要有两个方面:准许续期的条件以及有竞争者的处理问题。根据《海域使用权管理规定（国海发〔2006〕27 号）》,应当准予批准海域使用权人续期申请的条件有:①符合海洋功能区划和相关规划;②无根据公共利益或者国家安全等需要收回海域使用权情形;③无违法用海行为或违法用海行为已依法处理完成的,且不存在行政复议或行政诉讼等司法程序;④按规定足额缴纳海域使用金;⑤申请续期用海期限合理。这些条件中,颇值有疑问的是③④⑤条件。比如,无违法用海行为,应由申请人进行证明还是直接由行政机关审查? 即使由行政机关直接审查,那么,行政机关是否宜以存在相关行政诉讼为由而拒绝续期申请呢? 这种以存在行政诉讼为由即作为条件,很容易导致行政权的任性恣为。而且,违法用海行为有轻微与严重等区分,而对应的法律责任包括民事责任、行政责任与刑事责任。行政责任还包括轻微的警告、处分、罚款、没收违法所得等形式。故关于条件③,宜进一步明确规定如下:存在严重的违法用海行为,不准许续期;因违法用海而被追究刑事责任的,视为严重违法用海;若被追究行政责任,原则上也应被认定为严重违法行为,但是警告除外。因协议出让、招标等方式均允许分期支付海域使用金,故条件④也宜修改为已经足额缴纳相应出让金或者提供相应的担保。对于条件⑤,最大的问题就是"期限合理"如何证明的问题。只要不超过法定的最高期限,都应当认定为合理。若在申请续期过程中出现了竞争者,则应进行竞价方式。同等情况下,原用益物权人得有优先权。竞争者必须在原用益物权期限届满前半年内提出竞争申请,以便于行政主管机关确认是否存在竞争者。

（6）一级市场流转合同标准化

参照土地使用权出让合同,构建我国海域资源一级市场流转的标准合同制度。即国有海域资源一级市场流转都应当参照标准合同,签署相关合同,同时明确规定该合同是办理海域资源用益物权登记手续的必备条件。对于该合同的性质,宜明确为民事合同。①

3.开放海域资源二级市场,完善二级市场的流转方式

海域资源所有权或者用益物权的市场化流转能够顺利完成,最重要的两个条件是充分的市场和有力的法律保障。在海域资源的物权体系中,海域资源的所有权和海域资源用益物权之间的关系,就类同于国家陆地所有权和陆地使用权(用益物权)之间的关系。作为一种财产性权利,在符合海洋功能区划、不任意改变海域用途、不对海洋环境造成较严重的破坏的前提下,应当允许其以各种方式流转,这样才能实现海域资源所有权的价值以及海域资源的高效利用。这也就是说,海域资源用益物权的市场化流转方式,我国的立法可以秉持开放性态度。只要不存在违反法律强制性规定或者损害国家利益、公共利益等情形,我国就应当允许人们以各种各样的方式进行市场化流转。如果我国在没有充分的理由的情况下,刻意去限制某些市场化流转方式,反而更容易出现所谓的黑交易或者暗箱操作等情况。在法理上,在二级海域资源市场,相关权利的流转行为均应属于典型的民事法律行为。所以,相关行为的法律效力判断,可以结合《民法总则》和《合同法》等相关规定来处理。对于国家行政管理而言,其主要职责应当是对二级市场的监督管理,应集中于海洋功能区划、海域用途管理、海洋环境监测、相关税费的收取、产权的变更登记等事宜。

对于二级市场的流转及其规范性问题,我们还应注意以下几个方面的问题:

(1)转让方式的完善

在法理上,“转让”可以有广义与狭义两种不同的理解。广义的转让包括买卖、互易互换、赠与等情形;而狭义的转让仅指出让方转移标的物权,受让方以支付货币为代价的一种民事法律行为。根据立法目的解释,我国《海域使用管理法》《渔业法》等法律规范中“转让”应属于狭义。作为行政法,《海域使用管理法》《渔业法》等所具有强行性规范性质决定了其相关条款不得随意做扩张性解释。从市场角度以及民事法律关系特征来看,“转让”应当允许作广义解释。对此,我国立法宜对此进行明确。为了避免不必要的争议,也为了使得海域资源流转方式结构更加清晰,我国立法宜从狭义角度来界定“转让”,并参照《合同法》,以“买卖”术语取代“转让”。依《合同法》,买卖应包括“互易”或者

---

① 罗礼平、阳庚德:《中国海域使用权出让合同性质论》,载《吉首大学学报》2009 年第 4 期,第 137 页。

"互换"。

就海域使用权的转让而言,根据《海域使用权管理规定(国海发〔2006〕27号)》第38条规定,应当满足相应的条件:"(一)开发利用海域满一年;(二)不改变海域用途;(三)已缴清海域使用金;(四)除海域使用金以外,实际投资已达计划投资总额百分之二十以上;(五)原海域使用权人无违法用海行为,或违法用海行为已依法处理。"这一规定对于避免投机行为具有积极意义,可适用于赠与、遗赠、互易互换、出资入股等流转方式中。

作为重要的物权变动形式,海域资源所有权或者用益物权的变动,宜应出相应的公示方式。对于海域生物资源所有权或其衍生物权的变动,其公示方式适用《物权法》,以占有与交付作为公示方式,并不会存在问题。对于那些视为不动产且所有权确定为国家所有的海域资源而言,其原始权利状态为国有,则可适用《物权法》以及《不动产登记暂行条例》,可不进行登记。① 所以,颇有疑问的是海域资源用益物权的变更登记问题。主要的疑问有:登记机关是谁?如何申请登记? 应提交哪些材料? 如何进行登记审查? 新的用益物权类型如何进行初始登记与变更登记?

我国于2015年3月1日颁布实施的《不动产登记暂行条例》,其目标之一就是实现不动产的统一登记。所以,《不动产登记暂行条例》明确规定其适用于海域使用权的登记。实践中,有些省市已经实现海域使用权与土地使用权(主要是建设用地使用权)的统一登记,有些省市则仍由海洋行政主管部门负责海洋使用权登记事宜。比如,2016年6月,天津市实现海域使用权统一登记管理。② 根据山东省营口市《关于实施海域使用权不动产统一登记的通告》,自2017年6月30日起,营口市不动产登记中心开始受理海域使用权不动产登记业务,颁发全国统一制式的《不动产权证书》和《不动产登记证明》;营口市海洋与渔业局不再受理海域使用权的登记发证业务。根据江苏省国土资源厅《关于实施海域使用权不动产统一登记的通告》,自2018年1月29日起,江苏省国土资源厅开始受理省政府批准项目用海、用岛的海域使用权和无居民海岛使用权不动产登记业务,颁发全国统一制式的《不动产权证书》和《不动产登记证明》;江苏省海洋与渔业局不再受理海域使用权的登记发证业务。这

---

① 《物权法》第9条第2款规定:"依法属于国家所有的自然资源,所有权可以不登记。"《不动产登记暂行条例》没有直接涉及国家所有自然自然所有权的登记问题。

② 吴岗:《天津实现海域使用权统一登记管理》,载《中国国土资源报》2016年6月29日第2版。

些地方的实践代表着市场化的诉求以及趋势。随着2018年3月国务院机构改革方案的实施,自然资源部正式运作,海域资源用益物权(包括海域使用权)登记主管机关的确定已经不存在疑问。

对于变更登记的申请主体,《海域使用权登记办法》仅明确为"当事人",而《不动产登记暂行条例》第14条则更为详细,即规定原则上由双方当事人共同申请,但例外情况下可由一方当事人提出申请,比如因买卖而发生纠纷,并最终通过法院裁判文书进行确认的情形。笔者以为,经过双方到公证处公证的变更情况,也可以仅由一方当事人提出申请,而无需双方当事人共同提出申请。

对于变更登记的申请材料,《海域使用权登记办法》第16条明确为:"(一)海域使用权登记申请表;(二)营业执照、法定代表人身份证明、个人身份证明;(三)海域使用权证书;(四)海域使用金缴纳凭证;(五)有关证明文件(转让协议、继承证明、调解书、更址更名证明等);(六)依法批准的变更,还应当提交变更批准文件。""(一)登记申请书;(二)申请人、代理人身份证明材料、授权委托书;(三)相关的不动产权属来源证明材料、登记原因证明文件、不动产权属证书;(四)不动产界址、空间界限、面积等材料;(五)与他人利害关系的说明材料;(六)法律、行政法规以及本条例实施细则规定的其他材料。"《不动产登记暂行条例实施细则》第58条规定:申请海域使用权转移登记的,申请人应当提交下列材料:(一)不动产权属证书;(二)海域使用权转让合同、继承材料、生效法律文书等材料;(三)转让批准取得的海域使用权,应当提交原批准用海的海洋行政主管部门批准转让的文件;(四)依法需要补交海域使用金的,应当提交海域使用金缴纳的凭证;(五)其他必要材料。笔者认为:海域使用金缴纳凭证或者类似的对价支付凭证,不应成为登记的障碍。比如,海域使用权在二级市场买卖过程中,如不需要补缴海域转让金,那么,申请登记人应如何证明其不需要补缴呢?在我国对海域转让金缴纳标准不明确不统一的情况下,这种证明的困局将更为频发。因允许分期支付,那么,海域使用金/转让金缴纳证明同样难以证明。如坚持有相应的凭证或者证明,无疑会影响到当事人的登记权益。此外,在法理上,海域使用金/转让金是否支付是合同义务的履行状况,不应成为权利登记的障碍。根据合同实务,合同义务未履行,可请求继续履行等法律救济措施。

对于登记资料的审查,宜以形式审查为主。同时强调申请登记人必须对材料的真实性负责。若登记材料虚假等情形,应由登记申请人承担民事赔偿责任,乃至承担行政责任或者刑事责任。这种审查原则,同样应适用于出资人股、赠与、继承等变更登记的审查。

若《物权法》或者相关法律法规明确规定了海域娱乐权、海域取水权、海域取能权等用益物权后,其相关的权利变动登记宜参照执行。

(2)出资入股的完善

海域资源用益物权的出资与纯粹的买卖行为是有较明显的性质差别的。因此,将来修改《海域使用管理法》等相关法律法规时,应将出资入股作为海域资源用益物权市场化流转的一种独立方式加以明确规定。另外,《公司法》修订时,其第 27 条第 1 款可以修改为:"股东可以用货币出资,也可以用实物、知识产权、用益物权(含海域资源用益物权)等可以用货币估价并可以依法转让的非货币财产作价出资;但是,法律、行政法规规定不得作为出资的财产除外。"

对于申请变更登记的主体,《海域使用权登记办法》第 14 条明确为"当事人",即当事人因企业合并、分立或者与他人合资、合作经营的,应当申请变更登记。《不动产登记暂行条例》第 14 条并没有直接明确"出资入股"情形下申请变更登记的主体。《不动产登记暂行条例实施细则》第 57 条规定:申请人"因企业合并、分立或者与他人合资、合作经营、作价入股导致海域使用权转移的",可以申请海域使用权转移登记。"从这些规定来看,我们不能直接得出出资入股的登记申请主体应当是谁的结论。是股东单方申请? 被投资公司单方申请? 还是由股东与被投资公司共同提出变更登记申请? 从登记审查角度来看,由股东与被投资公司共同提出变更登记申请是最为妥适的。除非有相关的公证文书或者人民法院生效裁判文书,否则,被投资公司不宜单独提出变更申请。从股东的角度考虑,如果其单方提出变更登记申请,可视为是物权处分行为,类似于赠与,应当考虑准予其单方提出变更登记申请。

对于是否应当提交所涉海域资源价值评估报告的问题,我国现行规定并不明确。结合最高人民法院《关于适用〈中华人民共和国公司法〉若干问题的规定(三)》第 9 条的规定,在进行变更登记时,不宜要求提交相应的评估报告。[①] 如有出资不实的问题,则由股东依照公司法的相关规定,对公司、其他

[①] 《关于适用〈中华人民共和国公司法〉若干问题的规定(三)》第 9 条:"出资人以非货币财产出资,未依法评估作价,公司、其他股东或者公司债权人请求认定出资人未履行出资义务的,人民法院应当委托具有合法资格的评估机构对该财产评估作价。评估确定的价额显著低于公司章程所定价额的,人民法院应当认定出资人未依法全面履行出资义务。"

股东以及债权人依法承担民事责任。

（3）继承与接受遗赠方式的完善

继承与接受遗赠是海域资源用益物权的重要流转方式，但是因其具有无偿性，故这两种流转方式有其特殊性。根据《物权法》第 29 条、第 31 条的规定，作为物权公示原则的例外，因继承取得不动产物权的，自继承开始时发生效力，无须登记；只有当取得不动产物权的权利人进一步处分不动产时才应当先办理登记手续，然后再进行处分，否则不发生物权变动的效力。而《海域使用权登记办法》第 14 条却明确规定当事人依法继承海域使用权的，应当办理变更登记。"应当办理变更登记"与"有权申请变更登记"显然是不同的概念。若依照登记生效主义之基本法理，《海域使用权登记办法》第 14 条的规定明显与《物权法》的规定的矛盾的。值得注意的是，《不动产登记暂行条例实施细则》第 57 条规定：依法继承、接受遗赠海域使用权的，申请人可以申请海域使用权转移登记。这一规范是与物权法的基本精神相符的。

对于申请变更登记的主体，宜遵照《不动产登记暂行条例》第 14 条的规定，明确继承与接受遗赠，为继承人或者遗赠之受赠人。继承人或者遗赠之受赠人可单方提出申请。但是，如果继承人或者遗赠之受赠人为数人，应登记为各方共同共有。若各方已经达成分割协议，则应由各方共同提出申请变更登记；若份额的分割系由有关生效法律文书确定，则可单方提出申请。

需要明确的是，对于海域资源用益物权的赠与，不适用继承与遗赠的规定，而应参照买卖或者转让的有关规定。

（4）海域资源用益物权出租方式的完善

海域资源用益物权人对其享有的海域资源有出租的权利，应当作为私权的海域资源用益物权的应有内涵。从这一意义上来看，我国立法实际上没有必要以法律规定的形式来明确海域资源用益物权人有出租的权利。然而，基于海域资源的特殊性以及为避免引起不必要的争议考虑，同时，在立法上进一步明确海域资源用益物权人有出租的权利不存在所谓高额的立法成本问题，所以，在立法技术上，我国可以考虑将海域资源用益物权人有出租的权利进行明确规定。具体可以有两种做法：第一种做法是在《物权法》中明确用益物权人有出租的权利（含海域资源的出租）；第二种做法是在《海域使用管理法》《渔业法》《矿产资源法》等单行法中明确规定海域资源用益物权可以以出租的方式流转。

基于海域资源实际开发利用者的利益考虑，应当借鉴"买卖不破租赁""承租人有优先权"等理念，将海域资源承租人所享有的债权给予较高的法律保护，即将其认定为一种具有物权化趋势的债权，给予其高于一般债权的物权化保护。大陆法系传统民法大多承认租赁权是债权，但逐渐赋予其以某些物权效力。例如"买卖不破租赁"规则，出租人将租赁物的所有权转让给第三人以后，租赁关系仍然对第三人有效，这样租赁权就具有了对抗第三人的效力。将海域资源的承租人所享有的债权给予物权化保护后，其特殊性主要体现为三点：①海域资源用益物权的转让不影响海域资源租赁合同的效力。在转让完成以后，租赁合同对新的受让人仍然有效。②海域资源承租人在租赁期内转让用益物权的，承租人在同等条件下有优先受让的权利。③当海域资源承租人的承租权受到侵害以后，承租人可以实施请求侵害人停止侵害、排除妨碍、恢复原状等法律救济。这种救济就已经超越传统的合同责任范畴。

（5）海域资源用益物权抵押方式的完善

海域资源物权的核心内容应当是所有权、用益物权和担保物权。这三项权利中的前两项已经体现在《物权法》《海域使用管理法》等法律法规中。

以海域使用权为例，其担保物权尚未以（狭义上的）法律的形式进行体现。[①] 比如，《物权法》第 180 条规定可以设立抵押权的财产并没有直接列明包括"海域使用权"。[②]《海域使用管理法》也没有明确海域使用权能否设定抵押权。当然，国家海洋局颁布的《海域使用权登记办法》第 11 条与《不动产登记暂行条例实施细则》第 65 条有关于海域使用权的抵押登记规定。但是，在效力位阶上，这两份文件偏低。我国宜在《物权法》《海域使用管理法》《不动产登记暂行条例》等法律法规中进行明确。

在基本法理上，海域使用权设定抵押权应该包括合意设立与法定设立两种情形。我国的现行规定，显然遗漏了非常重要的一种抵押权设定方式：法定抵押权。在法国民法中，法定抵押权范围较广，比如，夫妻一方对另一方的财产，未成年人及禁治产人对其监护人财产，以及国家、省市镇行政区、公共团体

---

① 王紫零：《新型物权——海域使用权流转法律制度探析》，载《黑龙江省政法管理干部学院学报》2011 年第 3 期。

② 从扩张解释角度，或许我们可以从该条"法律、行政法规未禁止抵押的其他财产"中为海域使用权设定抵押权找到《物权法》依据。中国人民大学不动产法研究中心主任高圣平教授即是如此解读。高圣平、严之：《海域使用权抵押权的体系定位与制度完善》，载《当代法学》2009 年第 4 期。

对于税收人员及会计人员的财产,均有法定抵押权。[①] 在我国,尽管存在争议,但是多数学者认为《合同法》第 286 条规定的建设工程承包人的优先受偿权在性质上应属于法定抵押权。[②] 笔者认同法定抵押权的观点。依照这一观点,海域使用权同样是可以存在法定抵押权的。这是因为海域使用权涉及的用途包括"港口、修造船厂等建设工程"。[③] 为了避免更多的争议,也为了更好地保障海域"建设工程承包人"的合法权益,我国立法应进一步明确海域使用权以法定方式设定抵押权。关于法定抵押权的适用范围,可以考虑借鉴法国的规定,即在赋予"建设工程承包人"法定抵押权外,对法定抵押权的适用情形进行适当的扩展。比如基于税收、基于海上救助需要等情形,均有适用法定抵押权的可能性。对于海域使用权依照法律规定而设定的抵押权,我国立法宜明确规定无需进行抵押权登记手续。但是,考虑到"海域建设工程的承包人""海难救助施救人"等"法定抵押权人"存在着不确定性,我们立法应允许"海域建设工程承包人"等"法定抵押权人"就其享有的法定抵押权进行登记。这种登记效力主要是用以对抗善意第三人。

关于意定抵押权登记申请,原则上应由抵押权人与抵押人双方或者其授权的代理人到登记机关申请登记。但是,当事人就抵押权是否申请办理抵押权的登记手续,是当事人意思自治的范畴,我们立法不宜过度干预。当事人不申请登记,最大的后果就是产生抵押权不能设立的效果,而这一效果由当事人自己承担。也就是说,海域使用权抵押合同的效力与抵押登记之间的关系应遵循区分原则,除当事人另有约定外,海域使用权抵押合同自成立时生效,未办理抵押权登记的,不影响抵押合同的效力。在这一意义上,国家海洋局《海域使用权登记办法》等规范性文件关于当事人应当在 30 日进行抵押登记的规定,是有过度干预或者越俎代庖的嫌疑。登记申请材料主要应明确登记的意思表示以及海域使用权设定抵押权的证明材料。登记的意思表示主要通过申请书来体现。而海域使用权设定抵押权的证明材料主要是海域使用权合法性证明、设定抵押权的证明(如意定或者法定)。至于其他材料,如海域使用权的

---

① 详见《法国民法典》第 212 条。在广义上,这里的"财产"可以包括我国所谓的"海域使用权"或者类似性质的权益。罗结珍:《法国民法典(下)》,法律出版社 2004 年版,第 1358 页。

② 比如有学者认为是留置权,详见江平主编:《中华人民共和国合同法精解》,中国政法大学出版社 1999 年版,第 223 页;也有学者认为是优先权,详见徐杰、赵景文:《合同法教程》,法律出版社 2000 年版,第 486 页。

③ 详见《海域使用管理法》第 25 条的规定。

评估价格等,应主要由当事人自愿提供,而不宜强制性提供。① 考虑到减轻登记机关审查责任以及当事人自己责任原则,我们宜考虑由当事人出具"真实性合法性承诺书"。在这一意义上,《不动产登记暂行条例》第 16 条强调申请人对申请材料的真实性负责是这一精神的体现。

关于不得设定抵押权的财产范围,我国《物权法》第 184 条仅明确规定如下:"(一)土地所有权;(二)耕地、宅基地、自留地、自留山等集体所有的土地使用权,但法律规定可以抵押的除外;(三)学校、幼儿园、医院等以公益为目的的事业单位、社会团体的教育设施、医疗卫生设施和其他社会公益设施;(四)所有权、使用权不明或者有争议的财产;(五)依法被查封、扣押、监管的财产;(六)法律、行政法规规定不得抵押的其他财产。"我国《担保法》第 37 条与《物权法》的规定基本相同。② 但是,前述两部法律均没有针对性地明确哪些情形下海域使用权不得设定抵押权。与此相同的是,《海域使用管理法》《不动产登记暂行条例》《不动产登记暂行条例实施细则》都没有进一步的针对性规定。但是,国家海洋局的《海域使用权管理规定》第 42 条明确规定:"(一)权属不清或者权属有争议的;(二)未按规定缴纳海域使用金、改变海域用途等违法用海的;(三)油气及其他海洋矿产资源勘查开采的;(四)海洋行政主管部门认为不能出租、抵押的。"这四种情形的海域使用权不得设定抵押。同时,该管理规定第 41 条亦明确"海域使用权取得时免缴或者减缴海域使用金的,补缴海域使用金后方可抵押"。在笔者看来,对于哪些海域使用权能设定抵押权,哪些不能设定抵押权,在立法本旨上应该包含两层含义:第一层是涉及抵押法律关系各方当事人的利益考虑。因为这样的明文规定能够便于各方当事人对海域使用权设定抵押的效果有更加明确的预见,保障法律秩序的稳定以及避免过多的法律纠纷。另一层含义则是涉及登记机关的登记审查范围与审查职责。如果将登记机关的登记完全归为形式审查,对于登记机关而言,是否明确规定

---

① 于 2017 年 8 月在福州举办的"海峡法学论坛"中,笔者曾就海域使用权抵押的立法问题做主题报告。针对笔者的这一意见,有学者提出:如果抵押权人与抵押人或债务人恶意串通,将抵押担保金额申报虚高,那么,可能会损害其他债权人利益。笔者以为,出现此种情形,主要还是应当通过私法途径进行救济,如受害者可以主张确认之诉,请求确认抵押权无效;再如,可以通过制度设计,允许受害者得向经办人主张损害赔偿之诉等。因为即使要求提交海域使用权价值评估资料,登记机关仍然无法防范恶意串通等情形。

② 与《物权法》相比,《担保法》的规定差异在于:"(二)耕地、宅基地、自留地、自留山等集体所有的土地使用权,但本法第三十四条第(五)项、第三十六条第三款规定的除外;……(六)依法不得抵押的其他财产。"

"哪些海域使用权不得设定抵押权"就没有多大实质意义。基于公共利益以及交易安全的考虑,以立法形式明确哪些情形的海域使用权不得设定抵押权是妥适的,但关键是我们还应当做一些立法改变:

第一,"权属不清或者权属有争议的"海域使用权设定抵押权问题。在实践中,海域使用权人在设定抵押权时候,通常很难证明海域使用权不存在"权属不清或者权属有争议"的。对于登记机关来说,要严格地、实质性地审查是否存在"权属不清或者权属有争议"的情形也颇有难度。严格来讲,"权属不清的"情形也应该有所区分。比如申请抵押登记的抵押人根本就没办法证明自己就是海域使用权人,就应属于狭义上的"权属不清";如果申请登记时候,有许多利害关系人对海域使用权均主张权利(包括但不限于争议的海域使用权存在共有情形、涉无权处分情形、争议的海域使用权有其他权利存续等),也属于"权属不清"的范围。对此,我们可以考虑进行这样的制度安排:①如果海域使用权人或抵押人无法证明自己是"海域使用权人"或者有权处分的其他权利主体,则认定为狭义上的"权属不清",由登记机关作出不予受理的决定。②在申请登记的时候,登记机关已经有确切证据证明申请登记的海域使用权"存在争议、权属不清"等情形,那么,登记机关应当向抵押权人出具风险告知书。这里的确切证据包括法院的有关司法文书、有关行政机关的有关法律文书、律师函等。在此情形下,若当事人仍然坚持要登记的,则登记机关应当予以登记。允许这样做的主要理由是:有些海域使用权表面上存在争议或者权属不清,但可能是第三人恶意利用司法程序进行的干扰,如果因此便拒绝抵押权人的抵押登记申请,有可能给抵押权人造成更大的损害。为了更好地进行利益的平衡,在登记机关进行风险告知的情况下,抵押权人仍然坚持要求登记的,则相应的法律风险则由抵押权人与抵押人自行承担。这里的法律风险包括:抵押权被确认为无效的风险;因涉及其他权利,海域使用权的抵押权人无法实现抵押权或者无法获得优先受偿权的风险等。③如果在申请登记时,登记机关没有所谓的"权属不清或者权属有争议"等确实证据,则应当允许当事人进行登记;在登记之后,若出现登记有误等情形,具有利害关系的第三人得通过"异议登记"机制来寻求救济。④基于上述的理由与考虑,《物权法》关于"所有权、使用权不明或者有争议的财产"以及"依法被查封、扣押、监管的财产"直接列入不得抵押的财产范围,并不是非常恰当的规定。同时,需要注意的是,"依法被查封、扣押、监管的"往往是有"权属不清或者有争议"的一种表征。因为实践中常常有这样的情形,即当事人对海域使用存在权属有争议,故申请了诉讼财产保全措施。

第二，对于"未按规定缴纳海域使用金……"的情形，实际上是涉及"海域使用权"创设的瑕疵问题。在法理上，原权利有瑕疵，定然导致"派生权利"也有瑕疵，但是这种权利瑕疵应当允许补正。《海域使用权管理规定》关于"对减缴、免缴海域使用金的项目用海，应当依法补缴海域使用金后，方可予以办理海域使用权抵押登记"的规定，实际上是要求在抵押登记之时，即要补正"未按规定缴纳海域使用金"的瑕疵。在笔者看来，为了更好地维护抵押权人的利益，应当允许抵押人在一审辩论终结之前进行补正。允许在一审辩论终结前，就有关权利之瑕疵进行补正，实际上也是我国司法实践通常的做法。①

第三，关于"改变海域用途等违法用海"情形，在本质上不是"海域使用权"创设的瑕疵，而是属于"权利的滥用"问题。这点与"未按规定缴纳海域使用金"是存在本质差别的。在法理上，"权利的滥用"不应构成设定抵押权的障碍。对于抵押权人而言，要求其查证海域使用权人是否存在"改变海域用途等违法用海"的情形，实际上对抵押权人设定了过高的注意义务。还有一点疑问是：如海域使用权人在抵押登记时候，并不存在违法用海的情形，但是在设定抵押权之后才存在违法用海的情形，又该如何处理？对此，比较妥适的思路是：设定抵押权之后的违法用海行为，不应影响抵押权的效力；如果确实出现"违法用海行为"而导致海域使用权市场价值贬损，则抵押权人有权根据《物权法》第 193 条的规定采取保护措施。② 对于违法用海行为人，则由海域行政监管部门依照相关规定进行监管以及行政责任追究；情节严重的，依法追究刑事责任。

第四，关于海域使用权涉及"油气及其他海洋矿产资源勘查开采的"而不得被设定抵押权的情形，根据笔者的理解，如此规定的原因应该是该海域的使用权涉及探矿权与采矿权。我国《矿产资源法》第 6 条规定，除合并、分立等情形外，探矿权、采矿权不得转让。如此规定或许还有一个原因是：如果海域使用权设定了抵押，那么，海域使用权所涉及的"探矿权与采矿权"是否也一并抵

---

①　比如，最高人民法院《关于审理城镇房屋租赁合同纠纷案件具体应用法律若干问题的解释》允许当事人"在一审法庭辩论终结前取得建设工程规划许可证等"，进而补正租赁合同效力的规定。再如，最高人民法院《关于审理人身损害赔偿案件适用法律若干问题的解释》将计算人身损害赔偿金额的基准时间确定为一审辩论总结前。

②　《物权法》第 193 条规定：抵押人的行为足以使抵押财产价值减少的，抵押权人有权要求抵押人停止其行为。抵押财产价值减少的，抵押权人有权要求恢复抵押财产的价值，或者提供与减少的价值相应的担保。抵押人不恢复抵押财产的价值也不提供担保的，抵押权人有权要求债务人提前清偿债务。

押呢？鉴于《物权法》第 122 条与第 123 条明确"海域使用权"与探矿权、采矿权属于并列的用益物权,故即使"海域使用权"与"探矿权、采矿权"存在着重叠或冲突,也不应影响"海域使用权"设定抵押权。[①] 这也就是说,涉及"油气及其他海洋矿产资源勘查开采的"的海域使用权,不应被列入禁止设定抵押权的财产范围。

第五,对于《海域使用权管理规定》第 42 条规定的"海洋行政主管部门认为不能出抵押的"情形,不论在法律依据,还是在法理上,都难以站得住脚。《海域使用权管理规定》是由我国海洋行政主管部门制定的,而该规定又将能否设定抵押的海域使用权认定兜底式地赋权给自己。这种情况属于典型的既是立法者,也是裁判者的情形。同时,该规定也与上位法《物权法》第 184 条的规定相矛盾。第 184 条规定的兜底性条款是"法律、行政法规规定不得抵押的其他财产",即将不得抵押的其他财产的认定由"法律、行政法规"来明确。显然,《物权法》的规定是比较合理的。

第六,对于公益设施不得抵押的情形,《海域使用权管理规定》并没有规定。但是《物权法》第 184 条第 3 款以及《担保法》第 37 条第 3 款就有相对应的条款。根据这两款规定,公益性设施原则上不得抵押。对于哪些是属于公益性设施,可以参照《海域使用管理法》第 35 条与第 36 条的规定来判断。《海域使用管理法》第 35 条规定,"军事用海;公务船舶专用码头用海;非经营性的航道、锚地等交通基础设施用海;教学、科研、防灾减灾、海难搜救打捞等非经营性公益事业用海"等免缴海域使用金,所以,对应的海域使用权也不得抵押。《海域使用管理法》第 36 条规定,"公用设施用海;国家重大建设项目用海;养殖用海"等经有批准权的人民政府财政部门和海洋行政主管部门批准,可减缴或者免缴海域使用金的海域使用权,原则上也不得抵押。但是,对于上述两条款涉及的海域使用权,在改变海域的用途且依法补缴减免的海域使用金后,则相对应的海域使用权可以依法设定抵押权。

如果根据《物权法》等规定不得设定抵押权的海域使用权,因为各种原因而顺利地办理了抵押权的登记手续,该抵押权的法律效力又如何呢？司法实务应该如何处理呢？我国现行立法对此并无明确的规定。在解决方案上,我

---

① 在笔者看来,海域使用权与海域探矿权、海域采矿权存在着重叠,因为"海域使用权"的用途可以涉及探矿与采矿。对此问题,可以考虑的思路是修改相关立法,理顺相关权利之间的关系。在立法修改之前,我们必须承认海域使用权与海域探矿权、海域采矿权属于并列的用益物权。

们至少有以下三种思路：第一种思路是立法明确规定此种情形设定的抵押权无效，抵押权人因此造成的损失由海域使用权人承担赔偿责任。这一思路所可能面临的问题是，由海域使用权人承担所有的责任，似乎不具有充分的法律伦理依据。因为抵押权被确认为无效，这其中的过错可能不仅仅是海域使用权人单方造成的。同时，这一思路还有一个问题：如果抵押人就是债务人的情况下，由抵押人来承担赔偿责任，实际上并没有多大的实质意义。因为债务人如果有财产清偿债务，那么，根本无需所谓海域使用权的"抵押担保"作用。第二种思路是立法明确规定抵押权有效。这主要是基于保护善意的抵押权人考虑。这种思路的主要问题在于即使确认抵押权有效，抵押权人的利益并不一定能充分有效地保护。这是因为该抵押权即使有效，也可能面临着无法实现抵押权的困局。从前文分析来看，海域使用权不得设定抵押权的主要根源在于海域使用权流转存在着严重的制度障碍。第三种思路是立法明确规定抵押权无效。对此造成抵押权人的损失，由各方（包括登记机关）根据各自的过错程度来承担相应的责任。在笔者看来，第三种思路应当是我们当前立法的最优选择。但是需要适当修正的是，这些情形下所设定的抵押权不是绝对的无效。正如前文所述，许多"不得设定抵押权"的情形，应当允许当事人进行补正瑕疵。比如，对于"权属存在争议的""权属不清的"的情形，允许当事人在一审辩论前通过诉讼确权程序确权，消除权属争议或者权属不清的情况。这种思路所涉及的责任承担问题，是有《担保法》《物权法》上的基本依据的。比如，《担保法》第 5 条规定："担保合同被确认无效后，债务人、担保人、债权人有过错的，应当根据其过错各自承担相应的民事责任。"《物权法》第 21 条规定："当事人提供虚假材料申请登记，给他人造成损害的，应当承担赔偿责任。因登记错误，给他人造成损害的，登记机构应当承担赔偿责任。登记机构赔偿后，可以向造成登记错误的人追偿。"

关于海域使用权的抵押权实现，主要依据《物权法》《担保法》以及《民事诉讼法》的相关规定处理。根据《担保法》第 53 条和《物权法》第 179 条的规定，债务人不履行到期债务或者发生当事人约定的实现抵押权的情形，抵押权人可以与抵押人协议以抵押财产折价或者以拍卖变、变卖该抵押财产所得的价款优先受偿；协议不成的，抵押权人可以向人民法院提起诉讼。海域使用权的抵押权实现亦遵循此规则。鉴于当前我国海域资源二级市场流转还存在着一些障碍，抵押权的实现还有一定的困难，为了更好地保障债权人利益，可以考虑反担保，或者由保险机构设立专项的保险业务。由债务人或者债权人在自愿的基础上进行投保，在海域使用权抵押权无法顺利实现时进行保险理赔。

抵押权无法实现时,宜以人民法院执行的有关文书来确定。

对于其他海域资源用益物权的抵押权事宜,宜参照前述"海域使用权抵押"的相关思路进行规范。

(6)海域资源用益物权征收或者回收的完善

如前文所述,根据《海域使用管理法》第 26 条的规定,尽管名为"收回",但实质上应当为"征收"。对于"征收"或者"收回"海域使用权的适用条件,该条款明确为"公共利益"或者"国家安全"。实际上,"国家安全"也可认定为是一种"公共利益"。而且我国《宪法》第 10 条、第 13 条以及《物权法》第 42 条关于征收的理由仅"公共利益",故《海域使用管理法》第 26 条可删除"国家安全"的规定。

对于笔者所主张的回收海域资源用益物权的情形,应主要适用于四种情形:第一种是用益物权期限届满时,当事人没有提出续期申请或者提出的续期申请没有被核准;第二种是海域资源用益物权设立无效或者有重大瑕疵且无法补正该瑕疵的;第三种是当事人没有依照原规划与协议要求进行海域资源开发利用而被国家收回海域资源的情形;第四种是政府与用益物权人达成协议。

《海域使用管理法》实际上已经明确规定了三种可以收回海域使用权的情形:一是海域使用权的设定无效(第 43 条);[①]二是非法改变海域用途(第 46 条);[②]三是不按规定缴纳海域使用金(第 48 条)。[③] 这三种情形实际上都应当属于笔者主张适用收回的第二种与第三种情形。只不过第三种情形的适用还应当包括严重闲置海域资源的情形。对于闲置海域资源的情形,《海域使用管理法》并未明确规定,一些沿海省市却有相关的规定。如,《福建省海域使用管理条例》第 27 条规定:"已批准使用的海域,海域使用权人超过 1 年未开发利

---

① 《海域使用管理法》第 43 条规定:"无权批准使用海域的单位非法批准使用海域的,超越批准权限非法批准使用海域的,或者不按海洋功能区划批准使用海域的,批准文件无效,收回非法使用的海域;对非法批准使用海域的直接负责的主管人员和其他直接责任人员,依法给予行政处分。"

② 《海域使用管理法》第 46 条规定:"违反本法第二十八条规定,擅自改变海域用途的,责令限期改正,没收违法所得,并处非法改变海域用途的期间内该海域面积应缴纳的海域使用金五倍以上十五倍以下的罚款;对拒不改正的,由颁发海域使用权证书的人民政府注销海域使用权证书,收回海域使用权。"

③ 《海域使用管理法》第 48 条规定:"违反本法规定,按年度逐年缴纳海域使用金的海域使用权人不按期缴纳海域使用金的,限期缴纳;在限期内仍拒不缴纳的,由颁发海域使用权证书的人民政府注销海域使用权证书,收回海域使用权。"

用的,由县级以上地方人民政府海洋行政主管部门责令其开发利用;连续 2 年未开发利用的,由批准该海域使用权的人民政府收回海域使用权,并公告注销。"《福建省海域闲置海域处置办法(试行)》第 8 条规定:"第八条　除本办法第五条、第六条情形外造成海域闲置的,按照下列方式处置:……(二)超过海域使用权出让合同约定或自取得海域使用权证书之日起满二年未动工开发建设,且未经有权人民政府批准延长开发建设期限的;或者虽经有权人民政府批准延长开发建设期,但延长期届满后仍未动工开发建设的,由批准该海域使用权的人民政府依法收回海域使用权,并公告注销。"①《天津市海域使用管理条例》第 24 条规定:"无正当理由闲置海域满一年的,由市海洋行政主管部门依法无偿收回海域使用权,并直接办理注销登记。"《江苏省海域使用管理条例》第 26 条规定:"已批准使用的海域,海域使用权人 1 年以上未开发利用的,由海洋行政主管部门责令开发利用;连续 2 年未开发利用的,由批准该海域使用权的人民政府收回海域使用权。"

　　笔者认为,《福建省海域闲置海域处置办法(试行)》关于闲置海域的规定值得推广。江苏省、天津市等省市规定的不足在于:对于闲置的海域,仅依未开发的年限为标准,而未考虑到不可抗力以及政府行为等正当理由。同时,还有一种情形也应当规定为可收回海域资源,即对海域资源未充分开发利用。

---

　　①　《福建省海域闲置海域处置办法(试行)》第 5 条规定:"属于人民政府或人民政府有关部门的行为以及自然灾害等不可抗力造成开发建设延迟的,海域使用权人应当向市、县(区)海洋行政主管部门提供海域闲置原因说明材料,经审核属实的,海洋行政主管部门应当与海域使用权人协商,选择下列方式处置:(一)延长开发利用期限。签订协议,重新约定开发利用、竣工期限和违约责任。从协议约定的开发利用日期起,延长开发利用期限最长不得超过一年;(二)调整海域用途、规划条件。按照新用途或者新规划条件重新办理相关用海手续,并按照新用途或者新规划条件核算、收缴海域使用金或给予适当补偿。改变用途后的海域使用必须符合海洋功能区划;(三)协议有偿收回海域使用权;(四)置换海域。对已缴清海域使用金,且因规划依法修改造成闲置的,可以为海域使用权人置换其他价值相当、用途相同的海域进行开发利用;(五)海洋行政主管部门还可以根据实际情况与海域使用权人协商确定其他处置方式。除前款第三项规定外,开发利用时间按照新约定、规定的时间重新起算。"第 6 条规定:"有下列情形之一,属于人民政府或人民政府有关部门造成开发建设延迟的行为:(一)因未按照海域使用权出让合同等约定、规定的期限、条件将海域交付给海域使用权人,致使项目不具备开发利用条件的;(二)因海洋功能区划依法修改,造成海域使用权人不能按照海域使用权出让合同等约定或规定的用途、规划和建设条件开发利用的;(三)因国家出台相关政策,需要对约定或规定的规划和建设条件进行修改的;(四)因涉及行政诉讼导致无法开发利用的;(五)因军事管制、文物保护等无法开发利用的。"

未充分开发利用也属于闲置的情形。这种情形的认定可借鉴《福建省海域闲置海域处置办法(试行)》第2条的规定,明确规定为如下三种情形:①已动工开发,但开发建设的海域面积占应动工开发总面积不足三分之一的,且这种状况持续一年以上;②已投资的金额不足总投资金额百分之二十五的,且这种状况持续一年以上;③已经开发面积超过三分之一或者已投资的金额不足总投资金额百分之二十五的,但是项目开发建设无正当理由中止两年以上。①

对于征收或者收回海域资源用益物权的情形,应当举行听证,并准许利害关系人通过行政复议、行政诉讼的方式进行救济。

5.明确国有海域资源市场交易准入条件

如前文所述,设定海域资源一级市场准入条件的目的在于保证市场主体具备较为完备的海域资源使用能力以及相关责任的承担能力,具备较为良好的社会信用评价。这是基于海域生态可持续性而设定的一种事前预防措施。因海域资源形态多样,有很多资源并不具有重大的市场价值或者特殊的生态利益,故这里的市场准入限定应针对国有海域资源一级市场与二级市场交易的准入,而不包括集体所有或者个人所有的海域资源的任何交易场域。比如,某私人养殖鲍鱼或者龙虾并进行市场交易,此时市场交易的主体就不宜进行限定。

就国有海域资源市场的准入条件,应该从三个方面来限定:

(1)市场主体资格限定

市场主体资格限定就是针对海域资源市场交易的市场主体必须具备特定的条件与要求。鉴于市场是强调市场主体地位的平等性,反对歧视。所以,对市场主体的资格限定须有充分依据。笔者认为,我们可以从责任承担能力、在先行为信用评价(即黑名单机制)以及特殊身份三个角度来限定。

要求市场主体,包括企事业单位以及个人必须有相应的责任承担能力,主要为保障海域资源生态补偿义务的践行。而责任承担能力的关键就是行为能力与市场主体的财产状况。对于行为能力,宜规定只有完全行为能力人才可进行海域资源市场交易;限制行为能力人与无民事行为能力人只有在其法定

---

① 《福建省海域闲置海域处置办法(试行)》第3条规定:"具有下列情形之一的,可以认定为闲置海域:(一)自取得海域使用权之日起超过一年未动工开发建设的;(二)已动工开发但开发建设的海域面积占应动工开发总面积不足三分之一的,或者已投资的金额不足总投资金额百分之二十五的且未经批准中止开发建设满一年的;(三)法律、法规规定的其他情形。"

代理人确认的情况下才可以进行海域资源市场交易。对于财产状况,可参照原《房地产开发企业资质管理规定(2000)》第 5 条的规定,要求市场主体必须至少有不少于 100 万元人民币的财产。[①] 100 万元财产应主要是货币现金或者其他可以直接变现的财产。对于企业来说,100 万元不是指企业的注册资本,也不是企业总资产,而应当是企业的所有者权益,[②]因为只有企业的所有者权益才能切实体现企业对外承担法律责任的能力。

在先行为信用评价,即黑名单机制,主要是指对市场主体在先行为进行信用评价而进行的限定。在先行为信用评价不好的市场主体不得进入海域资源市场交易。所谓在先行为信用评价不佳,主要是指两类情形:①被人民法院列入失信被执行人名单的市场主体。②因其在先行为损害海域资源生态,并被依法追究刑事责任或者行政责任的市场主体。将这两类市场主体列入"黑名单",是因为其被追究法律责任,其行为被否定评价,有相应的司法审查机制,权威性较高。[③] 禁止任何单位在没有法律依据的情况下将某些市场主体列为黑名单范围。为了避免"黑名单"标签终身化,故可借鉴《公司法》对董事、监事与高级管理人员任职资格的限定,即被追究行政责任或民事责任的,在责任承担完毕后三年内,或者被追究刑事责任在执行期未满五年,不得参与海域资源市场交易。

身份限定是很容易被"指责"的做法。这里的特殊身份限定主要是针对外国市场主体。即基于保护本国利益,对涉及国有重大海域资源的开发利用项目,禁止外国市场主体,包括外国企业与个人,进入一级市场或者二级市场。基于保护本国利益而对外国市场主体身份进行限制,是各国的普遍做法。

(2)海洋产业的限定

海洋产业的限定,主要是指根据海域资源的消耗状况、资源自我恢复能力、技术状况、开发利用的效率等多方面因素对海洋产业进行分类,以鼓励和支持发展先进生产能力,限制和淘汰落后生产能力,防止盲目投资和低水平重

---

①　根据原建设部于 2000 年 3 月 29 日颁布的《房地产开发企业资质管理规定》第 5 条的规定:"一级资质房地产开发注册资本不低于 5000 万元,二级资质房地产开发注册资本不低于 2000 万元,三级资质房地产开发注册资本不低于 800 万元,四级资质房地产开发注册资本不低于 100 万元。"2015 年 5 月,住房和城乡建设部《关于修改〈房地产开发企业资质管理规定〉等部门规章的决定》对《房地产开发企业资质管理规定》删除了有关注册资本的要求。

②　所有者权益是企业总资产扣除企业负债后由所有者/股东所享有的剩余权益。

③　比如,行为人若对被追究行政责任不服,可以提起行政诉讼进行救济。

复建设,推进海洋产业结构优化升级。简单来说,就是对落后与低水平的项目进行淘汰与限制,对先进项目进行鼓励。

对于具体的类别,可以结合国务院《促进产业结构调整暂行规定(2005)》《产业结构调整指导目录(2013)》以及各省市的实践经验,如《山东省海洋产业发展指导目录》《江苏省海洋产业发展指导目录(试行)》来进行确定。同时,相应的海洋产业限定应当适时更新,保证其与社会及科技发展状况相适应。但是为了保持适度的稳定性与可预见性,海洋产业限定的更新不宜频率太高,可考虑5～10年更新一次。

为了增强其法律约束性,凡是被列入禁止类的海洋产业项目,不得被审批或者不得进行市场交易(即不得进入一级市场与二级市场);凡是被列入限制类的海洋产业项目,不得获得新的审批,而原来已经审批的项目允许进行市场流转(即不得进入一级市场,但允许二级市场交易),但是应积极鼓励其转型优化。

(3)海洋功能区划与生态论证

海洋功能区划制度是我国海洋行政主管部门在上个世纪80年代末提出并组织实施的一项重要海洋管理制度,用来指导、约束海洋开发利用实践活动,保证海上开发的经济、环境和社会效益。[①]

就海洋功能区划而言,我国已经形成了比较规范的制度体系。该体系包括海洋功能区划的技术国家标准,海洋功能区划的评估、编制与修改、海洋功能区划的实施等内容。主要法律法规及规范性文件有《海域使用管理法》《海洋环境保护法》《海洋功能区划技术导则(GB17108－1997)》《海洋功能区划管理规定(国海发〔2007〕18号)》《海洋功能区划备案管理办法(国海发〔2008〕12号)》。比如,《海域使用管理法》第15条规定:养殖、盐业、交通、旅游等行业规划涉及海域使用的,应当符合海洋功能区划;沿海土地利用总体规划、城市规划、港口规划涉及海域使用的,也应当与海洋功能区划相衔接。《海洋环境保护法》第6条规定:"国家海洋行政主管部门会同国务院有关部门和沿海省、自治区、直辖市人民政府拟定全国海洋功能区划,报国务院批准。沿海地方各级人民政府应当根据全国和地方海洋功能区划,科学合理地使用海域。"《海洋

---

① 根据《全国海洋功能区划(2011—2020年)》,我国海洋功能区划的范围包括我国管辖的内水、领海、毗邻区、专属经济区、大陆架及其他海域(香港、澳门特别行政区和台湾省毗邻海域除外);海洋功能区主要分为八大类,即农渔业区、港口航运区、工业与城镇用海区、矿产与资源区、旅游休闲娱乐区、海洋保护区、特殊利用区和保留区海。

功能区划管理规定(国海发〔2007〕18号)》第4条规定:"全国和沿海省级海洋功能区划,报国务院批准。沿海市、县级海洋功能区划,报所在地的省级人民政府批准,并报国家海洋局备案。"第5条:"海洋功能区划的修改,由原编制机关会同同级有关部门提出修改方案,报原批准机关批准;未经批准,不得改变海洋功能区划确定的海域功能。"第6条:"编制和修改海洋功能区划应当建立公众参与、科学决策的机制。"第11条:"海洋功能区划期限应当与国民经济和社会发展规划相适应,不应少于五年。"

从当前的制度规范来看,海洋功能区划最大的问题是公众参与以及法律救济程序问题。尽管《海洋功能区划管理规定(国海发〔2007〕18号)》第6条明确"公众参与机制",但是,如何保障公众参与,其具体的规范尚不明确。对此,我们可以参照前文关于海域资源一级市场配置方案的方案,即编制与修改海洋功能区划,必须至少提前一年通过政府公报、政府官方网站、报纸、电视台等媒介向社会公开,并征求意见;必须将编制与修改方案送达给利害关系者。对于海洋功能区划的编制与修改意见不服的,应当准许利害关系人申请行政复议或者行政诉讼。

海域资源生态论证区别于海洋功能区划。海洋功能区划是政府主导实施的一项机制;而海域资源生态论证,是由海域资源开发者或者投资者应当提交的材料。我国《海域使用管理法》《海洋环境保护法》《海洋功能区划管理规定》等均有涉及海域资源生态论证的规范。比如,《海域使用管理法》第16条规定:申请使用海域的申请人,应当提交海域使用论证等书面材料。《海洋功能区划管理规定》第28条规定:"海域使用项目应当符合海洋功能区划。海域使用论证报告书应当明确项目选址是否符合海洋功能区划。"然而,"生态论证"应当比前述相关规定中的"使用论证"所涵盖的范围要更广。生态论证不仅要论证海域资源的开发利用是否符合我国海洋功能区划,还要论证海域资源的开发利用对生态的影响程度以及有关的生态补偿/生态修复的可能性等内容。笔者认为,生态论证材料可以由海域资源开发者或者投资者自行制作,也可以由其委托第三方制作。如果是由海域资源开发者或者投资者自行制作的论证材料,还应当委托第三方出具相关的意见。政府部门对于收到的海域资源生态论证材料,应当及时向社会公开,实行行政审查与社会公开同时进行。严格来说,社会公开也有助于提升行政主管机关对海域资源生态论证的审查质量与审查效率。对于行政主管机关关于生态论证的审查意见不服的,利害关系人同样得以进行行政复议或者行政诉讼法律救济。

4.海域资源市场流转的有效服务与规范化监管

强调海域资源市场流转的有效服务与监管,其主要目的是为了保障海域资源市场的有序性与规范性,促进市场的良性运作。海域资源市场流转的有效服务与规范化监管主要包括三层含义。第一层含义是指政府必须在海域资源市场化过程中提供积极有效的政府服务。这包括履行好海域资源确权与流转的登记工作,建构善良有序的市场化平台等。第二层含义是指行政机关行使有关行政职权或者履行行政职责过程中必须有明确的法律依据;要厘清政府监管的职责与界限。第三层含义是充分发挥监督机制的作用,实行行政职权行使与监管过程"阳光化"。

(1)完善海域资源确权和流转登记

确权登记是流转登记的前提,流转登记又是确权的保障。从海洋资源市场化角度来看,不论是确权登记,还是流转登记,都有双重属性,即既属于政府服务于市场的一种形式,也是政府监管市场的一种手段。若没有市场,政府对海域资源的确权与流转登记便失去最核心的价值;若没有确权与流转登记,政府对海域资源的监管便失去了一种非常重要的渠道。

进行确权和流转登记目的,就是要明确在两级市场中海域资源的占有、使用、收益、处分(含转让、继承、出租、抵押、互换、入股等)权能如何在国家和海域资源使用者或者投资者之间进行科学划定,进而明确各主体间的权利、义务与责任,以最大程度激发海域资源开发者与投资者的积极性和创造性,促使他们科学、有序、合理、可持续地开发利用海域资源。[①]

我国当下正在推进不动产统一登记,且取得了积极效益。然而,因起步较晚,具有特殊性,我国关于海域资源确权与流转登记的制度规范存在诸多缺失,故我们应适时开展相关研究并进行完善。具体可参见有关讨论。

唯须进一步注意的是,就海域使用权(即海域空间资源的用益物权)而言,《海域使用管理法》第19条规定:"海域使用申请人自领取海域使用权证书之日起,取得海域使用权。"这一规定与不动产物权变动的公示原则的基本法理存在一定的背离。在现行法律框架下,海域使用权作为一种不动产物权,其取得及变动应以登记为其公示方法。而我国法律关于不动产物权的变动,均采用登记生效主义,未经登记不产生权利变动的效果,海域使用权的取得及变动亦不例外。根据不动产变动的公示公信基本原则,当不动产登记权属证书与

---

① 陈艳、文艳:《海域资源产权的流转机制探讨》,载《海洋开发与管理》2006年第1期,第63页。

不动产登记簿之间存在不同时,是以不动产登记簿为准。这进一步说明:不动产用益物权的取得,不是以领取海域使用权证书的时间为准,而应该是以在登记行政主管部门的不动产登记簿完成登记的时间为准。所以,我们宜应该按照《物权法》,对有关规定进行修正。

(2)推进海域资源的价值评估

作为与陆地具有同等或类似属性的自然资源,海域资源对于国家来说是重要的国有资产,可以通过征收海域使用金来实现其权益;对于私人而言,其是重要的权利客体,可以享有并行使占有、使用、收益。因此,在海域资源流转过程中,无论是资源的合理配置,还是权益的合法实现,客观上都需要对海域资源的市场价值进行科学合理的评估,使之能够以货币计量。这实际上也是海域资源市场化配置的基础与前提。同时,对海域资源的价值进行评估,亦为海域资源用益物权的创设、出让、转让、出租、作价入股、抵押和征收、征用补偿时,确定其市场化价值提供了客观的标准与依据。

为确保海域资源及其用益物权价值评估的顺利开展,推动海域资源市场化工作的规范进行,可借鉴土地价值评估制度的做法与经验,相应地建立起科学、规范的海域资源及其用益物权的价值评估制度。主要需明确这些内容:海域资源价值评估的基本原则、评估方法与评估模型,评估的考量因素、评估机构的设定、评估专业人员的资质。同时,我们也应积极推进海域资源的专业评估机构的培育与发展,加快培养相关的评估人才。

对于海域资源用益物权抵押过程中的价值评估,一些地方出台的政策和做法值得借鉴。例如江苏省《关于推进海域使用权抵押贷款工作的意见》的规定,利用海域使用权进行抵押的,海域使用权的价值评估可按抵押人和抵押权人双方约定的方式进行,也可由抵押权人委托其认可的评估机构进行评估。目前,我国尚未建立专业的海域资源领域的评估机构。在这种情况下,我们可先由海域资源相关的行政主管部门或者相关的资产评估机构或者海域资源的有关交易中心提供参考价,然后再由抵押权人与抵押人协商确定。考虑到海域资源在市场化过程中存在着相关财产权益增值或者贬值的可能性,同时尊重相关民事主体的意思自治,所以,对于海域资源用益物权的抵押额度,一般不作特别的限定。但是作为指导性意见,可以推荐贷款额度不超过海域资源用益物权评估价值或者双方协商价值的80%。这也主要是为了提示相关的抵押权人适当注意这其中的法律风险。

(3)建构与推进全国性的海域资源市场平台

科学构建海域资源市场平台并赋予其相应的工作职责,是顺利推行并实现海域资源市场化的重要保证。如前文所述,我国一些沿海省市已经在实践中建设了许多层级不同的海域资源市场平台,而且国家海洋局也在积极推进国家级或者区域级的海域资源市场交易平台。如于 2017 年 10 月成立的福建海洋产权交易服务平台,目标是建设成为中国(福州)海洋产权交易中心;烟台海洋产权交易中心的目标是建设成为北方海洋产权交易中心。这些市场平台为海域资源走上公开、公平、透明的市场化运作轨道积累了很多有益的经验。

在这种情况下,对于全国性的市场化平台的建构模式有两种选择:第一种是继续在某些比较成熟的省市的产权交易平台进行提升与扩展,使之成为全国性的海域资源市场化交易平台。第二种经过综合评估与测算,在北京或者某海域资源市场化程度高的省市,如厦门、上海等地,创设一个全新的全国性海域资源产权交易平台(含网络交易平台的搭建);然后,将我国已经设立的那些海域资源或者产权交易中心,如南通市海域使用权市场交易服务中心等进行联网互动,就海域资源的市场化信息与服务实现共建共享。从节约成本的角度考虑,我国应优先考虑第一种模式,同时将其他相关的产权交易中心实现互联互动,而且相关的海域资源交易平台如何实现有效的信息共享是其中的关键。当然,如何平衡其他各省市的海域资源市场化平台的利益以及职责,则是需要进一步研究的课题。

海域资源市场交易平台的主要定位,应该是海域资源产权交易的场所和信息交流的平台,但是也可以承担一定的监督与管理职能,比如,承担各级政府授权的海域资源的招标、拍卖、挂牌交易等对应的技术性和业务性工作;开展海域自然状况及市场调查,收集海域资源的供给与需求信息,并及时向社会发布相关信息。

(4)规范竞争秩序,防止行政性垄断

只要有市场,就有竞争,就有不正当的竞争行为。对于海域资源市场化来说,也是如此。比如,某一市场主体采取诋毁竞争对手的商誉信用或者恶意利用法律救济途径等手段来破坏或者阻止其他竞争者获得相应的海域资源用益物权。再如,某几个市场主体在海域资源用益物权招投标过程中,采取恶意串通等形式,阻止其竞争对手获得相应海域资源用益物权。这些都属于不正当竞争,都会对海域资源的有序化与规范化造成损害。所以,对于海域资源市场化而言,政府还必须承担的一项重要服务或者监管职责就是规范竞争秩序,防止不正当竞争。当前,我国已经建构了较为完备的反不正当竞争法制。然而,就海域资源市场化而言,这其中的不正当竞争却不能直接适用《不正当竞争法(2017)》。这是因为海域资源市场化过程中,最重要的交易对象是海域资源所有权(如海洋鱼类产品所有权)或者海域资源用益物权,而且海域资源用益物权市场化交易是最核心的内容。而我国《不正当竞争法(2017)》所规范的不正当竞争行为是针对商品的生产、经营或者服务的提供,而这里的"商品"或者"服务"显然不能包括海域资源用益物权。

对于上述不正当或者恶性的竞争行为,笔者认为,我们可以从三个层面的思路来进行规范:第一种思路就是追究行政责任与刑事责任,也即对于在一级市场中采取不正当手段进行恶意竞争行为或者排除他人竞争的行为,依照《招标投标法(2017 年修正)》《招标投标法实施条例(2012 年修正)》《政府采购货物和服务招标投标管理办法(2017)》等法律规范,对于查证确凿,具有不正当竞争或者恶性竞争的市场主体追究其行政责任;造成严重后果的,追究刑事责任。第二种思路就是由受害的市场主体追究其民事赔偿责任。在举证上,受害者应当有权申请行政主管机关或者人民法院依照职权进行调查取证。第三种思路就是适用前述市场准入的资格限定。

行政性垄断主要是指各地方政府基于地方利益保护需要,而设定行业壁垒、地区壁垒,或者限制交易、强制交易、专有交易的现象。这些现象的存在是不利于海域资源的市场化深入与全面推进的,所以,我们也应当对这些现象进行规制。规制主要有两点思路:第一,如果地方政府制定地方性法规和政府规章,设定行业壁垒、地区壁垒或者限制交易、强制交易,则应当允许利害关系人就相关规定申请合法性或者合宪性审查。审查的机关包括制定该规定的上级机关以及司法机关。考虑到权威性,司法机关应当由各省高级法院审查为宜。第二,如果是行政机关的具体行政行为而造成限制交易或排除交易,则应当准许利害关系人依法申请行政复议或者行政诉讼。第三,对于被确定违法的行政性垄断,追究行政机关主要负责人的相关行政责任。

(5)行政职权运作的"阳光化"

鉴于海域资源市场化过程中,尤其是海域资源一级市场,行政职权与职责都时刻发挥着重要的影响作用,行政职权运作的"阳光化"对于深度推进海域资源市场化具有重要意义。

"阳光化"最主要的精神表现在两个方面:第一方面就是在阳光之下让人看得见;第二个方面是用阳光祛除黑暗。通俗来说,就是在海域资源市场化过程中,行政机关行使职权或者履行行政职责,必须以群众可以接触到的方式进行公开,并依法赋予利害关系人相应的参与权与救济权。比如,前文所建议的海域资源一级市场配置方案必须向社会公开,就属于这种"阳光化"的一部分。对于"阳光化"而言,重点是要细化关于海域资源市场化配置过程中的违纪违法行为的法纪和责任条款,防止规避招投标、恶意串标、非法挂牌、分包转包等违规出让和非法流转行为;对非法划拨海域资源入市、变有偿为无偿的、该招标的不招标、随意减免海域资源对价等扰乱海域资源市场交易的行为进行严肃查处,从重处罚;对于破坏海域资源市场化配置的违法行为等,要从民事责任、行政责任、刑事责任等进行责任追究,比如,因行政机关违法履行行政职责,给利害关系人造成损失的,应当依法承担民事赔偿责任。

在"阳光化"过程中,我们应充分运用我国较为完备的监督机制。即应当将反腐倡廉等工作贯彻到海域资源市场化配置的过程中,构建由各级国土资源管理部门、审计部门、监察部门、各级人民代表大会、各级政治协商会议政协委员、新闻媒体和群众代表等组成的完善的内外部监督体系。我国已经成立了监察委,且《监察法》于 2018 年 3 月正式实施。这些对于发挥政府内部监督机能具有重要意义。

6.创新海域资源生态补偿机制

(1)明确规范补偿义务主体、补偿对象与补偿标准

补偿的义务主体应明确规定为:依照法律规定承担海域资源生态保护职责或义务,且依照法律规定或合同约定应当支付海域资源生态补偿费用,或者提供相应的修复技术、物资或者服务的政府、社会组织和个人。具体包括政府、企事业单位、个人以及外国政府。补偿对象应限定为海域资源生态建设的贡献者以及生态减损的受害者,可以包括地方政府、社会组织、企业和个人。补偿的标准应当遵循公平原则,对贡献者秉持鼓励原则,对受害者秉持填补损失原则,进行相应的补偿。补偿方式包括货币、实物、项目、技术、政策等。市场主体之间的补偿主要是货币、实物、项目、技术;而政府之间的补偿方式包括政策。至于具体的补偿方式,应该鼓励当事人之间,包括政府与政府之间以协商的方式来确定。若不能达成协议的,则以货币补偿为基本原则。

(2)明确海域资源生态补偿的激励和惩戒机制

激励机制包括两个层面,即对贡献者进行进一步贡献的激励;第二个层面是鼓励有关主体从事生态补偿与生态建设活动。贡献的激励应当包括政策激励,如对做出贡献的企业实施减税免税政策,也包括货币奖励、实物奖励等物质奖励,以及精神激励。对于政府来说,应当实行政策激励、物质激励与精神激励并重的方式。

惩戒机制主要是对海域资源生态造成损害的责任主体实行惩戒,以防止其进一步实施海域资源的生态损害行为。惩戒的方式包括政策惩戒、资格惩戒、物质惩戒等。比如政策惩戒可以实行加计征税政策或者取消其享受特定

的优惠政策等;资格惩戒就是限制或者排除责任主体进一步参与海域资源的
开发利用的资格;物质惩戒包括承担支付违约金、损害赔偿金、没收财产等形
式。在实践中,比较特殊的一种惩戒就是对于政府行为导致海域资源生态损
害的惩戒问题。笔者认为,对此种情形,应当实行单位惩戒与主要负责人惩戒
相结合,即既要惩戒政府,也要惩戒其主要负责人。单位惩戒主要是取消有关
评优等资格,同时对外承担相应的赔礼道歉、损害赔偿等责任;对主要负责人
的惩戒包括升迁一票否决、处分等方式。

(3)完善政府财政转移支付制

科学合理的财政转移支付制度是实现财力与事权相匹配的重要手段,也
是实现地区间公共服务均等化的重要保障,更是海域资源生态补偿最直接的
手段。自1994年实行分税制财政管理体制以来,我国逐步建立了符合社会主
义市场经济体制基本要求的财政转移支付制度,也取得了积极效果。如前文
所述,与建立现代财政制度的要求相比,现行财政转移支付制存在的问题和不
足也日益凸显,比如,受中央和地方事权和支出责任划分不清晰的影响,转移
支付结构不够合理;转移支付管理漏洞较多、信息不够公开透明等。对此,国
务院于2015年出台的《关于改革和完善中央对地方转移支付制度的意见》,已
经为改革和完善转移支付制确定了总体目标、基本原则和重要措施。

对于海域资源生态补偿而言,今后应逐步增加海域资源生态补偿各类专
项资金的额度,建立事权与支出责任相适应的制度。加强地方政府,尤其是沿
海省市,对海域资源生态补偿的支持与合作。地方政府除了负责辖区内海域
资源生态补偿机制的建立之外,应根据自身财力情况对海域资源生态共享者
积极给予支持和合作。建立激励海域资源环境保护与生态建设的财政补贴制
度,增加对海域资源生态保护良好区域或海域资源生态环境保护成绩显著区
域的补助。

(4)拓宽海域资源生态补偿资金筹措渠道

大力创新海域资源生态补偿资金筹集渠道,实行融资市场化。比如,可以
考虑建立海域资源生态环保创业投资基金。创业投资基金主要是对未上市公
司直接提供资本支持,并从事资本经营与监督的集合投资的机制。它集中社
会闲散资金用于具有较大发展潜力的新兴企业进行股权投资,并对受资企业
提供一系列增值服务,通过股权交易获得较高的投资收益。创业投资基金的
介入既可以实现环保产业与资本市场的结合,为海域资源生态友好企业注入
资金,解决海域资源生态建设资金不足的问题,又可以促进未上市的企业成为
上市公司,增进这些企业的社会责任与透明度。

再如,可以实行资产证券化融资。资产证券化融资是指以项目所拥有的资产为基础,以该项目未来的收益为保证,通过在市场上发行有关债券来筹集资金的一种证券融资方式。它具有融资风险较低、融资成本较低等优点。我国目前海域资源生态环境基础建设资金比较短缺,应大胆探索推行资产证券化融资方式,以缓解海域资源生态环保基础设施建设基金不足的现状。

还有,可以考虑采用 BOT 方式。采用 BOT 方式进行环保融资,是指通过政府或所属机构为投资者提供特许协议,准许投资方开发建设某一生态项目,项目建成后在一定期限内独立经营获得利润,协议期满后将项目无偿转交给政府或所属机构。发达地区的大型企业集团多,而且具有相当的投融资能力,在当前投资机会难以把握的形势下,将资金投入到政府担保的海域资源生态领域,比直接寻找投资机会更为有利。只要政府肯承担投资风险,将有很多企业大举进入海域资源的生态产业。这种由政府承担投资风险而不是直接出资的方式,是海域资源生态建设摆脱资金短缺困境的可行方式。

此外,还可以尝试发行有关海域生态公益彩票,同时积极鼓励社会捐赠等。

(5)积极培育和发展海域资源生态资本市场

在现代经济中,资本市场的筹资功能越来越明显,充分发挥资本市场的功能是金融支持海域资源生态环境保护与建设的重点。比如,我国要积极利用股票市场支持具有比较大优势和竞争优势的海域资源生态环保企业进行股份制改造,将效益好的企业推荐上市。在上市公司的审批上,国家应给予优惠政策,加快从事海域资源生态投资的企业的上市速度,鼓励和支持海域资源生态环保企业上市发行股票,通过社会融资实现企业资本的筹集和扩张,增强企业的环保投资能力。环保企业可采取政府、企业、银行合作投资,也可采取国内企业和国外企业合作投资,以及国内外企业和金融机构独立投资。再如,可以积极利用债券市场大量发行海域资源生态环保债券。此外,我们还可以考虑引进国际信贷。

(6)积极推进与完善生态税制

根据国际发展经验,生态税制应当是我国海域资源生态补偿的重要趋向。当前,我国海域使用金制以及排污收费制已经广泛实施,也有着较为成熟的实践操作经验。这为我国海域资源生态税收政策的确定与完善奠定了良好的基础。《环境保护税》就是在排污费制的基础上而建构起来的一种生态税形态。然而,由于税收规模和专业性限制,我国征收"海域使用金"、排污费以及环境保护税并行的局面可能还会在较长的一段时间内存在。[①] 从我国现行环境保护税来看,其税目划分与税率结构相对比较简单,征收状况如何尚不明确。从《环境保护税法》来看,环境保护税能否适用于海域资源的生态领域,将有一定的争议。《环境保护税法》第 2 条明确适用于"中华人民共和国领域和中华人民共和国管辖的其他海域",但这里的海域范围如何确定? 第 7 条规定适用对象环境保护税的征税污染物主要是水污染、空气污染、固体废物以及噪音,然而,噪音是否包括海洋噪音对海域生物资源的损害性影响呢? 多家企业同时向特定海域排放海水污染物,则相关的环境保护税如何征收确定? 显然,环境保护税的制度效益如何,还有待观察。

此外,关于海域资源增值收益的分配问题,实际上也与生态税制有关。如前文所述,我国当前就海域使用权的转让增值,征收海域转让金,但是征收的比例、征收期限等都不够规范。所以,笔者认为,就视为不动产的海域资源用益物权,可借鉴土地增值税的征收方案,实行超率累进税率,由当事人主动申报,并结合稽查核定进行征税。对于视为动产的海域资源交易的增值问题,就直接依照增值税暂行条例的规定进行计征。对于征收的增值税与土地增值税,应当确定适当的比例用于海域资源生态补偿。鉴于海域资源的特殊性,这一比例不宜太低,应至少有 30%。

(7)规范海域排污权初始配置,积极培育海域排污权交易市场

2007 年以来,国务院有关部门组织天津、河北、内蒙古等 11 个省(区、市)开展排污权有偿使用和交易试点,取得了一定进展。2014 年,在有关试点的基础上,国务院办公厅出台《关于进一步推进排污权有偿使用和交易试点工作的指导意见》。该意见明确要从严格落实污染物总量控制制度、合理核定排污权、实行排污权有偿取得、规范排污权出让方式、加强排污权出让收入管理、规范交易行为、控制交易范围等方面进一步推进排污权的规范化建设。这些意见对推进与培育海域排污权具有重要的意义。

当前,海域排污权交易重要的问题表现在:缺乏明确法律依据,多为规范性文件,法律效力位阶低,约束性弱。我国宜在总结最新试点经验的基础上制定法律或者行政法规,从顶层制度设计来规范与促进海域排污权的初始配置与市场交易。在具体的规范内容上,可以参照《关于进一步推进排污权有偿使

---

　① 如前文所述,凡是适用《环境保护税法》而缴纳环境保护税的情形,都不再征收排污费。但是,不适用《环境保护税法》的情形,仍应当按照《海洋环境保护法》第 12 条的规定缴纳相应的排污费或者倾倒费。

用和交易试点工作的指导意见》的有关内容进行细化。比如,明确规定排污权初始分配的依据,并应当公开征求社会意见;对排污权初始分配方案不服的,得以申请合法性审查;明确专业的排污权交易中介机构的资质条件,建立相关的信息网络系统,为交易各方提供中介信息,提高交易的透明度,降低排污权交易的费用;明确禁止排污权转让的具体情形;对非法转让排污权的行为实行惩戒等。

(8)鼓励建立专业的环境公司或者公益性组织

积极鼓励建立专业的环境公司或者公益性组织。这些公司或者公益性组织的根本宗旨应当限于实施海域资源生态修复与资源养护活动。这些公司或者公益性组织的主要营收是通过向政府、企事业单位或者社区提供海域生态修复和资源养护的服务获得的报酬;同时,也包括政府的有关财政补助,以及有关单位或者个人的捐赠。建立与推广专业的环境公司或者公益性组织,既可以发挥政府环境管理的职能,也可以提高海域资源生态修复的市场化配置效率,又可以避免政府由于行政决策效率较低而在环境治理上的不足以及市场无法克服的负外部性局限。①

---

① 杨林、陈书全:《海域资源市场化配置的方式选择与制度推进》,经济科学出版社2013年版,第148页。

后　记

　　或许,我的许多师友会对我研究海域法律制度颇感惊讶。至少,在表象上,我似乎一直是在研究知识产权法学的。之所以有海域法律制度的研究,与我所任职的学校有关。集美大学是一所以海洋领域的研究与教学知名于世的学校,故集美大学法学研究的特色与底蕴,始终难以脱离于海洋的颜色。在学科建设上,法学院也始终期待能够在海洋、海商、海事法律领域有所为。而我,尽管钟情于知识产权法学,但传统民法的诸多领域,比如民法总论、物权、债权等,也一直是我无法割舍的情怀。这或许正是我这么多年来学业不精、研无所成的原因。2014年,我尝试着以海域使用权为研究重心申请福建省社科联的青年项目。尽管鲜有前期研究成果,却意外地获得了立项支持。这或许是评审专家对年轻学者研究热情的一种"脉脉"鼓励吧。既然立项了,就要有所钻研。该项目的结项材料,尽管我完成其中的大部分内容,但或多或少,是一项集体"成果"。缘于自己的"拖延症"与"心有旁骛",该"成果"有着太多的"瑕疵"与"隐伤"。2017年10月,我开始了在台湾大学以及台湾政治大学访学的生涯。我常常陶醉于宝岛的蓝天白云、阳光清风、绿水青山,并往往忘乎所以,但对课题成果进行系统修订的念想,始终萦绕在心头。恰好,访学期间宽松自由的工作时间使得我能够有"执拗"的日子慢慢地"炼磨",并最终形成本书稿。写作与研究的过程,颇为煎熬。日常中的很多时光,为俗务所"侵占",所以,挑灯夜作,几乎是我最舒然的工作方式。尽管竭尽所能,然,水平与资质所限,书中纰漏仍然众多。敬请方家多批评斧正。

　　我是不善言谢的人。这或许源于我父母性格的"潜移默化"影响。作为从小就面朝黄土背朝天的农民,父母一直以为言谢是一种很"生疏"、很"陌生"情境下的修辞。真正的谢意,应铭刻于心里,敏于行动。对此,我深以为然。尽管如此,我还是觉得有必要借用书籍的方寸空间,以我浅陋的言语来表达我深深的谢意。

　　父爱如山,母爱如水。山重,水软。没有父母的深情厚爱以及殷切支持,我永远无法站立,并从远方一步一步地走来。尽管一路"嬉笑怒骂"着,但如果没有李津津女士的错爱、牺牲与付出,我将不可能坚持着我所喜爱的工作与研究以及羽球运动。

此外,我的导师浙江工商大学法学院"西湖学者"古祖雪教授,中南财经政法大学知识产权学院副院长黄玉烨教授,集美大学法学院庄丽榕书记、郑秀坤书记、许翠霞院长、吴贵森教授,福建省监察委伟智兄,以及小伙伴许清勉、郭燕清、刘玉梅同学等都对我的学习、研究与工作给予了莫大的关心与支持;厦门大学出版社法律编辑室甘世恒主任细致入微的校稿与工作,更是本书顺利付梓的最有力保障。

朋友们最经常问台湾如何。有时候,我会说出这些名字:百喜、狗牙、结缕、象草、狼尾、磐固……朋友常误以为我在开玩笑。实际上,这些都是台湾路边非常常见的杂草。而这种随处可见、生命力极强的杂草,正如芸芸众生,才是人生起风抒情的根据。

是为记。

罗施福

2018 年 10 月于集美印斗路